[奥]斯蒂芬·茨威格 —————— 著　冀洲 —————— 译

群星

STERNSTUNDEN
DER
MENSCHHEIT

闪耀

北京联合出版公司
Beijing United Publishing Co.,Ltd.

图书在版编目（CIP）数据

群星闪耀 /（奥）茨威格著；冀洲译 . -- 北京：北京联合出版公司，
2014.12（2020.1 重印）
（中小学生必读丛书）
ISBN 978-7-5502-4053-7

Ⅰ . ①群… Ⅱ . ①茨… ②冀… Ⅲ . ①历史人物—列
传—世界—青少年读物 Ⅳ . ① K811-49

中国版本图书馆 CIP 数据核字 (2014) 第 258858 号

群星闪耀

作　　者：[奥] 茨威格
译　　者：冀　洲
责任编辑：喻　静
封面设计：张瀚尹

北京联合出版公司出版
（北京市西城区德外大街83号楼9层 100088）
北京新华先锋出版科技有限公司发行
北京雁林吉兆印刷有限公司印刷　新华书店经销
字数173千字　787毫米×1092毫米　1/16　18印张
2020年1月第2版　2020年1月第2次印刷
ISBN 978-7-5502-4053-7
定价：59.00元

目 录

STERNSTUNDEN DER MENSCHHEIT

序 言

　　没有哪一个艺术家会连续二十四小时不间断地行进在艺术创作之中，那些独具特色、注入生命力的传神之笔常常在不可多得的稍纵即逝的灵感闪现中生成。历史——我们将它视为所有时代最伟大的演员和诗人——也是如此，它也不可能毫不间断地时刻创新。虽然歌德曾满怀敬仰地将历史喻为"上帝的神秘作坊"，但在这神秘作坊里上演的，却是难以计数的、并不重要的、极为稀松平常的琐事。像在艺术以及生活中处处所经历的情况一样，在这里那些难以忘怀的特殊时刻并不常见。这个作坊仅可以看作是一个穿越数千年的链条，并由那些史学家，不厌其烦、不加任何感情地把一个又一个的事实当作环节串联。因为任何一个无比寻常的历史性时刻都需要有足够的时间来酝酿，每一桩具有重大意义的事件都得经历一个发展过程。对于一个民族、一个天才的产生，必得有几百万人的协助。一个真正的具有世界性意义的时刻——一个人类的群星闪耀时刻在世人面前展现之前，必然也会有漫长的岁月悄然而逝。

　　不过，犹如在艺术上只要一个天才出现之后会流芳百世，一个具有世界性意义的历史时刻一旦发生，就会决定之后几十年甚至几百年的历史进程。正像避雷针的尖端击中了整个大气层中的电流一样，那些不胜枚举的事件也往往集聚在最短的时间内发作。那些平时循规蹈矩按顺序发生或是并列发生的事，都会浓缩在这样一个具有决定性的短暂时刻表现出来。这一时刻的决定对后世有着巨大的作用，它可以决定一个人的生死、一个民族的兴衰，甚至整个人类社会的命运。

这种充满戏剧性的以及命运生死攸关的时刻，无论在个体的生命中还是历史的衍变中都是不可多得的。这种时刻有时发生在某一天、某一小时，有时只发生在很短的某一瞬间，但是这种决定性的影响却是能超越时空的。在此，我想回顾这些发生在不同时空与地域的特定时刻——群星闪耀的时刻——我之所以这样来命名这些时刻，是因为，它们宛若星辰，在人类的黑夜中散发着璀璨的光芒！但我不愿用自己一丝一毫的虚构、夸大或者缩小来掩饰事件的内外真实性，因为，在那些非常时刻，历史本身便是一个完整地呈现，任何帮手都是多余的。历史便是真正的诗人和戏剧家，任何一个时代的作家都无法超越它。

斯蒂芬·茨威格

到不朽的事业中寻求庇护

太平洋的发现

1513 年 9 月 25 日

新的事业

　　哥伦布 [1] 从发现的新大陆——美洲胜利归来，这一消息迅速蔓延开来。塞维利亚 [2] 和巴塞罗那 [3] 的街道里拥挤的人群急于观看凯旋的队伍带回了什么。一切都使人们感到如此新奇：无数的稀世珍宝，与自己种族不同的红种人，从未见过的奇禽异兽。看，其中还有呱呱乱叫的斑斓鹦鹉、笨拙的貘。玉米、烟草和椰子也第一次从美洲来到欧洲安家落户，生根发芽。人群欢呼着拥挤着，通过哥伦布展示的这一切，他们对那一片神奇的土地充满了好奇。然而令两位国王 [4] 和他们的谋士们眼睛发亮的还不仅仅如此，还有什么宝贝最令其动心呢？那就是黄金，熠熠发光的黄金，哥伦布从新大陆带回来的黄金装在几只小箱子和小篮子里，数量并不多，装饰品、小金锭、零散的金粒等，这些都是从当地土著那里换来或抢来的战利品。与其说是黄金，还不如说是黄金末子，充其量可以铸造数百枚威尼

[1] 克里斯托弗·哥伦布，出生于意大利，先后移居葡萄牙和西班牙，一生从事航海活动。他相信大地球形说，认为从欧洲向西航行就可到达东方的印度和中国。为了印证他的想法，他先后向英国、葡萄牙等国的国王寻求协助，但均得不到帮助。1492 年，终于得到西班牙女王的资助，先后四次出海远航到达了西欧人认为的美洲大陆，开辟了横渡大西洋到美洲的航路，他也因此成为名垂青史的航海家。

[2] 塞维利亚，西班牙西南部城市。

[3] 巴塞罗那，西班牙西北部重要的港口。

[4] 哥伦布以后的大探险时代，西班牙国土由两位国王统治，史称"天主教二王"。

斯古金币。然而，我们这位自以为光荣地发现了印度，开辟了通往印度海路的天才幻想家哥伦布，以一种无比兴奋的心情夸耀说，这点样品根本不算什么，据他们得到的可靠消息，在那些新发现的岛屿上到处都是黄金，这种贵金属覆盖在薄薄的地层下面，有的完全裸露在地面上，铁铲轻轻一挖就能得到。在那个黄金遍地的国家，国王们用黄金的杯子饮酒喝水，他们的黄金比西班牙的铅还要不值钱，只是这个黄金国还在更南边的地方。哥伦布的夸耀深深地诱惑着这两位永远需要黄金的国王，他们深信哥伦布的种种诺言。当然，我们的幻想家向来固执地相信自己愿意相信的事情，并且向来好吹牛，只是当时尚未被人认识到。于是，在国王的支持下，第二次远航准备就绪。这次雇用船员已不再像第一次那样需要到处招徕和征募。可以说整个西班牙对这个徒手就能挖到黄金的黄金国如痴如狂，数以千计的人纷纷涌来，大家都想远航到那黄金国去。

可是，这又是怎样的一群乌合之众呢？现在，贪欲弥漫了这个地中海国家的所有城市、乡镇和小村庄。名门贵族渴望把自己的纹盾全部镀上黄金，胆略过人的冒险家想去亲身领略一下这个黄金之国的风情，西班牙所有的"垃圾和渣滓"也都想去那掘取一桶金。于是大家都纷纷漂流到巴罗斯[1]和加的斯[2]来。看吧，烙有金印的窃贼、明火执仗的强盗、瘪三扒手，他们都想去黄金国捞取一份收入丰厚的手艺活；负债人为了逃脱债主、丈夫为了逃脱经常和自己吵架的妻子，为着各自的理由，所有这些无路可走、穷困潦倒的人，这些有过犯案记录和正在被法警追捕的罪犯，都拥入这支远航队。这一群疯狂的亡命之徒，他们决心到黄金国去大显身手，渴望呼啦一下子变成暴发户。因此，任何的暴力行径和犯罪行为，他们都敢去做。哥伦布的那种带有煽动的演说，更是使他们心动神摇。只要用铁锹一挖就能得到大堆大堆闪闪发光的黄金，这个传说，让他们想入非非，恨不能马上变成一只小鸟飞跃海洋到达那片神奇的土地。这群移民者中，一些有钱的人，想得更是周到，随身带着用人和牲口，方便到时可以立刻把黄金大批大批地运走。

[1] 巴罗斯，西班牙东南部的港口城市，哥伦布第一次航海就从这里出发。
[2] 加的斯，西班牙西南部港口城市，濒临大西洋，1492 年之后成为西班牙前往美洲商船队的总部所在地。

此外，没有被远航队接纳的人只得另寻办法，那些胆大妄为的冒险家自己动手装备船只，哪管得了朝廷允许不允许。黄金咬噬着大家的心灵，他们热切渴盼能够尽快到达那里，去掘取黄金。就这样，西班牙的不安分子以及最危险的歹徒全得到了解放。

只是这下子把伊斯帕尼奥拉岛[1]的总督吓坏了，他惊恐地看着这群不速之客蜂拥而来。海船年年运来新的货物，同时，越来越难以管束的人也随着来到了这个托他管辖的岛屿。不过，痛苦也开始笼罩这群新来的人，满心的热望换来的只是失望，因为在这里，他们并没有看到随处可见的黄金；不幸也降临到当地土著人的身上，这群金发野兽在当地疯狂掠夺，直到从土著人身上再也压榨不出一丁点儿黄金了。于是，这些流氓就开始游手好闲起来，终日四处晃荡，伺机抢劫，苦命的当地土著人——印第安人整日地提心吊胆，惶惶不安。总督大人也是惴惴不安。他想尽各种办法，让这群乌合之众去开垦新地。当地政府派给他们土地，无偿地分给他们牲畜，甚至慷慨地赠予他们每人六十至七十名印第安人当奴隶。可怜的印第安人，沦为了会说话的牲口。但是总督的努力都无济于事。经营农庄吸引不了这群昔日的拦路强盗，出身名门的贵族骑士也对经营农庄兴趣乏然。他们漂洋过海到这里，一心为了黄金，而不是为了来开垦土地种植小麦和饲养家畜。因此下种和收获这种活儿全不在他们心里，而只顾着去欺凌苦命的印第安人，以致在短短几年之内当地土著被全部灭绝。或者他们就在赌窝里消磨光阴，没过多久，这些人的绝大多数，都被债务缠上了身，不得不变卖自己的财产，落魄到卖掉大衣、帽子甚至最后一件衬衫，到最后被商人和高利贷者扼紧了他们的脖子。

这时，一个传奇人物出场了。他就是马丁·费尔南德斯·德·恩西索[2]"学士"，这个岛上受人尊敬的法学家，于1510年装备好一艘船，准备带着新的人马去援助自己这块秩序混乱的殖民地。这个好消息，令所有那些在伊斯帕尼奥拉岛上落魄

[1] 伊斯帕尼奥拉岛，现在的海地岛。

[2] 马丁·费尔南德斯·德·恩西索，西班牙殖民者，1500年到达美洲，著有《地理全书》，用西班牙文字对新发现的美洲做了总结。

的人欢欣鼓舞。1509年，两位著名冒险家——阿隆索·德·奥赫达[1]和迭戈·德·尼古萨从斐迪南国王那里获得了在巴拿马地峡附近和委内瑞拉沿海建立殖民地的特权，"黄金的卡斯蒂利亚"[2]就是他们在匆忙之下给这块地方命的名。这样一个响亮的名字迷住了这位懂得法学而不了解世界的恩西索，他被那些诳人的大话迷得七荤八素的，把自己全部的财产投资到这块混乱而尽是传说的殖民地上去。

可是，一块黄金也没有从这块在乌拉巴海湾的圣塞瓦斯蒂安新建的殖民地送来，倒是传来了疾呼的求援声。悲剧不断上演，同当地土著人的斗争要了殖民者们中一半的性命，另一半则在饥寒交迫中倒毙。恩西索试图挽救已经投入的钱财，毅然倾其所有，一支援助远征队就这样装备起来了。恩西索需要士兵的消息一传来，伊斯帕尼奥拉岛上那些所有绝望的人，都想把握住这次机会随他一起溜之大吉。这些人一心希望赶紧离开这里，逃脱债务，逃脱总督如鹰般的注视。但是债主们也不是傻瓜，他们采取了更加严密的防范措施。他们觉察到这些负债累累的人都想趁机溜走，在这片土地上消失得无影无踪时，便一再恳请总督严查。总督满足了他们的要求，下令没有经过总督的特别允许，任何人都不得擅自离去，并对他们采取了严密的监视措施。恩西索的船被告知拒绝进入港口，政府派出的小船四处巡逻，以防那些未经允许的人偷偷登上恩西索的大船。于是，那些落魄的人，他们不怕死，却更怕辛劳的工作或高筑的债台，在政府的严密监视下，只好怀着无限的绝望和痛苦，眼睁睁地看着恩西索的船扬帆远航去进行新的冒险事业。

[1] 阿隆索·德·奥赫达，西班牙探险家。1493年随哥伦布到达美洲，之后的两年都在伊斯帕尼奥拉岛上进行政府活动，1499年至1500年与人一起航海到达圭亚那海岸，第一次报道了亚马孙河。

[2] 卡斯蒂利亚，原是西班牙的旧国名。西班牙殖民者常常借用西班牙的国名或地名去命名他们在美洲的殖民地。

巴尔沃亚

　　恩西索的船扬帆起航，从伊斯帕尼奥拉岛驶向美洲大陆。岛的轮廓消失在蓝色的地平线之下。这是一次静悄悄的航行，没有任何异样的东西刺激人们的神经，只是到了后来，一只膘肥强悍的狼狗出现在人们的视野里。这种狗就叫莱昂西科（小狮），是著名狼狗贝塞里科（小牛）的崽子，它在船舱里不安地跑来跑去，灵敏的鼻子到处嗅着。它的主人是谁，怎么登上这艘船的，是一个谜。一只最后一天运上船的特大食品木箱吸引了这只狗，令人惊奇的是，它趴在这只木箱前不走了。不过，这只木箱装的可不是食品，瞧，木箱竟然自己打开了，一个约莫三十五岁的男子从里面钻了出来。他全副武装，身佩长剑、戴着盔甲、手持盾牌，活脱脱一个卡斯蒂利亚的保护神圣地亚哥[1]。

　　他，就是巴斯科·努涅斯·德·巴尔沃亚[2]。他以这种出场方式证明了自己的机智与大胆，令人惊叹。这个出身于赫雷斯·德·洛斯·卡瓦雷洛斯的一个贵族家庭的冒险家，曾作为一名普通士兵跟随罗德里戈·德·巴斯蒂达斯一起远航来到这个新世界，在经过若干次风浪和迷航以后，九死一生，终于在伊斯帕尼奥

---

[1] 圣地亚哥，耶稣基督的十二使徒之一，西班牙保护神。
[2] 巴斯科·努涅斯·德·巴尔沃亚，西班牙探险家，被认为是太平洋的发现者。

拉岛登岸。岛上的总督很看好他，想把他培养成一个优秀的殖民地开发者，但是总督的这个愿望落空了。几个月管理土地的经历，就彻底消磨了巴尔沃亚的热情，他对分配的土地弃之不顾了，最后彻底破产，债主就像影子一样摆脱不掉。可是，巴尔沃亚毕竟是机智的，正当其他的负债人焦头烂额，从海滩上愤怒而又无奈地凝望着那几只阻拦他们逃到恩西索船上去的巡逻小船时，巴尔沃亚却在悄悄地行动着。一只空着的大食品木箱成了他的容身之所，他躲进去，让仆役抬上了船，迭戈·哥伦布总督[1]设的警戒线对他来说形同虚设，他大胆地绕过去了。当时，船上的人都正忙着准备起航，一片混乱，谁也没有察觉到这样的诡计。巴尔沃亚等到船已经远离海岸，确信不可能为了他而把船开回去时，这个聪明的偷渡客才露面。现在他正站在大家面前。

恩西索"学士"可是学法律的人，如同大多数法学家一样，缺乏浪漫细胞。他可是那块新殖民地上的行政长官，是警察总督，秩序权威在他眼中是第一位的，该地有吃白食的人和来历不明的可疑分子，都是他所不愿看到的。碰到这样一位长官，巴尔沃亚的运气可不那么好了，恩西索不客气地对他说，不想带他走，让他在下一个他们经过的海岛上岸，不管那岛上有没有人居住。

不过，事情总是在不断变化着，到最后也没发展到那一步。这艘船在驶向"黄金的卡斯蒂利亚"的途中，遇到了一条坐满了人的小船，那小船由一个名叫弗朗西斯科·皮萨罗的人率领着，这个人可了不得，不久后就蜚声世界。总之，在茫茫大海上，遇到一艘小船，简直是奇迹中的奇迹，因为在这些尚未为人所知的大海上，当时总共也只有几十条船在行驶。船上的乘客正是从恩西索的殖民地圣塞瓦斯蒂安来的，开始还误以为他们是一群擅离职守的哗变者。然而真相却让恩西索大惊失色，据他们说：再也没有圣塞瓦斯蒂安了，司令官奥赫达自己驾了一艘船早早溜走了，剩下来的人只能依靠仅有的两艘双桅小帆船，生存的残酷直逼他们，只剩七十人以后，才确保每个人能在这两艘小小的帆船上得到一个位置。他们起航了，后来，其中的一艘又出了事故。因此，皮萨罗率领的这三十四人是"黄

---

[1] 迭戈·哥伦布（1480—1526），美洲发现者哥伦布的儿子，1509 年任伊斯帕尼奥拉岛的总督。

金的卡斯蒂利亚"的最后一批幸存者。"黄金的卡斯蒂利亚"已不可去,那么现在又该驶向何处呢?那偏僻的移民区有可怕的沼泽气候和土著人的毒箭,皮萨罗的叙述让恩西索的人彻底没有了兴趣再去那个所谓的"黄金的卡斯蒂利亚"。于是他们想打道回府,再回到伊斯帕尼奥拉岛上去。就在这紧要关头,巴尔沃亚突然站出来说,他记得一个名叫达连的地方,它依傍着一条含金的河流,当地的土著人也挺友好。原来巴尔沃亚在同罗德里戈·德·巴斯蒂达斯第一次航海时了解到了中美洲全部沿海地区的情况。他建议应该到达连这个地方去建立新的居住区,而不是回到那倒霉的老地方。

巴尔沃亚的建议具有极大的诱惑力,几乎全体人员立刻表示赞同。他们开始朝巴拿马地峡的达连驶去,到了那里又给当地土著带来了厄运,他们对土著居民进行残酷的屠杀,抢劫他们的财物。由于在抢来的东西中发现了黄金,这让这群亡命之徒看到了希望,他们决定在这里定居。后来,他们怀着虔诚的感恩之心,为这座新的城市命名,称作"达连古老的圣马利亚"。

西班牙的坏消息

　　几个星期以后，胆大妄为的巴尔沃亚，把一切权力都篡夺到了自己手中。这让倒霉的恩西索学士，这位该殖民地的投资者感到追悔莫及，后悔当初没有及时把那只木箱连同躲藏在里面的巴尔沃亚一起扔到海里去。纪律和秩序的观念在这位法学家的脑海里根深蒂固，他想以一个当时尚未上任的总督的行政长官的身份来努力治理这块殖民地，使之有利于西班牙的朝廷。恩西索在简陋的印第安式的茅舍里签发自己的法令，一如坐在塞维利亚自己的法律办公室里似的，把法令写得既工整又严密，这种认真在这个崇尚武力的世界显得有点可笑。他发布法令禁止士兵在这块人迹罕至的荒地上向土著人勒索黄金，他固执地认为收购黄金是属于朝廷的权益，他要尽力把这批无法无天的歹徒纳入秩序和法律的轨道。然而这些冒险家天生相信的是暴力，信服的是刀剑，耍弄笔杆的文弱书生在他们眼中有点可笑。而巴尔沃亚不久就成功地驾驭起这些人，成了这块殖民地事实上的领主。可怜的恩西索为了保住性命不得不选择逃离。被国王派到这新大陆来的总督尼古萨也没遇上好运气，巴尔沃亚索性就没有让他上岸，不幸的尼古萨被赶了出去，甚至都没有领略一下这块国王封给他的土地上的风情，并且在回国途中淹死了。

　　现在，这个从木箱里出来的人，巴尔沃亚，成了这块殖民地上的主人。但是，他并不能高枕无忧。他的行为可是公然造了国王的反，国王派来的总督也由于他的缘故而丧了命，能否得到国王的宽恕成了他的心头之病。他很清楚，逃走的恩西索可不会说他什么好话，正带着对他的控告信在前往西班牙的途中，那么，法庭的审判迟早会到来。所幸的是，西班牙离这里隔着重重大洋，如此遥远的距离，给他留下了充裕的时间。他知道，要尽可能久地保持住自己篡夺来的权力，他唯一能利用的机会就是把握好时间，巴尔沃亚毕竟是有胆有识的。

在这段时间里，他要替自己找到正当的辩护理由，叛乱行为是不得已而为之，同时，向朝廷的财库进贡大量的黄金，这才是问题的关键所在。黄金意味着权力，那么就有可能免除或者推迟这场官司，现在首要的问题是要弄到黄金。疯狂的掠夺行动在这片土地上进行着，他和弗朗西斯科·皮萨罗一起，大肆践踏、疯狂抢掠周围的土著人，就在这些残忍的杀夺抢掠中，一次决定性的好运光顾了他。有一次，他居然来到一个名叫卡雷塔的印第安人酋长家中肆意妄为，酋长见自己难免一死，向巴尔沃亚建议，和部落结盟最有利于巴尔沃亚的利益，而不要同印第安人为敌。他还把女儿作为礼物献给巴尔沃亚，以表自己的忠诚。巴尔沃亚马上认识到在当地土著人中结交一个可靠而又有势力的朋友确实很重要，于是接受了卡雷塔的建议。而巴尔沃亚也演绎了一段动人的罗曼蒂克的故事，他至死都对那个印第安人姑娘温情脉脉。就这样，他和卡雷塔酋长一起并肩作战，邻近所有的印第安人都被其征服，巨大的权威树立起来了，就连当地最有势力的酋长柯马格莱最后也妥协屈服，恭恭敬敬地把他请到自己的家中去。

巴尔沃亚受邀拜访了这位最有势力的酋长，也就是这次访问，使巴尔沃亚的一生发生了具有世界历史意义的转折。命运总是如此具有戏剧性，在此之前，他的人生背上了亡命之徒和狂妄叛乱者的十字架，等待他的是卡斯蒂利亚法庭的绞索或砍刀。在一幢宽敞的石头房子里，柯马格莱酋长接待了他，房子里的金银财宝令巴尔沃亚两眼发光，非常惊讶。主人没有等巴尔沃亚自己开口，就主动送给这位客人四千盎司黄金。四千盎司黄金把人类的本性与贪欲暴露得淋漓尽致。看这一幅画面，他们拔出刀剑、攥紧拳头、彼此高声叫骂，每个人都想多得一点黄金。这一画面让酋长惊愕得目瞪口呆，他眼中的天国子弟，趾高气扬、像神一样威严的外来人，一见到黄金，身上所有的尊严都消失殆尽，而是像一群挣脱了锁链的狗似的互相争斗着一根骨头。观望着这一场发疯似的争吵，酋长不由得露出一副鄙夷的神情。只是一小撮黄色的金属，在这些来自文明之国的人看来，竟比他们的文明所取得的一切精神上和技术上的成就都还要有价值。这无法不让生活在天涯海角的每一个自然之子，感到惊诧。

最后，酋长终于走上前去，向他们进言。当这群西班牙人听到译员翻译的酋长的话时，流露在他们脸上的那种贪婪简直让人觉得可怕。柯马格莱说，这样一些没有用的东西，这样一种普普通通的金属，竟然让你们相互争吵玩命，招惹这么多的不愉快，实在令人费解。就在这些高山后面，有一片大海，所有入海的河流都含有黄金，那里住着一个民族，他们的国王用金制的杯盘吃喝，他们乘坐这种和你们一样的带帆和带桨的船。你们要是想要弄到这种黄色金属，可以去那里，要多少有多少。但是，路途险恶，那些酋长们肯定不会让你们通过。从这里去那里的路程要不了几天。

这一席话正中巴尔沃亚的下怀。他们终于找到了多少年来梦寐以求的传说中的黄金之国的踪迹。先行者们曾走遍天南地北，寻寻觅觅，而现在，这黄金之国离他只有几天的路程。倘若酋长说的是真话，那么这个黄金之国指日可待。同时，也终于证实了另一个大洋的存在，通往这个大洋的道路，哥伦布、卡伯特[1] 以及其他所有著名的伟大航海家都曾寻找过，但都失败了。谁第一个亲眼见到这片新的海洋，并为自己的祖国去占领它，那么他的名字势必会流芳百世，这让巴尔沃亚激动不已。为了赎清自己的全部罪过，还有赢得这名垂千古的荣誉，巴尔沃亚认识到，他必须去干这件事，他要成为第一个横越过巴拿马地峡，到达这个通向印度的南海的人，并为自己的国家西班牙去征服那新的黄金之国。就在柯马格莱酋长的这幢石头房子里，酋长的话决定了他的一生命运。从这一时刻起，他的生活有了超越时间的崇高意义，这个出来碰碰运气的冒险家的人生再次出现转折。

---

[1] 约翰·卡伯特，意大利航海家，后移居英国。后世人把他看作是发现北美洲的先驱者之一。

到不朽的事业中去寻求庇护

　　一个人最大的幸运，莫过于在他的人生中途，即在他年富力强时发现了自己生活的使命。一场赌博摆在了巴尔沃亚的面前，不是在断头台上悲惨地死去，就是名垂千古，现实是如此悲壮。他首先得用收买的办法——这个办法历来都有用，取得与西班牙朝廷的和解，宽恕他篡夺权力等恶劣行径，使他获得的权力变得合法而有效。为此，这个昔日的叛乱者，认清局势后，马上行动，把柯马格莱馈赠的黄金的五分之一送给了伊斯帕尼奥拉岛上的王室财务总管帕萨蒙特，按照法律这五分之一原是应该归于王室的。作为最殷勤的臣仆，除了正式向朝廷进贡之外，巴尔沃亚还私底下给财务大臣送去一大笔黄金，请求财务大臣能确认他在这块殖民地上的司令官职位。他可不像刻板、耿直的法学家恩西索，在谙熟世故、玩弄手腕方面他可是个天生的艺术家。虽然财务总管帕萨蒙特对此没有任何权限，帮不上什么忙，不过接受了那一大笔黄金，总要有点表示。于是，给巴尔沃亚寄来了一张实际并无价值的临时文书。与此同时，巴尔沃亚也并没有闲着，为了寻求各方面的保证，特别是西班牙王室的保证，他又往西班牙派去了两名自己最可靠的亲信，直接向朝廷报告他从酋长那里探听到的重要消息，禀奏他为王室建立的种种功绩。巴尔沃亚雄心壮志地向塞维利亚报告说，倘若能给他一千兵力，那么他就能保证为卡斯蒂利亚干出一件前无古人的大事，他将负责去找到那片新的海洋，去占领那个终于找到了的黄金国；他，巴尔沃亚要去征服这个哥伦布答应找到而始终没有找到的这个黄金国。

现在看来，对于这个亡命之徒和叛乱者、这个深陷逆境的家伙来说，似乎一切又都变得有利了。然而，命运的云谲波诡又把巴尔沃亚推向了另一个方向。他的亲信，也就是被派到西班牙向朝廷反驳被夺了权的恩西索所提出的控告的那个人，从西班牙带回了一个非常坏的消息。他回来报告说，事态的发展非常不利于巴尔沃亚，甚至有生命之虞。受骗上当又被掠夺了权力的恩西索已经向西班牙的法庭提出了控告，法庭判处巴尔沃亚要向他进行赔偿。而另一方面，关于南海附近情况的消息却还没有送到西班牙，这可是巴尔沃亚唯一得救的途径。法庭的人员很快就会到达这里，来清算巴尔沃亚的叛乱行为，他面临的不是就地正法，就是被套上枷锁遣送回西班牙。

巴尔沃亚心里明白，自己已经到了穷途末路。对他的判决，肯定会在人们得到他的关于附近南海和那黄金海岸的情报以前执行。无可置疑，当他的头颅滚落沙滩的时候，另一个人将会利用这一情报去完成他梦寐以求的事业。而他自己还有什么可以指望西班牙的呢。众所周知，是他使国王任命的合法总督丧了命，是他擅自赶走了那个行政长官。从他的罪责来看，倘若仅仅是把他投进监狱，而不是在断头台惩戒他的无法无天，那样的判决的机遇可谓少之又少。因为自己本身不再有任何的权力，他不可能再指望那些有权有势的朋友。而他的救命稻草，黄金，还不足以为人们所信任，难以保证他得到宽恕。

现在，他只有置之死地而后生，去干一件更为大胆冒险的事，或许还能挽救他的生命。那就是赶在法庭的人员到达之前，在他们的捕役帮他套上镣铐之前，尽快找到那一个海洋和那新的黄金国。对他来说，也唯有这样一种逃遁方法，逃到显赫的行动中去，到这样不朽的事业中去寻求庇护。

于是，巴尔沃亚带着那些为数不多，但和他同样义无反顾的伙伴去从事这一伟大的壮举。他决定不再等待那虚无缥缈地来自西班牙的一千名士兵与他一同征服那未知的海洋，同样，也不再坐以待毙，等待法庭人员的到来。他宁愿为了这一史无前例的勇敢的冒险行为而光荣地死去，也不愿束手就擒，带着耻辱被拖上断头台。巴尔沃亚召集该殖民地上的所有人员，向他们明确说明他要横越地峡的意图，许许多多的困难也摆明在众人面前，讲完这些之后，问他们谁愿意跟从他。他的勇气似一剂振奋剂，鼓舞了大家。几乎该殖民地上的全部武装人员都报了名，这一百九十名士兵武装起来，准备工作没有花费多长时间，因为这些人始终处在战斗的状态。1513 年 9 月 1 日，巴尔沃亚——这个集英雄兼匪徒、探险家兼叛乱者诸多角色于一体的传奇人物，为了逃避死罪或牢狱之灾，开始了他的新征程，到不朽的事业中去寻找庇护。

意义非凡的瞬间

　　横越巴拿马地峡这一伟大的征程是从考伊巴地区开始的，那里是卡雷塔酋长的小小王国，他的女儿现在是巴尔沃亚的生活伴侣。后来情况证实，这一地区并不是巴拿马地峡最狭窄的地段，由于不了解这一情况，巴尔沃亚的这一选择造成了绕道多走了好几天危险的路程。不过，在如此大胆探入一个未知地区时，最重要的是一定得有一个友好的印第安人部落保证他的补给或掩护他的撤退，巴尔沃亚深明这一点。由剑、矛、弓箭、火枪武装起来的这一百九十名士兵，和一群膘肥强壮、凶狠得令人可怕的狼狗，乘坐十条大独木船从达连渡海到了考伊巴。那位结盟的酋长派来自己部落的印第安人，让他们当向导和充当牲口一样驮货物。9月6日，横越地峡的光荣征程开始了。尽管这一群冒险家顽强勇猛且历经磨炼，但是这一史无前例的伟大征程，对他们的意志力来说，可仍然是一场严峻的考验。

　　从令人窒息、虚脱和疲劳的赤道炎热中穿过低洼地，这是这些西班牙人首先必须面对的考验，那里遍布的沼泽泥潭和蔓延的疟疾就像一个随处可见的杀手，即便在数百年以后修建巴拿马运河时，也曾使数千人丢掉生命。开辟这一条道路，得用刀斧和利剑从有毒的藤萝丛林中披荆斩棘，好像穿过一座巨大无比的绿色矿井，走在队伍前面的人在这绿色丛林中为后面的人，开凿出一条窄窄的小坑道，然后，这支西班牙军队排成一条望不到尽头的细细的长龙，一个紧挨着一个顺着坑道向前摸索。他们武器不敢离手，整日整夜保持着高度警惕，以防备土著人的突然袭击。潮湿的巨大树林宛若穹顶，密不透风，底下阴暗、闷热，雾气蒸腾，使人憋得透不过气来，而树冠上是无情的灼灼烈日，酷热使他们一个个汗流浃背，嘴唇焦裂。或许，突然之间，烈日转为倾盆大雨，劈头盖脸地浇下来，小溪顿时变成湍湍急流。这支背着沉重装备的队伍，不得不应对各种情况，拖着疲惫的步伐，一里一里地向前走着。碰到溪水急流时，他们不得不蹚水而过，或者从印第安人临时搭起的、晃晃悠悠的树索桥上通过。而他们带的干粮只不过是极少量的玉米。这群西班牙人又饥又渴、又困又累，而那些蜇人、吸血的成群昆虫还不肯放过他们，刺芒把他们衣服扯破了，脚也受伤了，眼睛充满血丝，脸颊还被嗡嗡叫的蚊子咬得肿了起来。他们白天没休息，晚上也不睡觉，精力很快就透支了。经过一星期的行军，大部分人已禁受不住这样的劳累。巴尔沃亚知道，真正的危险还在后头等着呢。所有害热病的人和不能行军的人都被他留下来了，只带那些经过挑选的人去完成这一决定性的冒险行动。

地势终于开始逐渐向上升高。这些只能长在沼泽的洼地上的异常茂密的热带丛林，渐渐稀疏了。不过没有了树荫，太阳也就更加肆无忌惮地炙烤着他们，赤道上的烈日亮晃晃的，把装备晒得像着了火一般滚烫滚烫。这群极度疲乏的人迈着极小的步伐，缓慢地沿着斜坡向上面的高山攀登着，绵延不绝的山岭好像一条石头的背脊，阻隔着两个海洋之间的这一块狭长地带。视野逐渐宽广起来，空气也变得越来越新鲜。看来，最严重的困难，终于在经过十八天艰苦卓绝的努力之后，克服了。此刻，矗立在他们面前的是一条高高的山脊。那几个印第安人向导告诉他们，两个海洋——大西洋和另一个当时尚不为人所知和尚未命名的大洋从那山峰上就能眺望到。可是，眼看着就要战胜自然界顽强而诡谲的抗拒，一个新的敌人又出现了。

挡住他们去路的是，当地的一个印第安人部落酋长率领的数百名武士。巴尔沃亚已经积累了同印第安人作战的丰富经验。一排火炮就足以向当地土著人显示出自己所拥有的魔力，那人造的闪电和雷鸣能够使土著人惊慌失措。从后面赶来的西班牙人的狼狗会把这些受惊的土著人，追得四处逃窜，拼命叫喊。但是这一次，这种轻而易举的胜利无法满足饱经磨难的巴尔沃亚，而是如同一切西班牙入侵者那样，用惨无人道的残酷方式玷污了自己的名声：他放任一群饥饿的狼狗咬死、撕裂、嚼碎、吞吃这一批被缚住了手脚失去了自卫能力的俘虏，以此来代替斗牛和击剑进行取乐。就在巴尔沃亚获得名垂青史的那一天的前夜，这一场令人唾弃的屠杀毁坏了名声。

在这些西班牙入侵者的性格和行为中，确实存在这样一种令人难以解释的复杂现象。一方面，他们具有一种当时只有基督教徒才有的虔诚和信仰，真心诚意地、无比狂热地向上帝祈祷；另一方面，他们又会以上帝的名义进行最滔天罪恶、最卑鄙无耻的勾当。他们的勇气和不畏艰险的献身精神能够做出世界上最壮丽的英雄业绩；但同时他们又以最无耻的方式钩心斗角，而且寡廉鲜耻之中又夹杂着一种极其突出的荣誉感，一种令人钦佩、真正值得赞誉的对自己历史使命的崇高意识。巴尔沃亚就是这样一个混合体，他在头一天晚上让狼狗活活地咬死无辜的、缚住了手脚的俘虏，或许还得意扬扬地抚摸过正滴着印第安人鲜血的狼狗的上唇，但他同时又清楚地意识到在人类历史上自己行动的意义，并在那具有决定性的时刻想出一种能使自己名垂青史的姿态，并付诸行动。他知道，9月25日，无疑将要成为具有世界历史意义的一天，因此，这位意志顽强、坚定的冒险家就要以令人赞叹的西班牙人式的激情来展示他是多么清楚自己的使命所具备的超越时代的意义。

巴尔沃亚不同凡响的姿态是：那天晚上，就在那场残酷的血腥行动之后，一名土著人指着近处一座山峰告诉他，攀上那座高山之巅就能望见还尚未为人所知的南海。巴尔沃亚马上做了安排。伤员和累得再也走不动的人留在这个洗劫过的村落里，而从达连出发时带领的一百九十人，到现在，只剩下将近六十七人还能继续前进，还能跟随他去攀登眼前那座高山。将近上午十点的时候，只要登上一个光秃秃的小山顶就能登上顶峰，就能放眼眺望无边无涯的天际了。

可是就在这当口，巴尔沃亚命令整个队伍停止前进，谁都不许跟随他，因为他想独自享受这第一眼望见这个未知大洋的荣誉，任何人都别想和他分享。他要单独前往，他要成为"第一"而载入史册，第一个西班牙人、第一个欧洲人、第一个基督教徒横渡了我们世界上最大的海洋——大西洋以后，见到了另一个尚未为人所知的大洋——太平洋。他被这伟大的时刻深深感动着，心扑通扑通地跳着。他左手擎着旗，右手举着剑，一步一步地向上攀登。空旷的四周是寂静的群山黑影。他一点都不着急，攀登得很从容，因为大功已经告成。只需还走那么几步罢了，而且步数正在越来越少、越来越少。现在，他终于迎风伫立在山巅上，眼前真是一片超凡的景色。在倾斜的山后边，一大片一望无际、波光粼粼的耀眼大海紧挨着郁郁葱葱的山坡。这就是那个迄今为止它只萦回于人们的梦魂——新的、尚未为人所知的海洋，还从未有人亲眼见过它。许多年来，哥伦布和他的所有后来人都曾努力寻找过这个波浪冲击着美洲、印度和中国的传说中的大海，但都一一失败了。而现在，巴尔沃亚站在山巅，亲眼看见着这片海洋。他举目远望，幸福和自豪充盈心中，他完全被这样一种意识深深陶醉——他的眼睛是反映出这无涯海洋的蓝色的第一双欧洲人的眼睛。

巴尔沃亚心醉神迷地望着远方，久久地享受这一过程，然后，才把和他一起历经艰险的伙伴们唤上来，和朋友们分享他的骄傲。兴奋激动瞬间蔓延到每一个人，大家一边叫喊着，一边攀呀，爬呀，跑呀，气喘吁吁地登上了山顶，眼睛里盈溢着热情，凝视着远方，指点着，惊叹着。突然，随同来的神父安德烈斯·德·巴拉唱起了感恩诗，于是，惊叫与喧哗立刻消失了。霎时间所有这些士兵、冒险家和匪徒用粗鲁、生硬的嗓门都唱起了这虔诚的圣歌。接下来，他们按照神父的话，砍下一棵树，用木头做成一个威严的十字架，竖在山之巅，用花体字把西班牙国王的名字刻在十字架上，好像十字架上伸向两边的横木能把两个隔着望不到尽头的远离的大洋——大西洋和太平洋抓住一样。印第安人带着惊异的神情，眼看着这一切。

在这片默不作声的静寂中，巴尔沃亚站出来，向自己的士兵慷慨激昂地说道："我们确实应该感谢上帝，这样的荣誉是上帝赐予我们的，我们应该祈求上帝继续保佑我们去占领这海洋和这里所有的土地。如果你们愿意像以前那样继续忠实地跟随我，那么我们从这新印度回去的时候，将成为最富有、最显赫的西班牙人。"说完，巴尔沃亚郑重其事地举起旗帜，向四面迎风挥舞，以表示只要风吹过的任何地方，西班牙都要去占领。接着，他把文书安德烈斯·德·巴尔德拉瓦诺叫来，叮嘱他草拟一份文件，记录下这庄重的一幕，以便永远保存流传。巴尔德拉瓦诺摊开一卷羊皮纸，这张藏在密封木匣里的羊皮纸和墨水盒、羽毛笔伴随他一起穿过原始森林。所有的贵族、骑士和士兵，这些号称"品德高尚、作风正派的人"、这些"托国王陛下的总督、卓越而极受尊敬的巴尔沃亚队长的福而有幸见到南海的人"按要求在文件上签字证明："第一个看到这大海的人是巴斯科·努涅斯·德·巴尔沃亚先生，正是他把这大海指给后来者看的。"

签字之后，这六十七个人才怀着激动无比的心情从山顶上走下来，所以，1513 年 9 月 25 日，是人类看到地球上至今未知的最后一个海洋的日子。

珍珠和黄金

　　现在所有的传言都得到了证实，他们亲眼看见了这片海洋。但是，更伟大的征程还在等着他们。他们要亲自走到岸边，去切身感受这浩渺的海水，要去亲自触摸涌来的海浪，去尝尝海水的味道，还要去掘取海滩上的胜利品！他们花了两天的时间从山上走下来。为了找到一条从山麓到海边的最佳捷径，巴尔沃亚把队伍分成了几个小组。结果，阿隆索·马丁率领下的第三组率先到达了海滩。追求功名的虚荣心充满了这个探险小组的全体成员，包括最一般的士兵，他们都渴望着不朽的声名。声名促使这个平庸的阿隆索·马丁也东施效颦般让文书用白纸黑字写下一份文件，证明他是第一个试水这片尚未命名的水域的人，在这里他第一个弄湿了自己的脚和手，一笔像一粒尘埃那么小的不朽事迹记下来了。这以后，他才向巴尔沃亚报告，他已经到达海边，并且已经亲手接触过海水。

　　一种新的慷慨激昂的姿态立刻又被巴尔沃亚想出来了。第二天，恰巧是9月29日的圣米迦勒节，他出现在海滩边，随身只带着二十二名同伴。圣米迦勒的形象在他心中闪动着，为了使自己如圣米迦勒一般全副武装，在庄严的仪式中占领这片新的海洋，他并未匆匆忙忙地走到海水中去，而是好像这海水的主人和受贡者，坐在一棵树下歇息，神悠气闲地等待上涨起来的海水把海浪轻轻拍到他的脚上，好像一条温驯、服帖的狗用舌头舔舔着他的脚。然后他才站起身来，将盾牌负于背上——盾牌在阳光下宛如一面镜子似的亮光闪闪，他一手握着剑，一手擎着那面有天主之母图像的卡斯蒂利亚旗帜,缓缓走入海水,一直走到海浪拍击他的两髋,让全身浸透到这陌生的一片汪洋之中。

这样的誓言在所有这些西班牙人中都重复了一遍。甚至大海的呼啸都被他们宣誓的声音掩盖了。现在,每人又都舔了舔海水。文书安德烈斯·德·巴尔德拉瓦诺再次记载下这一幕神圣地占领仪式,在他的文件的结尾这样写道:"这二十二人以及文件撰写人安德烈斯·德·巴尔德拉瓦诺是用自己的脚踏进这南海的第一批基督教徒,他们每人都亲手触摸过这里的水,为了弄清它是否像其他海里的水一样是咸的,都用嘴尝过。当他们尝到确实是咸的海水时,他们齐声感恩于上帝。"

伟大的征程已经完成。现在就要从这英勇卓绝的冒险行动中获得实质性的好处了。从一些土著人那里,这群侵入者掠取或者换来一些黄金。不过,胜利的喜悦还不止于此,还有一件意料之外的好事在等待他们。这就是不计其数的珍珠可以在附近的岛屿上找到,在当地印第安人给他们送来的一捧一捧值钱的珍珠中,还有一颗享誉盛名的"佩莱格里纳"的珍珠,塞万提斯[1]和洛佩·德·维加[2]都曾赞美过它,后来作为一颗最漂亮的珍珠装饰在西班牙和英国国王的王冠上。所有大大小小的口袋都被西班牙人塞满了这种宝贝,但是在这里,珍珠就如同贝壳和沙粒,并不比它们更值钱。然而,黄金始终是他们认为最最重要的东西,当他们贪婪地进一步打听黄金的时候,一名印第安人酋长给他们提供了方向,指着南边地平线上那一排若隐若现的山脉说,山那边是一片蕴藏丰富宝藏的土地,黄金制成的杯盘在那里的统治者举行欢宴时随处可见;还有四条腿的巨大牲口——酋长指的是美洲驼——把最贵重的东西一袋一袋地驮往国王的宝库里。酋长说出了大海南边山背面的国家的名字,听上去好像是"皮鲁",悦耳动听,却又非常陌生。

巴尔沃亚凝望着酋长伸手所指的远方,在那里,茫茫的天际,若隐若现的山峦,这个声音柔和、富有诱惑力的"皮鲁"二字深深铭刻在他的心中。他的心难以平

[1] 塞万提斯,文艺复兴时期西班牙小说家、剧作家、诗人,著有长篇小说《堂吉诃德》。
[2] 洛佩·德·维加,与塞万提斯同时代的西班牙著名剧作家,西班牙戏剧的奠基人。

静，怦怦地跳动着。这是他一生中第二次意料之外获得的伟大预示。第一个预示——
也就是柯马格莱所说的关于附近南海的信息，这一使命已经完成。他找到了南海
以及遍布珍珠的海滩。说不定他也能顺利完成这第二个使命——去发现和征服这
个地球上的黄金之国——印加帝国[1]。

---

[1] 印加帝国，15 世纪在南美太平洋沿岸地区建立的帝国，1553 年被西班牙殖民者
所灭。

神明的保佑

　　这个黄金之国刺激着巴尔沃亚的贪欲，他久久地凝望着远方。"皮鲁"，即"秘鲁"这个名字，就像一口金钟在他的灵魂深处晃来晃去。不过，这一次，现实的处境让他不得不忍痛放弃！他没有资本再去冒险。带着的二三十人早已疲惫不堪，他是不可能带着这样一支队伍去征服一个王国的。也就是说，他必须先回到达连，养精蓄锐，再谋时机，沿着现在找到的这条路去征服那新的黄金之国。然而，回来的路上遇到的困难和风险依然不少。热带的灌木丛林还在等着这群西班牙人穿过，土著人的袭击也是必须面对的问题。尤其是他们现在已不再是一支充满战斗力的队伍，而是一小队患着热病，用最后一点力气艰难地支撑着蹒跚行走着的人群。死亡的边缘也已接近巴尔沃亚本人，几个印第安人用一张吊床抬着他。

　　这支队伍经过四个月艰苦卓绝之旅，1514 年 1 月 19 日，他们终于又重新回到了达连。他们完成了历史上最伟大的行动之一。巴尔沃亚实现了自己的承诺，所有与他一起冒险到达那未知区域的人都变得富有了。他和他的士兵从南海沿岸带回了众多的财宝，其数量之多是哥伦布和另外几个西班牙征服者所不能望其项背的，其他一切殖民者所得到的与他们相比也是小巫见大巫。作为一个凯旋者，巴尔沃亚把战利品做了分配，其中五分之一进贡朝廷，他还不忘给自己的狼狗莱昂西科留了一份，这只狼狗在同土著人的战斗中可是战功显赫，在战斗中经常凶狠地撕咬掉那些不幸的土著人的皮肉。它和任何一个参战者一样，也是得到了五百金比索的酬劳。对此无人非议。这些成就如光环笼罩在巴尔沃亚的头上，大家如同崇敬一个神一样崇敬这个冒险家和叛乱者。在这块殖民地上再也没有任何人对他作为总督的权威有所争议。他可以骄傲地向西班牙送去如下的消息：他为卡斯蒂利亚朝廷完成了自哥伦布以来最伟大的功绩。他的时运就像旭日东升，驱散了一切迄今压在他生命之上的乌云。而现在，正是如日中天的光景。

然而，好景不常在，对巴尔沃亚也是如此。几个月后的某一天，那正是阳光明媚的 6 月天气，令人奇怪的是，达连的居民全都聚集在海滩上。海面的地平线上出现了一张白帆，在这个偏远的世界角落里，这本身意味着一桩奇迹。可是还不止于此，紧接着第二张白帆出现了，第三张白帆、第四张、第五张⋯⋯络绎不绝，不一会儿已经看到十艘帆船，不，十五艘，不，二十艘帆船——是整整一支舰队在向海港驶来。事情很快就明朗了，这是西班牙朝廷派来的一支舰队。原来巴尔沃亚报告他凯旋的那封信还没有到达西班牙，这结果还是早先那封报告印第安人酋长讲述的关于附近南海和黄金国的信引起的，在信中巴尔沃亚请求派来一千名士兵，以便去占领那些土地。于是大家所看到的那支强大的舰队就是西班牙朝廷毫不迟疑地为这样一次远征行动派来的。不过，在塞维利亚和巴萨罗那方面，像巴尔沃亚这样一个声名狼藉的冒险家和叛乱者根本就无法托付重任。因此，随舰队同时被派遣而来的还有出身富豪贵族，年已六十的佩德尔·阿里亚斯·达维拉（通常称作佩德拉里亚斯）[1]，他才是一名真正的总督。作为国王的总督，佩德拉里亚斯的职责是，在这块殖民地上最终建立起统治秩序，把以前发生的一切有叛逆行为的人绳之以法，同时要去找到南海和征服那预言中的黄金之国。

因此，这样的处境对佩德拉里亚斯来说，是令人不快的。他肩负着双重的使命，一方面，要追究叛乱者巴尔沃亚驱赶前任的总督的责任，倘若能证明其确实有罪，那么就将他逮捕归案，要是不能，就证明他无罪；另一方面呢，他又担负着去找到南海的使命。但是，当他换乘的小船，刚一靠岸，他马上就知道了，巴尔沃亚已亲自完成了这一伟大的行动，正是这个他打算审讯的叛乱者，已经庆祝过佩德

---

[1] 佩德拉里亚斯，1514 至 1526 年任西班牙驻达连和巴拿马的总督，1519 年建巴拿马城，1526 年调任尼加拉瓜总督。

拉里亚斯所渴盼的凯旋。自发现美洲以来，巴尔沃亚为西班牙朝廷做出了最伟大的贡献。很明显，佩德拉里亚斯现在必须礼貌地向他问候，满怀热情地向他祝贺，而不可能把这样一个人像一个恶劣的罪犯一样送上断头台。不过，从此时此刻起，巴尔沃亚事实上已经失败了。

佩德拉里亚斯永远都不会原谅巴尔沃亚独自完成了这一伟大的行动，在他看来，这本是派他来实现的行动，而且这行动肯定会给他带来流芳千古的巨大荣誉。所以，尽管他不得不把对巴尔沃亚的仇恨隐藏起来，以便不过早地去激怒这些殖民者。他把追究责任的事没有限期的拖延，为了制造一种和平的假象，他甚至把自己留在西班牙的亲生女儿，许配给了大家的英雄——巴尔沃亚。但是，这并不表示他对巴尔沃亚的仇恨和嫉妒有分毫的减少，而只会继续增加。

现在，巴尔沃亚所完成的伟大业绩，所有的西班牙人都知道了。从西班牙已送来了一张委任状，给这个从前的叛乱者补授一个适当的头衔，也同样任命他为总督。佩德拉里亚斯被告知，凡遇到重大事情都必须同巴尔沃亚商量。然而，一山难容二虎，对这一片土地来说，两个总督毕竟是太多了。其中必然要有一个屈服，或者有一个最后垮台。巴尔沃亚有很强的危机感，他感觉到自己随时都有可能遭遇不幸，因为军权和司法权都掌握在佩德拉里亚斯手中，于是，他打算再一次到不朽的事业中去寻求庇护，因为他成功且出色地完成了第一次这样的尝试。他请求佩德拉里亚斯赞同他装备一支远征队，到南海沿岸去探察，占领它周围的广阔土地。不过，这个老叛乱者有着自己的秘密意图，他横跨大海，去到那彼岸，是为了摆脱这里的一切监视与束缚，他要建立起自己的一支舰队，要使自己成为那一片土地上真正的主人，并且一旦时机成熟，就去征服传说中新世界的黄金国——秘鲁。佩德拉里亚斯倒是爽快地同意了，倘若巴尔沃亚在这次行动中丧了命，这样岂不更好；即便他获得了成功，那么以后也有充足的时间，再将这个非常热衷功名的人置于死地。

就这样，巴尔沃亚又开始了他新的征程，以求在不朽的事业中去寻求新的庇护。也许，相较第一次行动而言，他这第二次行动将更加辉煌，但是，尽管历史总是眷顾有所成就的人，这第二次行动在历史上却无法享受到如同第一次的荣耀。在这一次横越地峡的时候，巴尔沃亚不仅带着自己的大队人马，而且还要上千名土著人拉着木材、木板、船帆、铁锚和四艘双桅帆船用的绞盘，随着队伍翻山越岭，因为他计划到了山那边以后，首先建立起一支舰队，然后才能去征服所有沿岸地区，以及那些盛产珍珠的岛屿和富有传奇色彩的秘鲁。可是这一次，命运却不再眷顾这个勇敢的冒险者，新挫折接二连三地出现。在穿过潮湿闷热的热带灌木丛时，蠹虫把木材蛀毁了；到达以后发现木板已全部腐朽，不能再使用。但巴尔沃亚没有气馁，在巴拿马海湾，他让人砍下新的木料、锯成新的木板。真正的奇迹可是由才干创造的。眼看着就要成功了：第一批双桅帆船已经建造好了，只准备在太平洋上航行了。然而，突然之间，竣工的船只所停泊的河流洪水暴发，这些造好的船都被冲走了，并被撞击得支离破碎。巴尔沃亚只好第三次重新开始。终于又建成了两艘双桅帆船。再建成两三艘这样的船，他就可以出发了，去占领那个印第安人酋长用一只伸开的手指着的南方以及那块自从他第一次听到那诱人的名字"皮鲁"之后就魂牵梦绕的土地。现在，只缺几个英勇彪悍的军官和一支装备精良的后备部队，他就完全可以去建立自己的王国了。倘若再有几个月的时间，倘若一点好运气能稍微配合一下他胸中的这个大胆计划，那么，世界历史上战胜印加人、征服秘鲁的就是巴尔沃亚，而不是后来的皮萨罗了。

然而，命运即使对她最喜爱的宠儿也不会一直眷顾。众神已经保佑这个不能永生的人完成了一项不朽的事业，之后，再也没有保佑过他。

最后的毁灭

巴尔沃亚有着极其坚强的毅力，正当他坚定地实施自己的宏伟计划时，不幸在悄然滋长。正是这个大胆计划所取得的成功，给自己招来了危险。佩德拉里亚斯的猜忌目光从没有停止地注视着自己这个下属的意图。或许是由于叛徒的出卖，他得到了情报，了解到巴尔沃亚正野心勃勃地建立自己的统治；或许纯粹是出于嫉妒，担心这个从前的叛乱者再一次获得成功。总之，他突然给巴尔沃亚寄去一封言辞恳切的信，信中说，希望巴尔沃亚最终开始远征之前最好回到阿克拉，也就是达连附近的一座城市，两人再好好商谈一次。巴尔沃亚幻想进一步从佩德拉里亚斯那里得到兵力支援，于是，按照信上的邀请即刻返回。在城门外一小队士兵迈着正步向他走去，看上去像是迎接他似的。他高兴地急忙朝他们大步走去，为的是要去拥抱他们的队长弗朗西斯科·皮萨罗，这可是他多年的战友、发现南海时的同伴、自己信赖的朋友。

但是，皮萨罗的手却重重按在了他的肩上，并宣布他已被捕。皮萨罗也渴望着建立一番不朽的功业，也渴望着能去征服那黄金之国，因此，当他知道要干掉一个如此任意妄为的拦路人时，心里可并没有不乐意。在佩德拉里亚斯总督的主持下，这场所谓叛乱的审判开始了，显然，这次巴尔沃亚难逃不公正的判决。几天之后，巴尔沃亚和他几个最忠实的伙伴一起被送上了断头台。只见刽子手的刀斧一闪，巴尔沃亚的头颅滚落到地上，那头颅上的眼睛在一秒钟之内永远地闭上了，这是人类第一双同时看到过环抱我们地球两大洋的眼睛。

拜占庭的悲剧

欧洲历史的新纪元

1453 年 5 月 29 日

野心勃勃的苏丹

1451 年 2 月 5 日，二十一岁的穆罕默德二世，也就是苏丹穆拉德二世 [1] 的长子收到一位密使的报告：他的父亲已经去世。这位精明且果断的皇太子丝毫没有同自己的大臣和谋士商量，就一跃跨上自己乘骑中那匹最满意的马，策马扬鞭，骑着这匹纯种良马一鼓作气跑完一百二十里，从小亚细亚到达博斯普鲁斯海峡，并且立刻乘船渡海，来到欧洲一岸的加利波利 [2]。这时，他才向自己的亲信们吐露父王逝世的消息。为了防止其他任何人染指王位，他调遣了一支精锐之师，带到亚得里亚堡。事实上，他在那里没有遭遇任何的反对，就被大家确认为奥斯曼帝国的最高统治者。他随即进行了第一项政治行动，为了预先清除掉所有的嫡血竞争对手，他派人把自己还未成年的亲弟弟淹死在浴池里，接着又立刻害死了那个被他逼着去干这件事的凶手。穆罕默德二世那种无所顾忌的魄力，简直令人害怕，同时，也可以看出他诡计多端、冷酷残忍的性格。

这样一个年轻、狂热、热衷于功名的穆罕默德二世开始了他的时代，从此他取代了颇为稳重的穆拉德而成为土耳其人的苏丹。拜占庭人听到这个消息惊恐万

[1] 奥斯曼土耳其最高统治者称为苏丹。

[2] 加利波利，地名，现在土耳其的盖利博卢半岛。奥斯曼土耳其人于 1354 年，跨过达达尼尔海峡占领这里，之后成为进攻色雷斯的前沿阵地。

分。因为上百名密探获得的消息称，这个狼子野心的家伙曾经发誓要占领这座世界古都，他虽然很年轻，却不舍昼夜地在谋划着如何才能实现自己的毕生计划；同时所有的消息又都一致声称：这位土耳其新君主除了野心之外，还具有杰出的军事和外交才能。穆罕默德二世具有双重秉性，一方面他虔诚热情，另一方面他又残忍阴险；一方面他是个学识渊博、爱好艺术、能用拉丁文阅读恺撒大帝和其他罗马伟人传记的人，另一方面又是一个杀人不眨眼、歹毒的人。他漂亮的眼睛总是弥漫着一缕忧郁的神情，鼻子尖尖的，犹如鹰爪，从他的外貌来看，你可以觉得他像一个永不知疲倦的工人，又可以觉得他像一名不惧死的士兵，但更像一个头脑清晰、寡廉鲜耻的外交家。而现在，所有这些危险的力量都聚集到同一个理想，即要远远超越他的祖父巴耶塞特一世和父亲穆拉德二世所建立的功绩，这两人曾使土耳其国家新兴起来，并用其强大的军事实力第一次教训了欧洲。不过，大家都清楚并且都已感觉到这一点，他的第一个目标就是要占领拜占庭城——这颗留在君士坦丁和查士丁尼[1]皇冠上的最后珍宝。

实际上，对一个决心如此坚毅的人来说，这颗珍宝唾手可得，没有任何阻碍了。当年，拜占庭帝国全盛时期，即东罗马帝国幅员辽阔，横跨欧亚非三洲，从波斯一直延伸到阿尔卑斯山脉，再从另一方向扩展到亚洲的沙漠地带，花上几个月的时间，恐怕也无法穿越全境，这是一个名副其实的世界帝国。可是现在，只要走上三小时，就能轻松地逛遍整个国家。当年盛极一时的拜占庭帝国如今只可怜巴巴地留下一个没有国土的首都——君士坦丁堡，即君士坦丁之城、古代的拜占庭，就好像一颗没有躯体的脑袋；况且，如今属于东罗马皇帝的，也早已不是昔日的拜占庭城，仅仅只限于市区的一部分，而城郊的加拉太已陷入热那亚人的手中，城墙以外的全部土地也都已经被土耳其人占领。仅有这样一块弹丸之地是属于这最后一位皇帝的帝国。人们现在称之为拜占庭的，只不过是巨大城墙之内环绕着教堂、宫殿和一排排屋宇的狭小天地。

由于遭到十字军的大肆劫掠和毁坏，拜占庭城早已元气大伤；兵灾、瘟疫使得

---

[1] 君士坦丁和查士丁尼，都曾是东罗马帝国的英明君主。

城内人口连年骤减，更因需要常年不断地抵御游牧民族的侵犯而疲惫不堪，还有民族和宗教问题，使得内部四分五裂。这样一种景况面临一个早已用金盔铁甲全副武装起来的军队从四面八方包围着自己的敌人，仅凭自己的力量根本无力抵抗。它不仅缺乏人员，而且缺乏勇气。拜占庭的末代皇帝君士坦丁十三[1]的宝座已岌岌可危。他的皇冠只能听凭命运的摆布。但是，已被土耳其人团团包围的拜占庭，正因为它集中了整个西方世界几千年来古老的共同文化而被奉为圣地，对欧洲来说，拜占庭城是荣誉的象征。因此，这个东方的最后的，并且已在土崩瓦解的堡垒，需要统一的基督教世界共同来保卫，只有这样，东罗马帝国最后和最富丽堂皇的东正教教堂——圣索菲亚大教堂[2]，才能作为信仰基督的教堂而持续存在。

君士坦丁十三马上认清了这种局面和危险。穆罕默德二世满口和平的言论并不能让他安心。他整日惴惴不安，这种心情人们完全可以理解。同时，他向意大利、向威尼斯、向热那亚、向教皇派去一个又一个的使节，恳请他们派来战船和士兵援助。然而罗马犹豫不决，威尼斯也是踌躇不定。东派教会和西派教会之间那种古老的宗教信仰上的分歧，至今依然存在。希腊正教敌视罗马公教。希腊正教的牧师不愿承认罗马教皇是最高牧师。土耳其人带来的危险，促使两教会在斐拉拉和佛罗伦萨的两次宗教会议上决定重新统一，作为统一的条件，也就是保证支持拜占庭反对土耳其人的斗争。但是，当拜占庭面临的危险，刚刚不那么迫在眉睫时，希腊教的一些教会又都不再承认条约。现在，穆罕默德二世已经成为苏丹，危急的形势，迫使东正教会不得不妥协，拜占庭一方面向罗马送去消息，表示自己愿意顺从，同时请求紧急支援。于是，一艘帆船带来了罗马教皇的使节，西方两个教会和解，不过有一件隆重的事，他要顺利完成，并且向全世界宣布：谁进攻拜占庭，谁就是向整个基督教世界宣战。紧接着，一艘艘大战船，开始配备士兵和弹药。

---

[1] 君士坦丁十三，东罗马帝国的最后一位皇帝，在拜占庭陷落的时候战死。
[2] 圣索菲亚大教堂，建于东罗马皇帝查士丁尼一世统治时期（公元532—537年），当时拜占庭帝国正处于鼎盛阶段。1453年后，转变成供奉安拉的伊斯兰教清真寺。

和解的弥撒

圣索菲亚大教堂的富丽堂皇，是我们今天从它改成的清真寺中无法想象的，那是由大理石和由玻璃镶嵌细雕的图案以及那些灿烂夺目的装饰品所形成的金碧辉煌。那是12月的一天，圣索菲亚大教堂一派隆重庄严的场面，为庆祝两派的和解，教堂里正在举行盛大的活动。君士坦丁皇帝出席了这次庆祝活动，簇拥他的是他帝国的所有显贵们。他想以皇帝的身份见证和保证这次宣称永远和睦一致的和解。宽敞大厅，被无数的蜡烛照得通明透亮，大厅里挤满了人。罗马教廷的使节伊斯多鲁斯和希腊正教的牧师格列高利，在圣坛前，如亲兄弟般，一起做着弥撒。教皇的名字在这座教堂里第一次重新被提到，当然，也是第一次用拉丁语和希腊语同时唱起虔诚的赞美诗。歌声在这座永存的主教堂的拱顶间余音缭绕。与此同时，施匹利迪翁的圣体被达成和解的两派教士列队庄严地抬进来。看来，东西两派宗教信仰之间存在的裂痕，从此永远联合在一起了。欧洲的观念，也就是所谓的西方精神，经过岁月悠久的罪恶争执，终于重新达成了一致。

然而，在历史上，理智与和解的时刻从来都是短暂和容易消逝的。正当虔诚的共同祷告声在教堂里越来越响的时候，在外边的一间修士室里那位博学的修道士盖纳蒂奥斯已经激烈地开始了指责，指责那些讲拉丁语的人背叛了真正的信仰。盲目信仰的狂热又破坏了刚刚由理智撮合而成的和平统一，而且正像这位希腊教士不想真正屈服一样，地中海另一端的朋友们已经许诺的援助也并不想提供给他们。虽然把几艘战船和数百名士兵派去了拜占庭，但随后，也就让这座城市听天由命了。

战争开始了

　　正如一切正在准备战争的强权统治者一样，在准备工作还没有完全就绪之前，穆罕默德二世总是竭力散布和平论调。在自己加冕典礼的仪式上，他接见了君士坦丁皇帝的使团，用最友好和最使人宽心的话抚慰他们，他煞有介事地向真主及其在世的代言人穆罕默德教祖、向天使们和《古兰经》公开发誓：与拜占庭皇帝签订的一切条约，他都会最忠实地信守。但与此同时，这个两面三刀的家伙，为了使自己在三年时间内不受干扰地攻下拜占庭，他又与匈牙利人和塞尔维亚人签订了一项为期三年的双边中立协定。穆罕默德二世一边在信誓旦旦地做出足够的和平许诺，一边又在寻找适当的时机挑起战争。

　　到目前为止，博斯普鲁斯海峡属于土耳其人的只有亚细亚一岸。因此，拜占庭的船只仍能畅行无碍地穿过海峡驶进黑海，驶往自己的粮仓。现在，穆罕默德二世要阻断这条通道。海峡的欧洲一岸鲁米里·希塞尔附近海峡是最狭窄的地段，古代波斯人称雄时，勇敢的薛西斯[1]就选择在此渡过海峡的。因此，他可不管有理没理，就下令在此建立一个要塞。这样一来，一夜之间成千上万的建筑工人涌到欧洲这一岸。按照条约规定，欧洲一岸本来是不允许建筑工事的，不过，对强权者来说，条约有时候只是一纸虚文。周围的庄稼被劫掠一空，用以满足这些工

---

[1] 薛西斯，波斯帝国的国王，于公元前485年至前465年在位。公元前480年他亲率大军，水陆两路攻打希腊。

人的生活需要。为了获取建筑要塞用的石块，一般的房舍被他们拆毁了，就连闻名遐迩的圣米迦勒教堂也被拆毁了。这项昼夜进行的要塞建筑工程由苏丹亲自领导，而拜占庭却只能眼睁睁地看着他们违背公理和条约，切断这条通向黑海的自由通道。这个迄今还是公海的地方，已经徒有虚名，那些想要通过的第一批船只已经在和平之中遭到了炮击。武力一旦开始了，就不需要任何伪装了。1452 年 8 月，穆罕默德二世召集起他所有的文武高级官员，向他们公开宣布：要进攻和占领拜占庭。随着这一宣告，不久，野蛮行动就开始了。为了征召能进行战斗的人，传令官被派往土耳其帝国境内的四面八方。1453 年 4 月 5 日，一支阵容强大的奥斯曼帝国军队像滚滚涌来的潮水，突然冒出在拜占庭城墙之外的平原上。

骑着骏马，走在部队的最前面的是一身奢华富丽戎装的苏丹，在吕卡斯隘口前，他要扎起自己的营帐。但是，还有一项仪式没有进行呢，他让人在地上铺好祈祷用的地毯，只见他赤着脚走上前去，跪拜在地，面向麦加所在的方向磕了三个头。在他身后是数以万计的部下，他们和他一起朝着同一方向跪拜，向真主用同样的节奏念着同样的祷告，祈求真主赐予他们力量和胜利，这真是一派非常壮观的场面。然后苏丹才站起身来，卑恭者瞬间变成了挑战者，真主的仆人瞬间变成了主人和战士。他让人在自己的统帅部前面升起帅旗，而他的那些"传令兵"，也就是传谕的差役，急急忙忙奔跑于整个营地，还敲着鼓吹着军号，进一步向大家宣告："攻占拜占庭城的战斗即将开始。"

城墙和大炮

现在的拜占庭，只剩下城墙，这是它的唯一可依靠的力量了。那个昔日版图曾横跨几大洲的拜占庭，那个伟大而又美好的时代只停留在人们的记忆中，今天它留给拜占庭的遗产，仅仅是它的城墙而已。这座呈三角形的城市，在它的底部布置着三道防线；沿着马尔马拉海和金角湾的岸边是它的两条斜边，在这里，比较低矮的石头围墙始终非常坚固；而朝着大片开阔地的那一面，即所谓的狄奥多西[1]城墙，这是一座巨大的壁垒型的城墙。早在他之前，君士坦丁早已嗅到拜占庭未来的危险，所以把城墙用大方石围了一圈，在他以后，查士丁尼[2]又扩建和加固了城墙。而狄奥多西二世是真正建立起主体防御工事的人，他修筑了七公里长的城墙。今天这些爬满常春藤的残余遗迹，依然可以证明当年石块的坚固。这座城墙气势雄伟，用平行的两层和三层建筑起来的，上面还有凹形的眼口和雉堞，前面建有护城壕，还有方石垒起的坚固瞭望楼守卫着。一千多年来，历代皇帝都不忘对他进行加固和重修，因此，它也就成了坚韧无法攻克的标志。这些用石块筑成的坚实壁垒，蛮族部落蜂拥而至的拼命进攻和土耳其人的人海战术都曾对之

---

[1] 狄奥多西二世，东罗马帝国皇帝，于408年至450年在位，期间修筑了拜占庭坚固的城墙。

[2] 查士丁尼一世，东罗马帝国皇帝，于527年至565年在位，期间经济改革内政，并且非常重视法律文献的整理和汇编。

无可奈何，饱受它的无情嘲弄，现在，那些迄今发明的一切战争工具，又同样遭受其嘲弄。攻城用的撞槌猛撞到墙上，它岿然不动；不管是罗马式的攻城槌还是新式的野战炮和臼炮都只能对这屹立的城墙兀自叹息。这座狄奥多西城墙就像一个传奇，因此，没有一座欧洲城市比君士坦丁堡有更好和更坚固的保护了。

现在，穆罕默德二世比谁都更能体会这座城墙的厉害。几个月来，毋宁说几年以来，他夜不能寐，甚至在梦中还在惦念着，如何才能摧毁这不可摧毁的城墙、攻克这不可攻克的城墙。许多图样、量尺、敌方工事的草图堆放在他的桌子上。城墙内外的每一处小丘、每一块洼地、每一条水流，他都知道。他和他的工程师们一起把每一个细节都考虑得十分周详，但是失望依然不可避免，他们所有人的计算都显示了这样一个结果，那就是如果使用现有的臼炮，他们是无法摧毁这座狄奥多西城墙的。

要对付这座难以攻克的城墙，必须发明一种新的重炮，此外没有别的任何办法。也就是说，必须制造更大的臼炮！必须制造一种新型火炮，要比迄今在战争中使用的火炮炮筒更长、射程更远、威力更大！还必须制造一种比迄今的石弹更重、更有攻坚力和摧毁力的，用更坚硬石头制成的弹头！穆罕默德二世表示，要不惜任何代价制造出这种新型的进攻武器。

不惜一切代价，这种信念本身就会激起无穷无尽的创造力和推动力。所以，在宣战之后不久，有一个男子要求觐见苏丹。这个人叫乌尔巴斯，有时又名奥尔巴斯，是一个匈牙利人，他是当时世界上最富有创造性且经验最丰富的铸炮能手。尽管他是基督教徒，在前不久还刚效劳于君士坦丁皇帝，但是他希望能在穆罕默德二世这边，为自己的精湛技艺获取更高的报酬和更有独创的使命。于是他向穆罕默德二世禀告说，倘若能给他提供无限的经费，那么他就能铸造出一种至今世上前所未有的最大火炮。他的希望没有落空。要知道，苏丹如同任何一个被固执的念头迷住了心窍的人，至于钱的代价他已不再计较。他马上就答应并派给他工人，应他所求，要多少给多少，同时成千辆的车子被派出，负责把矿砂运到亚得里亚堡。三个多月的时间过去了，铸炮工人不停歇的努力，终于制成了一个黏土模坯，这个黏土模坯是采用秘密的淬火方法，现在，只等着用火红的铁水进行浇铸了。

这道激动人心的工序也顺利地完成了。大炮已经造好。这是迄今世界上最大的炮筒——这个从模具里脱坯而出并且进行了冷却的巨大炮筒。紧接着，进行了第一次发射试验，不过在试验以前，穆罕默德二世先派出他的传令兵跑遍全城，去提醒那些怀孕的妇女当心。然后，伴随着一声炸雷般的声响，从闪电般发亮的炮口喷涌而出一颗巨大的石弹，一堵城墙一下子就被炸得粉碎。穆罕默德二世欣喜若狂，马上下令用这种特大尺寸的大炮，重新装备全体炮兵。

看来，这一门巨大的"投石器"已经制造成功，后来希腊的著述家们才心有余悸地把它称之为大炮。不过，尽管这门大炮已经建造成功，但是，更困难的问题是：如何才能把这种像巨龙似的铸铁怪物拖过整个色雷斯[1]，运到拜占庭的城墙跟前呢？为此，开始了一场前所未有的苦难历程。被动员起来的全民全军，花了足足两个月的时间，才拖来这长脖子、硬邦邦的庞然怪物。为防止这宝贝遭到袭击，先是派出一队一队的骑兵在前面开道巡逻。随后，为了能随时把崎岖不平的道路铲平，数百、也许数千名的工人，进行夜以继日的挖土和运土工作，以便运送这沉重无比的大炮。运输几个月之后，这些道路又会被损毁得不成样了。一辆有防御装置的巨车被五十对平列两行的公牛拖拽。巨车的所有轮轴上均匀地承担着金属炮筒的重量，这正好像从前把方尖塔[2]从埃及运到罗马去一样。此外，还有两百名壮工，始终从左右两边，扶着这个由于自身重量而晃晃悠悠的炮筒。同时，五十名车匠和木匠马不停蹄地忙着更换滚木，给滚木涂润滑油，对支架进行加固，搭造桥梁。可想而知，这样一支庞大的运输队，唯有像老牛迈步似的，用最缓慢的速度才能越过山岭走过草原。村落里的农民见到这铁铸的怪物感到非常惊奇，在它面前画着十字，因为这看起来像一群仆人和教士把一尊战神从一个国家运到另一个国家。不过，没有多久，大家见怪不怪了，因为又有好几个这种出自同一个模坯的铁铸怪物，用同样的方式被人从眼前拖过去。人的意志是如此强大，再一次使不可能的事情变成可能。现在，已经有二十或三十个这样的硕大

---

[1] 色雷斯，古地名，巴尔干半岛的东南部，欧亚大陆的连接点。

[2] 方尖塔，古埃及特有的一种建筑物，四方柱形，用整块花岗岩制成，通常成对地耸立在巨大的庙殿门前，是崇拜太阳神的象征之一。

物体向拜占庭张着黑色大口，东罗马帝国皇帝的千年城墙和新苏丹的新大炮之间开始了一场较量。重炮队从此载入了战争的史册。

再次寄予希望

　　拜占庭的壁垒被这种巨型大炮用闪电般的火舌缓慢地、不停滞地、然而不可抗拒地蚕食着、咬碎着。开始时，每天只能发六七次炮，即便如此，苏丹却每天都能听到新的进展。每击中一处，便尘土飞扬、碎石横飞，这座石头壁垒眼看着噼里啪啦地塌陷下去，一个又一个新的缺口不断出现。围困在城里的人，到了夜里，就用那些越来越凑合的木栅栏和亚麻布团堵住这些被炸开的洞口。但是，这毕竟远不再是原来那座没有受到损坏、牢不可破、能躲在它后面进行战斗的城墙了！现在，躲在壁垒后面的八千部队，一想到那决战时刻，便惶惶不安。到那时，这已经百孔千疮的防御工事哪能抵御得住穆罕默德二世十五万军队的决定性冲击呢？目前，已是千钧一发的时刻。欧洲世界、整个基督教世界该是想到自己承诺的时候了。在城内，成群结队的妇女带着她们的孩子，整天跪在教堂装有圣人遗骨的木匣前祈祷。士兵们在所有的瞭望塔上不分日夜地观察着，渴望在这土耳其人的船只巡回游弋的马尔马拉海上，可以看到期待中的教皇和威尼斯的增援舰队出现。

　　4月20日凌晨3点钟，他们终于看到了点点希望，并发出灯光信号，因为远方出现了船帆。三艘巨大的热那亚船乘风破浪，缓缓驶来，一艘较小的拜占庭的运粮船跟在后面，它挤在三艘大船中间，凭借着它们的保护。尽管那不是日思夜梦的基督教世界派来的强大舰队，但毕竟是带来了希望。临海的城墙上挤满了君士坦丁堡城里的人，他们准备欢迎这些支援者。不过，穆罕默德二世也没闲着，他离开自己的朱红营帐，跨上了他的战马，向停泊着土耳其舰队的港口火速飞奔而去，命令要不惜任何代价阻止这些船只驶进金角湾，驶进拜占庭的港口。

于是，海面上顿时哗哗地响起几千副桨的划桨声。土耳其舰队总共有一百五十艘战船，这些船虽然船身略小一些，但是每艘都装备着铁爪篙、掷火器、射石机，现在，这些三桅帆船一齐向那四艘大橹战船驶去。可是，那四艘大船借助于强大的顺风，比这些带着武器并且狂叫怒骂的土耳其船只速度快得多，四艘大船鼓着满满的宽大风帆，不急不忙地朝前航行着，一点都不担心这些进攻者。它们往金角湾的安全港口驶去，因为海口一直被在拜占庭城区和加拉太之间那条著名的铁链封锁着，足以保护它们免遭进攻和袭击。现在，四艘大船的最后目的地就在眼前了，船上的每张面孔都能被城墙上的人辨认了。城墙上的男人们和妇女们为了能得到这光荣的拯救而跪下身来感谢上帝和圣徒们。港口的铁链正在放下，银铛作响准备迎接着这几艘前来增援的船只。

可是正在此时，一件可怕的事发生了。风忽然停住了，像是被一块磁石吸住了似的，四艘大船一动不动，死死地僵在大海中间，离安全的港口就那么几箭之远。这给了敌人以可乘之机，他们狂声欢呼，他们所有的战船立刻像一群猎犬似的向这四艘瘫痪了的大船扑来，而这四艘大船却好像四座塔楼，停止在大海中间。大船犹如猎物，被十六条桨艇紧紧咬住，两侧被这些小船用铁爪篙勾住。为了把这四艘大船弄沉，他们用刀斧狠狠地砍，为了把大船点燃，越来越多的人爬上锚链，把火炬和燃烧的柴火，投掷到帆篷上。土耳其舰队的司令，果断命令自己的旗舰朝那艘运粮船冲去，想从侧面把它撞坏。这会儿，两艘船就像角力士似的扭在一起了。虽然开始时由于头盔的保护，热那亚的水兵还能从高出的甲板上，抵御攀登上来的人，还能用石块、刀斧和希腊人的火把击退进攻者。但是，这肯定是一场不会持久的搏斗，因为这是一次力量明显悬殊、寡不敌众的战斗。热那亚的船必败无疑。

这场浴血之战对城墙上的几千人来说，是非常可怕的。这些人平时怀着无比的乐趣在古希腊的战车竞技场上观看血腥搏斗，现在目睹这场海上的大拼杀却是无比的痛苦，战斗的结果不言而喻，他们觉得自己这一方的失败是无可避免的，因为顶多支撑两小时，在这大海的竞技场上这四艘船就会死于敌人的猎犬之下。这些救援者尽管来了，却纯粹是一场悲剧。君士坦丁堡城墙上，陷于绝望的希腊人，离他们自己的弟兄就那么一箭之远，可是只能徒然地站在那里紧握拳头，暴跳如雷地狂喊，而无法前去帮助来救援自己的朋友。他们中的一些人做出鼓劲的姿态，试图去激励那些正在奋战的朋友们。还有一些人，双手伸向天空，向基督和大天使米迦勒[1]祈祷，向他们自己教派的所有圣者和许多年以来曾经保护过拜占庭的僧侣祈祷，祈祷他们能创造奇迹。但是，同样的热情也充满在对面加拉太的岸边的土耳其人，他们满怀期待、疯狂喊叫，祈祷自己这一方的胜利。此时大海变成了一个硕大的舞台，海战成了斗士表演。苏丹本人非常关注这场战斗，已骑着快马赶来，围绕着他的是一群高级将领，急切的他催马下到海滩水中，以至于海水溅湿了上衣。他用双手在嘴边合成一个简易的传声筒，声嘶力竭地向自己的士兵高喊，命令他们不惜一切代价也要擒住这些基督教徒的船只。一看到自己的三桅战船中有一艘被击退回来时，他就不停地叱责，同时狂怒地挥舞那柄弯刀，对自己的海军司令威胁说："不能取胜，就别活着回来。"

尽管，那四艘基督教徒的船只，还停在海面上，但是战斗已经接近尾声。敌人有五十倍之多，这样的优势，使得四艘大船上的水手们在经过几小时的战斗之后，胳臂已酸痛不堪，从四艘大船上向土耳其人的三桅战船还击的石弹已开始变得稀稀落落的了。太阳西沉，光辉散去。尽管到目前为止，土耳其人也还没有攻占这四艘大船，但是，对这四艘大船来说，情况已很不妙。如果还要有大约一小时这样毫无防御地暴露在敌人面前，再加上水流的冲击（当时水流向加拉太后面土耳其人占领的岸边），一切就都完了。

可是，意外的事就在这时出现了。微风过后，越来越大的风旋踵而至。这简直是一种奇迹，这在拜占庭城上那群绝望、怒吼、叫苦不迭的人看来，简直是上天降下的恩赐。四艘大船上干瘪的篷帆顿时又鼓得胀胀实实。渴望和祈求的风，

---

[1] 米迦勒，神话中的天使长。在基督教的绘画与雕塑中，经常以金色长发、手持红色十字架，与巨龙搏斗或者立于龙身上的少年形象出现。

拯救人性命的风，终于又出现了。四艘大战舰的船头如斗胜的公鸡，高昂着头。风猛一下鼓起风帆，船突然起动，围困在四周的敌人船只被摆在了后面。它们自由了，它们得救了。城墙上的几千人，顿时发出了暴风雨般的欢呼声。第一艘船已安全地驶进了港口，接着是第二艘，第三艘、第四艘，等它们进入之后，封锁海面的铁链又重新被拉起，阻挡住了外面的船只。在它们后边的海面上，土耳其人那群猎犬似的小船，只能无可奈何地返回驻地。在这愁云笼罩、绝望的城市上空又回荡着希望的欢呼声，好像是一朵朵的祥云。

奇迹中的奇迹

　　狂热的欢乐点燃了被围困的人，他们整整一夜都沉浸在这种欢乐中。这一夜，他们忘乎所以，眼前出现的这一线希望好像梦中甜蜜的迷魂汤，令他们神志不清。在这天夜里，这些被围困的人相信自己已得到拯救和安全。梦想占据着他们的心灵，欧洲没有把他们忘记，他们梦想着从现在起每星期都会有新的船只到来，而且正像这四艘船上的士兵和粮食一样，能顺利到达。在眼前这种期望中，他们好像看到包围已经解除，好像他们已经使敌人丧失了勇气，甚至战胜了敌人一样。

　　但是，穆罕默德二世同样是个梦想家，并且是个更善于奇思异想的梦想家，这类梦想家不会只停留在幻想层面，而是懂得如何通过自己的意志把梦想变成现实。正当那几艘大战船进入了金角湾的港口且错误地确认自己十分安全的时候，一项极富幻想的大胆计划涌现在穆罕默德二世的脑海中。在战争史上，这项计划足以与汉尼拔 [1] 和拿破仑的最大胆的行动相媲美。拜占庭像一个金苹果似的诱惑着他，却无法拿到手。金角湾是进攻的主要障碍，它是一个凹进去很深的海岬，这个盲肠形状的海湾保卫着君士坦丁堡的一侧。要想进入这个海湾几乎是不可能的，因为热那亚人的据点城市加拉太就在入口处的边上。穆罕默德二世曾和这座

---

[1] 汉尼拔，北非古国迦太基著名军事家，以出奇制胜著称，曾征讨罗马帝国。公元前218年，汉尼拔率领军队西征意大利，史无前例地翻越了阿尔卑斯山，犹如天降的神兵般出现在北意大利。

城市订立过中立协议，而且还有一条铁链横拦在这里到那座敌人的城池拜占庭之间。所以他的舰队从正面冲入海湾是不可能的，而从热那亚人领地边缘的内部水域出发，去袭击那些基督教徒的战舰，还有望成功。可是，一支舰队如何才能到达这海湾的内部水域呢？当然，在这海湾里面建造一支舰队也是可行的，但是这至少要花费几个月的时间，对于急不可耐的苏丹来说，是无论如何也等待不了这么长的时间的。

于是，一项天才的计划出现在穆罕默德二世的脑海里：既然他的舰队在外海区域无法施展力量，那么现在他要让舰队穿越岬角到达金角湾里面的内港，也就是要把成百艘的战船拖越过多山的岬角地带。这个大胆的想法完全是史无前例的，简直让人瞠目结舌，它是显得多么荒诞不经和难以实现，拜占庭人还有加拉太的热那亚人从来没有预想过会有这样一项战略计划，正如他们之前的罗马人和他们之后的奥地利人没有想到汉尼拔和拿破仑的军队会神速且诡异地越过阿尔卑斯山一样。按照世间平常人的生活经验，在水里航行才是船的本性，要一支舰队越过一座山可是从来没有听说过的。然而正是这种突破常规的思维，把不可能的事变为可能，才是非凡意志的真正标志，一位军事天才往往在这样一种境况下被发现，这种天才往往不按常理出牌，在特定的时刻不因循守旧，随机应变。那些所谓的战争规则也往往成为他们嘲笑的对象。这次大规模的行动在编年史上可谓是无与伦比的。穆罕默德二世亲自指挥这次行动，他让人悄无声息地运来无数圆木头，又让工匠们制成滑板，将从海面拖上来的船固定在这些滑板上，就如同固定在能够活动的干船坞上一样。与此同时，数以千计的土方工人也开始工作。为了方便运输，他们把那条经过佩拉山丘的狭窄山路，从下坡到上坡一律填得尽可能平整。不过，为了掩人耳目，不让敌人怀疑突然结集了这么多的工匠，苏丹命令部队每天夜里依然向除中立的加拉太城以外的周围地区连续发射臼炮，当然，发射这些臼炮本身没有任何意义，主要在于转移敌人的注意力，以掩饰自己的船只越过山地、峡谷，确保舰队从一个水域安全地进入另一个水域。一方面拜占庭城里的人，此时正在忙忙碌碌，并且一心以为敌人的进攻只会来自陆路。另一方面无数涂满了油脂的圆木头开始滚动，这些巨大的滚木上面承载着钉在滑板上的船只，就这样一艘接着一艘被拖着越过那座山，数不尽的水牛排成两行在前面拖着，水兵们在后面帮着推。每当夜幕降临，这种奇异的迁移行动就会立刻开始。整整一支舰队就这样成功地越过了山岭。世间所有的智者总是深谋远虑的，世间一切伟大的壮举总是默默完成的，这是奇迹中的奇迹。

在所有伟大的军事行动中，决定成败的关键总是出其不意，攻其不备的。在这方面，穆罕默德二世的独特天才尤其体现得不同凡响。没有人能事先察觉他的意图。有一次，这位天才的谋略家在谈及自己时曾这样说："就算是我的想法被我的胡须中有一根毫毛知道了，我都会毫不犹豫地将它连根拔起。"正当白炮还在故作姿态地向拜占庭的城墙轰击时，他的命令在最周密的部署下付诸实施了。到了 4 月 22 日这一天夜里，山冈和峡谷被七十艘战船甩在了身后，又穿过种植葡萄的山丘、田野和树林，终于从一个海面"空运"到了另一个海面。第二天早晨，一支挂着三角旗、载有水兵的敌人舰队出现在拜占庭的市民眼中时，他们惊呆了，这些船好像被神的手送来似的，这无法接近的海湾怎么可能有敌船航行呢，他们还一直以为自己在做梦。当他们使劲揉着眼睛，想看明白这样的奇迹从何而来时，在他们至今由海港护卫着的这一面城墙底下，呐喊和欢呼声四起，军号、铜钹、战鼓齐鸣。现在，除了加拉太那一片狭窄的中立地带以外，这一天才的计谋使得隐藏着基督教徒舰队的整个金角湾属于苏丹和他的军队了。他可以指挥部队从自己的浮桥上畅通无阻地向拜占庭城墙的这较薄弱的一面发起进攻了。这一翼由于地广人少本来就薄弱，现在还受到了威胁，而本来就已十分可怜的防线就显得更脆弱了。这牺牲者的咽喉已经被铁的拳头掐得愈来愈紧。

急切的呼救

被包围者现在已经认清了事实，不再自己欺骗自己了。他们很清楚，倘若没有紧急增援到来，即便能把这已有了裂口的一翼暂时守住，然而，八千人凭借这百孔千疮的城墙要抵住十五万人的进攻，是坚持不了多久的。不过，威尼斯的执政官曾非常郑重地答应过会派来战船。如果圣索菲亚大教堂，这座西方最华丽的教堂，有变成异教徒的清真寺的危险，教皇还能安之若素、无动于衷吗？欧洲长期以来困于内部纷争，被层出不穷的无谓猜忌弄得四分五裂，现在总该明白西方文化所面临的危险了吧？被困在城里的人们一直这样安慰自己：也许威尼斯早已准备好一支增援舰队，只是由于形势的险恶还没有被认识清楚，所以迟迟不愿出航，而现在，事实证明，这种迟疑将会导致灭亡，而这巨大的责任又由谁来负？

然而，如何去通知威尼斯舰队呢？土耳其的船只遍布马尔马拉海上，如果整个舰队一起出动，那就意味着要冒彻底毁灭的危险，而且会使城防减少数百名兵力，而守城是丝毫不能含糊的。于是决定只派出一艘非常小的船去冒险，这艘船总共只坐了十二名男子，去勇敢地从事这件英雄壮举。倘若历史是公正的话，那么他们的名字应该像"阿耳戈"船[1]上的英雄们一样被人们所传诵，然而，他们中没有任何一个人的名字流传了下来。他们把一面敌人的旗帜挂在这艘双桅小帆船上，

---

[1] 在希腊神话中，伊阿宋就是乘坐一艘名为"阿耳戈"的船到海外寻找金羊毛的。

为了遮人耳目，躲过土耳其的搜捕，这十二名男子一律一副土耳其式的装扮，缠上穆斯林的头巾或者戴着菲斯帽。5月3日，趁着午夜光景，静悄悄地松开封锁海面的铁链，在黑夜的掩护下这艘勇敢的小船划了出去，尽量不发出划桨的声音。你看，令人惊叹的是，这艘轻巧的小船，成功地穿过达达尼尔海峡，驶入爱琴海，竟然没有被人认出来。和往常一样，正是这种非同寻常的勇敢麻痹了对方。穆罕默德二世万事都考虑到了，只是没有想到一艘载着十二名勇士的小船竟然敢于穿过他的舰队，进行一次阿耳戈英雄们式的航行，这是多么的不可思议啊。

但是，在爱琴海上，他们一艘威尼斯的帆船都没有看到，没有一支舰队准备出发去救拜占庭，这是多么令人悲伤绝望啊！拜占庭已经被威尼斯和教皇遗忘了，他们全部忙于教会政治那些鸡毛蒜皮的事，而忽视了信誉和誓言。其实在历史上这样悲剧性的时刻是屡见不鲜的，正当迫切需要团结一切可以团结的力量，来保卫欧洲文明的时候，各路诸侯和国家却依然不能搁置下那些小小的纷争，热那亚认为联合几个小时向共同的敌人作战那还不如把威尼斯撇到一边；同样，威尼斯对热那亚也持这种态度。海面上空空荡荡，看不到来救援的船只，核桃壳似的小船里坐着这十二个勇敢的人，他们绝望地从一个岛屿划到另一个岛屿。然而，那些港口都已经被敌人占领了，哪还有一艘友军的船只敢在这作战区域内航行。

现在该怎么办呢？十二人当中已经有几个人失去了勇气，这情有可原。他们觉得即使回去他们也不可能带回任何希望，那么重返君士坦丁堡，再去涉险走那一段路程，又有什么意义呢？说不定那座城市已经陷入敌人之手，再回去，等待他们的不是被俘，就是死亡。可是，大多数人始终满怀豪情，尽管他们只是谁也不知名的英雄，但他们还是决定要回去。既然他们已经承担了这项使命，他们就应该坚决把它完成。派他们出来是为了探听消息，现在他们就必须把消息带回家去，尽管消息是如此令人沮丧。于是，这一叶孤舟重新单枪匹马，义无反顾地穿过达达尼尔海峡、马尔马拉海和敌人的舰队返回。他们出发之后的第二十天，也就是5月23日，就在这一天，城墙上的几名哨兵突然挥动起小旗，因为他们发现一艘小船飞快地划着桨正在向金角湾驶来。君士坦丁堡的人早以为这艘小船已经失落，没有任何人想到它会送来消息或者回来。见到这一艘船归来，被围困的人欢天喜地。

这倒使土耳其人产生了警觉，他们惊奇地发现，这艘挂着土耳其国旗、无所顾忌地驶过他们海域的双桅帆船竟然是一艘敌人的船。于是无数小艇被驾出来从四面八方向双桅船冲去，试图在它即将进入安全港口之前把它逮住。小船的归来，霎时使得救的希望占领了整个拜占庭，以为欧洲不曾忘记这座城市，而上次驶来的那几艘船只不过是先遣部队。成千的人欢呼起来，只是快乐仅仅是很短暂的时刻，到了晚上，真正的坏消息已迅速传开。拜占庭已被基督教世界遗忘了。这些被锁在里面的人是孤立无援的，如果不想灭亡，他们只有自己拯救自己。

总攻前夕

没日没夜的战斗，持续了将近六个星期之后，苏丹的耐心已经被消耗光了。虽然对方的城墙已经被他的大炮毁坏了许多，但是，到目前为止对方都顽强地击退了他指挥的所有的攻击。对一个统帅来说，现在只剩下两种选择：其一，放弃包围。其二，在经过无数次小规模的袭击之后发起一次大规模的决定性的总攻。穆罕默德二世选择了后者，他热切的意志战胜了所有顾虑，于是，他召集起他的将领们举行作战会议。5月29日被定为这次大规模的决定性的总攻的开始。苏丹以他一贯的坚决态度进行着一切准备工作。一次宗教盛典在他的安排下进行着，十五万人的部队，不管是最高统帅还是普通士兵，所有人都必须完成伊斯兰教规定的一切宗教礼仪——进行小净[1] 和白天的三次礼拜。为加强炮兵的攻势，苏丹运来了所有现存的火药和石弹，全军已为总攻分编成各个部分，所有的一切都在为攻占拜占庭创造条件。穆罕默德二世不知疲倦地从清晨忙到深夜，连一小时都不曾休息。他骑着马，沿着整个从黄金角到马尔马拉海的广大营地，从一个营帐走到另一个营帐，亲自给将领们鼓气并激励士兵。不过，他一向通晓别人心理，知道如何才能最有效地激起这十五万人的昂扬斗志。他许下了一项令人战栗的诺言，当然，以后他完全遵守了这项诺言，这就像一把双刃剑，既给他带来了荣誉，

---

[1] 穆斯林在做礼拜之前必须先处于一种清爽纯净的状态，因此有必要清洗身体上有污秽、尘垢的部分，这项仪式称为小净。

也给他带来了耻辱。他的诺言被宣谕差役敲着鼓吹着号到处去宣读："穆罕默德二世不仅以真主的名义，以教祖穆罕默德的名义和四千先知的名义发誓保证，他还以他的父亲穆拉德苏丹的灵魂，用他自己孩子们的头颅和他的军刀发誓保证，在攻陷拜占庭城以后允许他的部队恣意劫掠三天。城墙之内的所有家什器具和财物、饰物和珠宝、钱币和金银、男人、女人、孩子都属于打了胜仗的士兵，而他——穆罕默德二世本人将放弃所有这些东西，他只要得到征服东罗马帝国这个最后堡垒的荣誉。"

听到这样诱人的宣布之后，顷刻间，一片欢跃洪亮的欢呼声犹如风在吼，一片叫喊"真主，真主"的祈祷声犹如海在咆哮，这声音像一阵风暴向本已胆战心惊的拜占庭城卷去。"抢呀！""抢呀！"这个词随着战鼓回荡，随着铜钹和军号齐鸣，简直成了战场上的口号。到了夜里，军营里更是一片节日的灯海。平原和山丘上到处点燃的灯光和火把，好像无数的星星，敌人在还没有取得胜利以前已经在用喇叭、苗子、铜鼓、手鼓庆祝胜利，被围困者从自己的城墙上看到这一切，不由得不寒而栗。那场面好像异教徒祭司在献上牺牲之前那种吹吹打打、嘈嘈杂杂但又无比残酷的仪式。然而到了午夜时分，根据穆罕默德二世的命令所有的灯火又都突然一下子全部熄灭。惊天动地的热烈声响戛然而止。然而，一片漆黑和突如其来的沉默更令人不安，这果然是不祥之兆。对那些被搅扰得心神不定的被围困者来说，漆黑中的沉默比亮光中的喧嚷、疯狂的欢呼更让人害怕。

最后一次弥撒

　　被围困在城里的人已经知道自己面临的处境，这不必派出任何一个探子去探听消息，也不需要任何一个从敌人那边投奔而来的人带来消息。他们清楚地知道，穆罕默德二世已经下达了总攻的命令。他们预感到未来的巨大危险和自己的重大责任，整座城市的上空就好像笼罩着暴风雨前的乌云。这些居民们平时四分五裂和陷于宗教纷争，在这最后几个小时内终于聚集在一起了，世事总如此，空前的团结场面总要到了最危急的关头才出现。为了激励大家出力保卫基督教信仰、伟大的历史、共同的文化，东罗马皇帝举行了一场激动人心的仪式。根据他的命令，全城的人，不管是东正教徒还是天主教徒，不管是教士还是普通教徒，老老少少，都集合在一起，举行一次规模巨大的宗教游行。谁也不准待在家里，当然，谁也不愿意留在家里，从最富有的富翁到一贫如洗的穷人，都虔诚地站在庄严的行列中，唱着"上帝保佑"的祈祷歌；游行的队伍先是穿过城内，然后再经过外面的城墙。队伍的前面抬举着从教堂里取出来的希腊正教的圣像和圣人的遗物。圣像被贴在城墙有缺口的地方，好像它能比世间的武器更能抵抗异教徒的进攻似的。与此同时，君士坦丁皇帝召集起元老院的成员、显贵人物和指挥官们，向他们做了最后一次讲话，以激励他们的勇气与斗志。与穆罕默德二世那样向他们许诺无数的战利品不同的是，他向他们描述了如果他们击退了这最后一次决定性的进攻的话，他们将为全体基督教徒和整个西方世界所赢得的是怎样一种荣誉；同时他也向他们描述了如果他们败于那些杀人放火之徒的话，他们面临的将是怎样一种危险。穆罕默德二世和君士坦丁两人都知道，几百年的历史或许就由这一天决定。

紧接着，上演了那最后一幕——灭亡以前令人难以忘怀的热烈场面，也是欧洲历史上最感人的场面之一。圣索菲亚教堂自从基督教东西两个教派建立起兄弟般的关系以来，它是当时世界上最豪华的基督教主教堂，现在这里聚集了这些濒临死亡的人。皇帝四周齐聚着全体宫廷人员、贵族、希腊教会和罗马教会的教士以及全副武装的热那亚和威尼斯的水陆士兵。好几千充满恐惧和忧虑的老百姓在他们后面毕恭毕敬、安安静静跪在地上，看上去黑压压的一片，他们低着头，口中念念有词。这一群人就像一个人的躯体似的跪在地上进行祷告，蜡烛照耀着他们，好像在同低垂的拱顶形成的黑暗进行努力的搏斗似的。这些拜占庭人正在这里向上帝祈祷。这会儿，大主教带头祈祷，他庄严地提高了自己的嗓门，唱诗班也跟着同他唱和。音乐在大厅里再次响起，这是西方世界神圣的声音，永恒的声音。接着，皇帝走在最前面，大家一个跟着一个走到祭台前，去领受虔诚带来的慰藉，在宽敞的大厅里、在高高的拱顶上缭绕着、回旋着一阵阵祈祷声。这是东罗马帝国的最后一次安魂弥撒。因为这是最后一次在查士丁尼建造的这座主教堂里举行基督教的仪式。

这样激动人心的仪式举行之后，皇帝匆匆地返回皇宫，这或许就是最后一次了。他为自己以往对待臣仆的所有不到之处而请求他们的原谅，然后他跨上马，沿着城墙从这一端走到另一端，去鼓励士兵，而他的目空一切的敌手——穆罕默德二世此时也正在这样做。深夜来临了，人声和武器的叮当声已沉静下来。但是城内的几千人正怀着忐忑不安的心情等待着白日的来临，而前方即意味着死亡。

被遗忘的凯尔卡门

苏丹在凌晨 1 点钟，发出了进攻的信号。随着巨大的帅旗迎风飞舞，大家众口一声地叫喊着"真主、真主"，数不胜数的人拿着武器、云梯、绳索、铁爪篙向拜占庭的城墙冲去，此时，战鼓军号齐鸣，人的呐喊、大炮的轰鸣和震耳欲聋的大播鼓、铜钹、笛子的声音会合成一片，犹如暴风雨的袭击。志愿敢死队还未经过训练，就毫不怜悯地被率先送到城墙上去。他们半裸的躯体，只是作为苏丹的进攻计划中的替死鬼，确保在主力部队做决定性的冲锋以前，使敌人疲劳。这些被驱赶的替死鬼毫无退路，在黑暗中只能麻木地带着数以百计的云梯向前奔跑，向城垛、雉堞攀爬，即使被击退下来，他们紧接着又冲上去，就这样前仆后继地向上冲，他们仅仅用来当作炮灰的无谓牺牲品，毫无退路。在他们身后，站立着精锐主力，这些替死鬼被他们不停地驱向几乎是必死的境地。当然，对于无数的矢箭和石块，这些一穿就透的人肉装甲自然无法抵挡。所以暂时守在城上的人还处于优势，但是自己的疲惫不堪是他们面临的真正危险，穆罕默德二世所算计的也正是如此。沉重的甲胄压着城墙上的人，而且还不得不毫不停息地迎战不断冲上来的轻装部队，他们一会儿在这里战斗，一会儿又得跳到另一处去战斗，如此被动的防御，再强的旺盛精力也要被消耗殆尽了。

而现在，搏斗已进行了两小时，天开始蒙蒙亮。第二梯队发起了冲锋，这是由安纳托利亚人组成的，这些安纳托利亚人可都是纪律严明、训练有素的战士，并且身上穿着网状的铠甲护身，因此，战斗也就愈来愈危险。此外，在数量上他们占着绝对优势，而且由于事先充分的休息而精力充沛，相比之下，守在城上的人为了保卫各个突破口，不得不一会儿在这里一会儿在那里。不过，他们还是不断地把进攻者击退下来了。于是苏丹只得把自己最后预备的精锐部队派上去，这可是奥斯曼帝国的中坚力量、土耳其近卫军。这一万两千名士兵可是经过百般挑选的、身强力壮的，当时被欧洲视为最优秀的军旅，现在，苏丹亲自率领这一劲旅，齐声呐喊向筋疲力尽的敌人冲去。这真正是千钧一发的时刻了，城里所有的钟都已敲响，因为真正决定性的战斗已经开始，最后还能参加战斗的人都被号召到城墙上来，水兵们也都从船上被召集到城墙上。然而，就在这关键时刻，矢石击中了热那亚部队的司令、勇敢无比的朱斯蒂尼亚尼，他身负重伤，被抬到船上去了，对守卫在城上的人来说，这是多么倒霉的事，他一倒下，守卫者的力量一时发生了动摇。

好在，面对这十分危险的突破，皇帝已亲自赶来阻挡，于是冲锋者的云梯再次成功地被推了下去。在这双方殊死搏斗中，看来拜占庭又争取到了喘息的机会。随着最疯狂的进攻被击退，可以说最危急的时刻已经过去。然而，就在这时，拜占庭的命运被一次悲剧性的意外事故彻底改变了，或许拜占庭的命运就是被那神秘莫测的几秒钟里的一秒钟一下子就决定了，正如有时候历史在它令人费解的决定中所出现的那几秒钟一样。

一件完全不可想象的事发生了。距离真正进攻不远的地方，有几个土耳其人通过外层城墙中的众多缺口之一冲了进来。他们可不敢直接向内城墙冲去。但当他们怀着好奇、漫无目的地在内外两城墙之间到处乱闯时，他们发现在内城墙的较小的城门中间有一座城门竟然是敞开着的。这座称为"凯尔卡门"的城门，简直是令人无法理解的疏忽。就它本身来说，它只不过是一扇小门而已，在和平年代，当其他几座大城门关闭的几小时内，这座小门是行人出入的地方。由于它完全不具有军事意义，它的存在在那最后一夜的普遍激动中显然被忘记了。土耳其近卫军此刻惊异地发现，在坚固的工事中，这扇门正向他们悠闲地敞开着。开始，他们怀疑这是军事上的一种诡计，因为他们觉得这样荒唐的事，实在是太不可思议了。

通常，每一个缺口、每一个小窗口、每一座大门作为防御工事，它们的前面都是堆积如山的尸体，燃烧的油和矛枪会铺天盖地飞下来，但是现在，这里却好像星期天似的一派和平景象，这扇通向城市中心的凯尔卡门，竟然大敞着。

那几个土耳其人马上设法叫来了增援部队，于是，整整一支部队未遭到丝毫抵抗就冲进了内城。那些守卫在外层城墙上的人完全没有察觉，也没有料想到袭击会来自背部。更糟糕的是，几个士兵发现在自己的防线后面有土耳其人时，竟不禁大喊起来："城市被攻下了！"这样不确实的谣言出现在战场上，那真是比所有的大炮都更能瓦解人的意志，置人于死地。现在，土耳其人也索性跟在这喊声后面大喊大叫地欢呼起来，"城市被攻下了！"于是，一切抵抗都被这样的喊声粉碎了。雇佣兵们误以为自己被出卖了，以便及时逃回港口，逃到自己的船上去，纷纷逃离自己的阵地。君士坦丁带着几个随从同入侵者顽强地拼死战斗，但已无济于事，很快他就牺牲了。在嘈杂的人群中，没有谁认出他来。他被打死了。只是到了第二天，在一大堆尸体中间，人们从一双饰有一只金鹰的朱红靴上得到确认，这是东罗马帝国的最后一位皇帝，他已经光荣地以罗马精神随同他的帝国一起同归于尽。一扇被人忘记了的凯尔卡门就这样决定了世界历史，可谓是一次芝麻大的意外。

十字架倒下了

有时候，历史是在玩数字游戏。因为一千年前罗马被汪达尔人令人难忘地洗劫一空，而现在一场抢掠拜占庭的浩劫开始了。穆罕默德二世一贯信守自己的誓言，到了他履行自己的诺言的时候了，多么可怕的一件事。在第一次屠杀以后，他就放任自己的士兵大肆抢劫房屋、宫殿、教堂、寺院、男人、妇女、孩子，这数以千计的掠夺者像地狱里的魔鬼在街头巷尾你追我赶，互不相让。首当其冲的是教堂，发亮的金质器皿、闪耀的珠宝让他们贪婪的眼睛里发出亮光。而当他们闯进一家住房时，马上在屋前挂上自己的旗帜，以表明这里的战利品已全部有主了，随后来到的人不要觊觎。这些战利品，不仅仅包括宝石、衣料、黄金、财物，而且还有妇女、男人和儿童。女人成了苏丹宫殿里的商品，男人和儿童成了奴隶市场上的商品。皮鞭把那些躲在教堂里的苦命人赶了出来。上了年纪的人被杀掉了事，因为他们是没有用的白吃饭的家伙和无法出卖的累赘。而年轻人被当成牲口似的捆绑起来拖走。不仅进行了大肆抢劫，同时又进行了最野蛮的毫无人性的破坏。这一群疯狂的胜利者，把那些当年十字军在进行差不多同样残酷的洗劫时残留下来的宝贵的圣人遗物和艺术品，又砸、又撕、又捣，弄得鸡零狗碎、一片狼藉。他们烧毁了那些珍贵的绘画，敲碎了最杰出的雕塑，焚毁或者漫不经心地扔掉了凝聚着几千年的智慧、保存着希腊人的思想和诗作的不朽财富的书籍，这些凝结着人类文明的艺术精品从此永远消失。人类将永远不会完全知道，在那生死关头，一扇敞开的凯尔卡门带来了怎样的灾难；人类的精神世界在洗劫罗马、亚历山大里亚[1]和拜占庭时遭到怎样损失。

直到取得这一伟大胜利的那天下午，穆罕默德二世才进入这座被征服的城市。此时大屠杀已经结束。他骑着自己那匹金辔马鞍的骏马，神情骄矜而又严肃。经过那些野蛮疯狂的抢掠场面时，他视若无睹，他始终坚守着自己的承诺，不去干扰为他赢得了胜利的士兵们此刻正在做的可怕行径。不过，对他来说，去争夺的东西已经不是首要的了，因为他已经得到了一切，所以他无比傲慢地径直走向大教堂，也就是拜占庭曾经的光辉中枢。在这五十多天里，他一直怀着向往的心情从自己的营帐里仰望着圣索菲亚教堂的闪耀发亮而又不可及的钟形圆顶。而现在，作为一个胜利者他可以长驱直入教堂的铜大门了。不过，不管心情如何焦躁，穆罕默德二世还要克制一下，因为在他把这教堂永远献给真主以前，他得先感谢真主。这位苏丹毕恭毕敬地从马背上下来，在地上磕头，向真主祈祷朝拜。为了使自己记住他本人只是个不能永生的凡人，因而不能炫耀自己的胜利，他拿起一撮泥土撒在自己的头上。在向真主表明了自己的敬畏之后，苏丹这才站起身来，作为真主的第一个仆人昂首挺胸大步走进查士丁尼大帝建造的圣索菲亚大教堂——神圣智慧的教堂。

好奇和激动充满苏丹的心胸，他细致地察看着这座华丽的建筑。在黄昏中，高高的穹顶、晶光发亮的大理石和马赛克[2]、精致的弧形门拱，显得格外明亮。此刻，他觉得这座用来祈祷的最卓越的宫殿不是属于他自己的，而是属于他的真主。于是他马上吩咐人叫来一个伊玛目[3]，请他登上布道坛，在那里宣讲教祖穆罕默德的信条。此时，这位土耳其君主在这基督教的教堂里，面向麦加向三界的主宰者——真主做了第一次祷告。次日，他就给工匠们下达了任务，丢掉所有过去基督教的标志。于是，他们拆除了基督教的圣坛，无辜的马赛克被粉刷上石灰。千年以来，高高矗立在圣索菲亚大教堂顶上的十字架一直伸展着它的双臂，拥抱

---

[1] 亚历山大里亚，今埃及第二大城市和最重要的港口，曾拥有古代最著名的图书馆。
[2] 马赛克，墙面或者地面上用彩色石头和玻璃镶嵌而成的图案。
[3] 伊玛目，伊斯兰教做礼拜时站在前面的主持人。

着人间的所有疾苦，现在，却倒在地上。

教堂里回响着石头落地的巨大声音，这声音同时传到很远很远的地方。这十字架的倒塌使得整个西方世界为之震颤。在罗马、在热那亚、在威尼斯可怕的回响，它好像事先发出警告的巨雷向法国、德国滚去。欧洲极其恐惧地认识到，由于自己置之度外，这股在劫难逃的破坏力量竟从那座不幸被忘却了的凯尔卡门闯了进来，欧洲在数百年将受这股暴力遏制。然而历史就如同人的一生一样，铸成千古之恨的往往是瞬间的错误，用千年时间也难以赎回耽误一小时所造成的损失。

亨德尔的复活

《弥赛亚》的诞生

1741 年 8 月 21 日

僵直的身体

1737 年 4 月 13 日的下午，乔治·弗里德里希·亨德尔的仆人正坐在布鲁克大街那幢房子底层的玻璃窗前做一件稀奇古怪的事。他伸手取烟时，才发现盒里的烟叶已经用完，这让他有些恼火。本来，他可以到女友多莉的小杂货铺去弄到新鲜的烟叶，这也仅需穿过两条大街即可完成。可是，他万万不能在这个时间离开这座房子，因为他的那位音乐大师主人正处于极度盛怒之中，这使他十分惶恐。乔治·弗里德里希·亨德尔从排练场回到家来就已经怒气冲冲、血气上涌，两颊涨得透红，额头和太阳穴上都是青筋凸显。他一声不吭，用力将门闭上，将自己关在屋里。此刻，他正在楼上房间里烦躁地来回走动，仆人在楼下能清楚地听到木地板的嘎嘎声。当主人处于极度愤怒的时候，仆人是绝对忠于职守不敢半点马虎的。

因此，仆人只能找点别的事来消磨时间。这会儿，他不能像往常一样眯着眼吐出一小圈一小圈迷蒙的淡青色烟雾，于是他想到用自己短短的陶瓷烟斗来吹肥皂泡。他装满了一小罐肥皂水，悠然自得地从窗口朝街上吹出一个又一个色彩斑斓的肥皂泡。过路的行人有的停下来，高兴地用手杖挥舞着把这些彩色的小泡泡打散，一边还笑着向仆人挥手。这一点也不令人惊奇，因为，大家知道在布鲁克大街的这幢大房子里什么奇怪的事都有可能发生。有时候，会在深更半夜从这里

传出羽管键琴 [1] 的吵闹声；有时候，会有女歌唱家在里面忽而放声大哭忽而抽泣呜咽。这都源于那个喜怒无常的德国人不时地向女歌唱家们大发雷霆，因为她们把一个八分之一音符唱得太高或太低。所以，对于住在格罗斯文诺住宅区的街坊来说，这幢布鲁克大街二十五号房子一直以来就像个疯人院。

仆人静静地、不停歇地吹着自己的七彩肥皂泡。一段时间之后，他的技艺便明显地提升了。这些莹亮的小泡儿越吹越大，表面更加轻薄柔滑，在空中自由地悠然上升。有些泡泡甚至能够穿越外面的大街，飘入对面那幢房子二层的楼阁里。猛然一下，他惊跳而起，伴随着一个沉闷的撞击声整幢房子也跟着颤动起来，玻璃窗哗嗒直响，窗帘摇摆着。是什么样重大的物件摔倒在地上了呢？仆人慌张地从座位上弹跳出来，快速地跑到楼上主人的工作室。

从门口看去，房间里是空寂的，主人平日工作时坐着的那张软椅也是空着的。正当仆人准备离去到卧室去察看时，发现主人亨德尔正躺在地板上，身体一动不动，两眼睁得很大、目光迟滞。仆人吓呆了，怔怔地愣站着，身材壮硕的主人正仰躺在地上，沉重而又艰难地喘着气，非常短促，呼吸也渐渐微弱。

仆人惊恐地想，主人快要死了，他想赶快救主人，想把他扶起来，挪到最近的沙发上去，可是处于半昏迷中的主人实在太重了，于是他只能先将主人脖子上那条围巾扯下来，憋气的喘息声也就随即消失了。

主人的得力助手克里斯多夫·史密斯从楼梯口走进来——他来是为了抄录几首咏叹调——他一踏入这幢房子便被那沉闷的倒地声吓了一跳。现在，他正好帮着仆人把这个沉甸甸的大汉扶到床上——主人的双臂软而无力地垂着，面如死灰。他们把主人放好后，在他头下加了个枕头垫高。"给他把衣服脱下来，"史密斯快速地吩咐仆人，"我马上去找医生，你一直往他身上洒少许凉水，直到他苏醒过来。"

匆忙中，史密斯没有穿外套就跑出去了。时间非常紧迫，他急忙顺着布鲁克大街向邦特大街跑去，边走边焦急地向所有过路的马车招手。而这些傲气十足的

---

[1] 羽管键琴，15世纪末起源于意大利的键盘乐器，后来传播到欧洲各国。19世纪初，逐渐被钢琴所替代。

马车依然不紧不慢地跑着小步，晃悠悠地驶去，没有人愿意停下来理睬这个只穿着衬衫、行色匆匆、气喘吁吁的胖男人。最后终于有一辆马车停了下来，原来是钱多斯老爷的马车，车夫认出了史密斯。史密斯匆忙中顾不得一切客套的礼节，快速拉开车门，朝着公爵大声说道："亨德尔先生快要死了！我必须赶快去找医生。"这位公爵酷爱音乐，亨德尔是他所爱戴的音乐大师，也是他亲密挚友以及最热忱的赞助人。公爵立刻请史密斯上了他的车。车夫用劲甩了几下马鞭，他们很快地到了弗利特大街把詹金斯大夫从寓所里请了出来。虽然这位名医当时正在忙着做一个尿检，但他立刻停下手头的工作和史密斯一起乘坐自己那辆便捷的双椅双轮马车来到布鲁克大街。在马车行进的过程中，史密斯满怀绝望地抱怨说："是这无数的忧愁烦恼把亨德尔先生摧残垮的，也正是他们把他折磨成这样的，这些该死的阉伶[1]和歌手，这些无耻的吹捧者和吹毛求疵的挑剔者，全是一帮令人厌恶的蠢虫。为了拯救剧院，他仅在这一年里便创作了四部歌剧[2]，可和他一起的其他人呢，他们整天周旋于女人和宫廷之间。尤其是那个意大利人，这个发出猴子般颤音的该死的优伶，简直要把大家都弄疯。（指当时与亨德尔作对的另一家歌剧院的主持人。）可是，他们是怎么来折磨仁慈的亨德尔的啊！好心的亨德尔倾其全力把自己整整一万英镑的积蓄都献了出来，可是他们仍然时时向他逼债，想要置他于死地。没有任何人像他这样能把自己的一切无私奉献，也从来没有任何人能像他一样成就辉煌，可是，照他这样工作，即使巨人也要被累垮的。噢，一个多么了不起的杰出的天才啊！"詹金斯大夫一直在旁边冷静而默默地听着。他吸了一口烟，在走进公寓之前，将烟灰从烟斗里磕出，随即问道："亨德尔先生多大年纪了？"

"五十二岁。"史密斯轻声回答道。

"这样的年纪是很糟糕的。他会拼命工作，像一头牛那样。不过，像这样的年纪，他也应该有牛一般的强壮。好吧，看看我能尽力帮点什么。"

---

[1] 阉伶，指17至18世纪被阉割的歌剧演员，具有非凡的嗓音。

[2] 这是指亨德尔为了拯救剧院，在一年的时间内，以惊人的毅力和才华创作出了四部歌剧：《阿塔兰塔》、《阿米尼俄》、《裘士提诺》、《倍吕尼斯》。

仆人端来一只碗，克里斯多夫·史密斯抬起亨德尔的一只手臂，詹金斯大夫在手臂上划了一个小孔，一道鲜红的血渗出来。不久，亨德尔那紧闭的嘴唇便松开了，呼了一口气，他深呼吸了一下，缓慢睁开了双眼，但他的眼神是那么疲倦而毫无神采。医生给他包扎好手臂。看看没有别的事要做了，便准备起身离开，然而他看到亨德尔的嘴唇动了一下，他凑近去，亨德尔声音非常虚弱，断断续续叹说着，费劲地喘着气："完了……完了……我没有力气了……没力气，不想活了，我……"医生向他弯下身去，看到他的右眼珠发直，左眼睛在转动。他试着举起他的右臂，可一放手，手臂就垂落下去了，似乎没有知觉，接着又提起左臂，奇怪的是左臂却能保持住一个姿势。詹金斯大夫一切都搞清楚了。

医生离开房间后，史密斯跟着他一直走到楼梯口，惴惴不安地问道："什么病？"

"右半身瘫痪，是中风了。"

"那么——他能治好吗？"

詹金斯大夫没有立即回答，先吸了一撮鼻烟。他不喜欢这样的问话。

"什么事都可以说有可能。也许能治好。"

"啊，亨德尔先生要一直瘫痪下去？"

"现在看来是这样，也许会有奇迹出现。"

忠心的助手史密斯不能接受这个结果。

"那么，亨德尔先生至少还能恢复工作吧？没有创作，对他来说就等于没有生命。"

已经站在楼梯口的詹金斯大夫回过头来。

"创作将是再也不可能的了，"他声音很轻，"我们有幸能保住他的命，但是我们没能力保住他这个天才音乐家，这次中风会影响他的大脑活动。"

史密斯直愣愣地站着，他绝望而痛苦的眼神，使詹金斯大夫产生了恻隐之心。"我刚才已经说过，"——他轻声说，"也许会有奇迹出现的。只是，我只是说奇迹我们现在还没有看到而已。"

生命的奇迹

　　乔治·弗里德里希·亨德尔先生躺在床上度过了灰暗的四个月，然而他生命的力量没有止息。就是，他的身体右半部分就像死掉了，他既不能走路，又不能写字，更不能用右手弹琴键。他也不能够说话，因为他的右半身从头到脚都不能动弹，嘴唇也歪向了一边，偶尔能从嘴里含糊地吐出几个字。朋友们来看望他都会为他演奏一曲，这时他的左眼睛会闪现出一些光芒，随着节奏他那沉重的身体也会无法控制地乱动起来，就像一个梦魇中的病人。他努力想让手指随着节拍运动，但是麻木的身体已不再听从指挥，身体像冻僵了一般，这位魁梧健壮的男子感到自己像被困在一个无形的坟墓里，束手无策。而每当音乐停止，他的眼睑便又迅速沉重地合上，整个人也像一具尸体僵在那里。

　　詹金斯大夫觉得很是无奈——这位音乐大师很显然是不能痊愈了。最后，他建议把亨德尔送到亚琛的温泉去，或许在那滚烫的温泉里，亨德尔先生会获得生命之泉。

　　正如这滚烫的泉水蕴藏在地层底下一样，亨德尔的生命力量也潜藏在他的僵硬躯壳之中。这也是亨德尔的生命意志——他生命中的驱力。这种力量并没有被疾病所摧毁、熄灭，这种不朽的精神将在肉体和灵魂中蔓延。这位倔强的男子是不会轻易被打败的；他要继续活下去，要继续自己的创作，也正是这种意志为我们创造了一个人间奇迹。在亚琛温泉，医生们不止一次地叮嘱他，在滚烫的温泉中不能持续待三小时以上，不然他的心脏会承受不住，就有生命危险。但是，为了活着，为了自己那不可遏制的欲望——恢复健康，在意志的推动下他敢于去冒险，亨德尔坚持每天在热烫的温泉里差不多待到九小时。他的耐力也在逐渐增强，医生们很是为之惊叹。一个星期后，他便能拖着自己沉重的身体费劲地行走了。经过两周后，他的右臂可以简单活动。不屈的意志和坚定的生命信念又一次战胜并超越了自我，他从死神那里把自己拯救出来，生命又一次属于了他自己。这样的胜利比先前任何一次的成功都令人怦然心动且熠熠生辉。这种无法言表的激动心情只有他这个亲身经历者自己清楚。

　　亨德尔先生在亚琛温泉疗养的最后一天里，已完全能自由行动了。他去了教堂，之前，他不曾表现出十分的虔诚，而现在，他迈着自由的步伐走上摆放着管风琴的唱诗台时，他的双眼闪着激动而兴奋的泪花，这是上帝赐予他的新的生命。他试着用左手按了一下键盘，风琴那清亮而纯正的美妙声，即刻在大厅里回响。他踌躇着很想用自己的右手去试一下——那只僵硬的右手缩在衣袖里有好几个月了，可是，就在右手轻轻地触碰下，管风琴也同样发出了悦耳、和谐的旋律。他随着旋律渐渐投入演奏中，随着情感的起伏变化琴声也不断变幻着，犹如用碎石块层叠垒砌的无形高塔，美妙的旋律在塔顶久久回旋着。这是天才的杰作，它高大壮丽一直向上，它虽然无影无形但发出了照彻心灵的光亮。唱诗台下，不知何时聚集了些修女和教徒，她们在静默中聆听。如此美妙的音乐不是一个凡人能演奏出来的。此时的亨德尔只管谦恭地低着头，弹奏着，弹呀弹，他从音乐声中重新找到了自己的语言，他要用这美妙的语言对着上帝、对着人类、对着不灭的生命诉说。他又可以尽情弹奏和倾力创作了。他是多么激动啊，这次，他感觉到自己是真正痊愈了。

又一次重创

　　"我又回来了。"乔治·弗里德里希·亨德尔先生昂首挺立，看着自己那伸展自如的双臂，豪迈地对着詹金斯医生说。医生面对这个奇迹既惊讶又兴奋。刚恢复了健康的亨德尔很快又全身心地投入工作中去了，他用双倍的热情和欲望如痴如狂地工作着。一直以来的那种不懈奋斗的精神又重新回到了这个年逾五十的人身上。他右手已经痊愈且完全听从他的使唤，他创作了一部歌剧，又创作了第二部，接连创作了三部，有仅用了十六天就完成的小夜曲《诗人的冥想》、大型清唱剧[1]《扫罗》和《在埃及的以色列人》。他创作的灵感就像泉水般汩汩而出、永不枯竭。然而世事难料，卡罗琳王后逝世后演出被迫停止，紧接着爆发了西班牙战争。尽管每天都有些人聚集在公共场所自由呼号和放声歌唱，但是，剧院里却总是空无一人。剧院负债累累，经营惨淡。寒冷的冬季到来后，整个伦敦覆盖在冰雪之中，泰晤士河全部被冰封了，雪橇滑行在镜面一样的冰上，咔嚓咔嚓直响。在这样恶劣的季节，每家音乐厅都门厅紧闭，演奏大厅里空荡荡的，没有哪一种天使般的音乐可以与如此残酷的寒冬抗衡。不久，演员们一个个病倒了，演出只能暂停或取消。亨德尔先生的处境也愈来愈糟，面对债主们的追逼、评论家们的嘲讽，以及公众始终冷漠的态度，这位刚毅的斗士也逐渐消沉了。后来一场义演

---

[1] 清唱剧，一种由独唱、合唱和乐器变奏紧密结合的大型声乐曲，形式和我国的《黄河大合唱》类似。

帮助他摆脱了债务紧逼的窘境，但如乞丐般的生活，又足以使他羞耻而难以自容。于是亨德尔先生日益离群索居，心情变得更加忧郁阴沉。早知如此，当年瘫痪不能动弹或许比现在全部清醒更好些吧？时光流转，到了1740年，亨德尔先生又一次感到自己是一个备受打击而惨败的人了。往日的荣耀已然淹没在尘埃里，在艰难潦倒之中，他整理着自己那些早期创作的作品，有时也创作一些很小的作品，然而那流水般的创作激情已经枯竭，在他健康的躯体内，先前那种生命的原动力已不复存在。他，一个体魄强壮的人第一次感到心力交瘁。这个坚韧不屈的人第一次感到自己已经被击败，神圣的泉涌般的创作激情第一次在他这个始终热情地创作长达三十五年的人身上中断了、干涸了。他觉得自己又一次完蛋了，对于一位完全陷于绝望的人来说，他自以为：这一次自己是彻底完蛋了。他仰天长叹：既然注定要在人世间埋葬，上帝又何苦让我从病魔中重生？与其现在让灵魂在清冷而寂寞的人世间游荡，还不如当初死去更好。但有些时候他也会在悲愤中喃喃自语，在心底里对着钉在十字架上的主的说："上帝啊，我仁慈的上帝呀，你为什么要选择离开我？"

　　一个被世间遗弃的人，一个已经绝望的人，他对自己所有的一切已心灰意冷，不再相信自我的力量，或许也不再虔诚地信任上帝。在接下来的那几个月里，亨德尔先生每天晚上都要跑到伦敦的街头上踯躅盘桓。但是只有在夜幕降临后他才敢踏出自己的家门，因为白天里，债主们会拿着债据堵在他的家门口，使他不能脱身；而且白天里在街道上，人们向他投来的也都是那种冷漠而鄙夷的目光。他曾一度考虑过，想要逃到爱尔兰去，至少那里的人们还景仰他这位音乐家的名望——唉，他们哪里会想到这位令他们景仰的人已完全衰颓——也许逃到德国去，或逃到意大利去？也许到了那里，他内心的冰雪还能够再次消融；也许在那令人心旷神怡的南国之风的吹拂下，他那荒漠的心灵会再次迸发出美妙的旋律。不，他绝对不能忍受这种没有创作且无所作为的生活，他无法忍受作为音乐家的乔治·弗里德里希·亨德尔已经被击败的这种现状。有时他会一个人静静地伫立在教堂前，但是他心里知道，主不会给予他任何慰藉。有时他会独自坐在小酒馆里，但是谁相信喝得酩酊大醉时便会有纯洁的创作灵感飘然而至呢。所以结果无疑是劣

质的酒烧得他肠胃疼痛并呕吐不止。有时他孤寂地站在泰晤士河的桥上傻呆呆地
向下凝视着那如夜色般漆黑的静默流淌的河水，有时他甚至想是否要纵身投入河
中，这样一切都了岂不更好！他实在不能继续忍受这种令人窒息的压抑与空虚以
及这种与上帝和人群孤立的可怕寂寞。

灵魂的复活

每天晚上，他都重复在街上一次次地徘徊。1741年8月21日那天，天气非常炎热，伦敦的天空好像一块将要熔化的金属板，炙热难耐。可怜的亨德尔先生只有等到天黑以后才能走出家门到格律恩公园去透透气。他拖着疲倦的身体，蜷坐在幽暗寂静的树荫之下，这里没有人会注意他，也没有人能够折磨到他。如今的他对身边的一切都感到非常厌倦，就像被病魔缠身，他懒于开口，懒于创作，也懒于弹奏和思索，甚至厌倦了自己居然还有感觉来厌倦生活。为谁而活？这样活着到底有什么意义？他像个醉汉沿着圣詹姆士街和蓓尔美尔街返回家去。现在他只有一个渴望：睡觉，睡着了便什么也不用想了；他只想休息、获得安宁，哪怕是永远的安息。可以说，矗立在布鲁克大街边的那幢老房子里已经没有人醒着了。亨德尔缓慢地爬到楼梯上——唉，他现在是那么困倦，那些庸人们已经把他追逼得如此疲惫不堪。他拖着沉重的步伐向上爬，木质楼梯颤动着嘎吱嘎吱直响。他终于挪进了自己的房间，用点火器点燃了写字台旁剩余的半截蜡烛。他所有的动作都是在机械的程序下完全下意识中完成的，就像他多年来一直保持的习惯一样：坐在椅子上准备开始工作；他不经意地、长长地叹了一口气，以前每当他散步回来，总会带回来一段新的旋律，他一进家门就赶快把它记录下来，以免在睡一觉之后忘掉。而现在的桌子上空空如也，连一张写谱的纸都没有。神秘的磨坊水轮已经在冰冻的水流中停止了转动。没有宣告任何事情要开始，也没有宣告任何事情要结束。桌子上是什么也没有。

不，桌子上不该是什么也没有！有一件闪亮的用白色纸包着的四方形东西在桌边孤零零地放着，亨德尔小心地把它拿起来。原来是一件邮包，凭直觉他觉得应该是稿件。他快速地拆开封口。一封信摆在最上面。这是诗人詹宁士也就是为他的歌剧《扫罗》、《在埃及的以色列人》作过词的那位写来的信。在来信中说，他给亨德尔寄来一部新的剧词，他希望这样一位伟大的音乐天才能够对他的拙劣之作多多包涵，并希望能凭借亨德尔先生的音乐翅膀让这些剧词走向永恒的宇宙。

亨德尔先生霍地站起身来，就像被什么厌恶的东西刺痛了似的。难道这位詹宁士诗人也要来嘲弄他——一个木木呆呆、行将就木的人？他顺手便把信撕得粉碎，然后又揉成一团，扔地上用劲踩了几脚，随即便怒声骂道："这个无耻的流氓、无赖！"——原来这个不识趣的詹宁士恰巧触到了亨德尔那心灵最深的痛处，撕开了他那脆弱心灵中的伤口，这种痛楚令亨德尔怒不可遏。之后，他气愤地吹熄蜡烛，慢慢腾腾地摸黑走回自己的卧室，顺势躺在床上，痛苦的泪水忍不住流泻出来。激动愤怒和过分虚弱，使得他浑身颤抖。唉，这个世界多么不公平啊！被剥夺了一切仍然要受人嘲弄，饱受痛楚还要再次遭受折磨。他心如死灰，他的精力已全部耗尽，此时此刻为何还要来惹怒他？亨德尔觉得自己的灵魂已经死去，他的神志也全然没有知觉，为何在这样的时刻还要苛求他再创作一部作品出来？不，现在的他只想睡觉，像一只动物那样稀里糊涂地睡觉，他只想忘掉一切，扔掉一切，什么也不想做！他——一个被搅得神志混乱、失意了的人，只想这样慵懒地在床上躺着。

然而，他始终不能入睡。他的内心烦躁不安，恶劣的心情使得他异常的不平静，满腔积聚的怒火就像风暴中的湖水。他在空荡荡的黑暗的屋子里辗转反侧，睡意全然消失。他想，自己是否应该起来去看看那个剧词？不，他又想，自己已经是一个死去了的人，一篇剧词又能起到什么作用呢！不，既然上帝已经让他坠入深渊，已把他从生活的热潮中隔离而去，那么还能有什么使他再次振作起来！但是，他心中潜藏着的那股涌动的力量并没有死去，即便在混沌的状态下，那萌动的神秘力量和强烈的好奇心是令他已无法抗拒的。亨德尔先生突然站起来，走到书房去，因激动而双手有点发抖，桌上的蜡烛重新点亮。他想，在自己身体瘫痪的时候，奇迹般地站了起来，那么上帝也许还有使人奋起、拯救灵魂的力量。亨德尔先生慢慢把烛台移到那沓写着字的纸页前。在第一页上很醒目地写着《弥赛亚》[1]！噢，这又是一部清唱剧。前面他创作的几部清唱剧一直都没有演出。然而，他还是轻轻翻开了封面，开始读起来——此时他的内心仍然没有平静下来。

意外的是，第一句话就将他怔住了。"鼓足你的勇气，"剧词竟然是这样开头的。"鼓足你的勇气！"——这句歌词简直就是讯语，不，这不是剧词，这是上帝赐予的神符，这是天使从万里高空向他这颗颓废而沮丧的心灵发出的召唤。"鼓足你的勇气"——这句词像是一个强有力的声音，唤醒了这个即将死去的灵魂；这是一句奋发有为、积极向上的歌词。仅仅读完和体味了第一句，亨德尔先生的耳边仿佛已经响起了它的音乐，许多种器乐的和鸣声在飘扬、在呐喊、在沸腾、在欢唱。啊，多么幸运！每种乐器的口都敞开了。他又重新感受到了美妙的音乐！

接下来，当他一页页挨着往下翻阅的时候，他的手指不停地颤抖。天哪，他被彻底唤醒了，这里的每一句歌词都在呼唤着他，每一句歌词都以无法抗拒的力量重重地敲打着他。"主这么说！"——这句歌词不也正是送给他的吗？这不正是主用双手把他按倒在地，然后又慈悲地将他从阴冷的地面上拽起来的吗？"他将让你心灵纯净"——是呀，这句歌词附着在了他的身上：他心中所有的阴郁都被一扫而光，心胸明亮了。这声音，犹如天使的光明，涤荡着他水晶般的心灵。这个可怜的詹宁士，住在戈布萨尔的这位蹩脚诗人，只有他知道亨德尔的困境，除了他，还有谁能够在字里行间倾注这样激励人心的言语力量？"他们虔诚把祭品呈献到主的面前"——是啊，献祭的烈焰已在炽热的心中点燃，它直冲云霄，要去答复这样一个美好而庄严的召唤。"这是主对你发出的强大召唤"——这句歌词好像是专门送给他一个人似的——是啊，这样强劲的歌词就该用最响亮的长号和雷电般的管风琴来演奏，配上怒涛般的合唱，如同神圣的基督耶稣在第一天

---

[1] 弥赛亚，上帝派遣的使者。亨德尔创作的清唱剧《弥赛亚》共分为三部分，分别叙述耶稣诞生、受难、复活的故事。莫扎特曾经改编过他的创作，海顿在其启发下创作了《创世纪》，但是他们在这方面的成就都没法超越亨德尔。

唤醒全部的还在黑暗之中绝望地行走着的人那样，"看，暗夜将笼罩着大地。"没错，黑暗仍旧笼罩着大地，别人都还不懂得被拯救的极乐，而亨德尔却在此时此刻领略到了获得拯救的极乐。当他刚把歌词读完时，那感恩的大合唱："伟大的主啊，你是我们的领路人，是你创造了奇迹"此时已幻化成了音乐在他心中澎湃汹涌——是啊，这创造了奇迹的主，本就该这样赞美他，他知道怎样指引世人，而实际上主已经给了这颗破碎的心以安宁！在歌词中还写道："因为主的天使正向他们走去"——是啊，天使携着银色的翅膀飞落到他的房间，触摸到他并拯救了他。不过是此时没有成千上万人的声音在欢唱、在感恩、在赞美："光荣属于主！"仅仅是存在他一个人的心中。

亨德尔俯首细细看着一页一页的歌词，如同置身于暴风雨中。所有的疲惫都消失了。他还从来没感到过自己的精力能像此时这样充沛，也从来没感到过浑身允满着如此热烈的创作欲望。这些歌词就像能使冰雪融化的暖暖阳光，不断地倾射到他身上。这里的每一句话都击中了他的心坎，多么富有魅力，他的心胸顿时豁然开朗！"愿你快乐！"——当他读到这句歌词时，如同置身于气势磅礴的大合唱中，他情不自禁地仰起头，张开双臂。"他才是真正的救主"——是啊，亨德尔先生就是要来证明这一点，在尘世间还尚未有人这样尝试过。他要高举自己的明证，想要在世间树立起一座辉煌的丰碑。只有饱经患难的人才真正懂得欢乐；只有经过罹难的人才会预知到仁慈所获得赦免；而他就是要在世人们面前证明：他在历经死亡之后再次复活了。当亨德尔先生读到"他曾遭鄙夷"这个剧词时，他又不由得陷入悲苦的回忆之中，音乐的声音也随之转入压抑、低沉。别人都以为他彻底失败了，所以，在他的躯体还活着的时候就打算把他埋葬，他们尽情地嘲讽他——"他们曾面带嘲笑死死看着他"，"而那时也没有一个人能给予这个苦难者以安慰"。是啊，在他孤独无助的时候，没有一个人愿意帮助他，没有一个人想到安慰他，但是这神奇的力量再次帮助了他。"他信赖上帝"，是啊，他信赖上帝，他看到上帝并没有忍心让他躺在坟墓里——"只要你不把他的灵魂留在可恶的地狱。"不，上帝并没有把他——一个身陷绝境、心灰意冷的人的灵魂挽留在绝望的坟墓中，留在束手无策的地狱里，而是再一次唤醒他要肩负起给人们带去欢快的使命。"请昂起你们的头"——这样的词句就像是从他内心深处迸发而出的。因为这是上帝赋予的伟大使命！他蓦地惊醒，因为恰恰在这句后面就是那可怜的詹宁士亲自用手写的："这是主的旨意。"

他屏住了呼吸。一个人很偶然地从嘴里说出来的话竟然如此之准确，这分明就是主传达给他的圣旨。"这是主的旨意"——也是从主那里得来的话，是从主那里传来的声音，这就是天意！必须要把这话的回声送回主那里去，热腾的心必须以排山倒海的气势向主迎去，赞美主是每一位作曲家的愿望和责任。哦，应该牢牢抓住这句话，并让它不断地延伸、扩展、突起、飞翔，充盈到整个世界，一切的赞美都要绕着这句话，要让这句歌词同上帝一起伟大。噢，这仅仅是句随时即逝的歌词，但是要通过无比的美与无尽的激情使歌词达到上升的永恒的境界。现在你来瞧，上面写着："哈利路亚！哈利路亚！哈利路亚！[1]"这一定是要用多种音乐进行反复吟唱的一句，是啊，世间所存在的一切嗓音，无论是清亮的嗓音，还是低沉的嗓音，不管是男子坚定的嗓音，还是女人们柔顺的嗓音，都将会在这里融合成一个声音。这"哈利路亚"的和谐音应当在富有节奏的大合唱中充溢、高升、旋转，时而聚拢，时而分散。大合唱的歌声会顺着器乐的音乐天梯时上时下。歌声将伴随着小提琴那甜美弦法而悠扬，伴随着长号嘹亮的吹奏而激烈，并在管风琴奏出的雷鸣般乐声中高昂：这种声音就是哈利路亚！"哈利路亚！哈利路亚！"——从这个词，通过这个感恩的词创造出一支赞美歌，这激昂的赞美歌雄浑而有力地穿透尘世升向高空，上升到万物的创始主那里！

亨德尔先生满怀激情，泪水已经模糊了他的双眼。但是还剩有几页歌词要读，那是这个清唱剧的第三章节。然而在这句"哈利路亚，哈利路亚"之后他无法继续读下去。仅这几个用元音歌唱的赞美音符已经充满了他的心胸，不断地在弥漫，在扩大，如同即将喷发的滚滚燃烧的火焰，让人感到灼痛。啊！这个声音在攒动，在簇拥，它已经从他心底迸发出来，向上飞升着，回旋到了天空。亨德尔先生快速地拿起笔，记下乐谱，他那神奇的笔飞快地在纸上画出一个个的音符。他无法

---

[1] 哈利路亚，原意为"称颂上帝之歌"，常用于清唱歌剧结尾的部分。

阻止，就像一艘鼓足了风帆的船，在暴风雨中一往无前。黑暗中，四周万籁俱静。黑魆魆的如鬼魅般的潮湿的夜空静谧地笼罩着这座大城市。而在他的心中处处都是光明，在他的房间里，所有的音乐声都在齐鸣，此时无声胜有声。

第二天上午，当仆人蹑手蹑脚地走进房间时，亨德尔先生仍然坐在写字台旁不停歇地写着。助手克里斯多夫·史密斯走上前轻声地问亨德尔先生是否需要帮他抄写乐谱时，他也没有回答，只是喉咙里粗声粗气地咕噜了一声。于是便再也没有人敢靠近他身边。就这样他一连三个星期没有离开房间半步。仆人把饭送来了，他用左手匆忙地掰下一些面包塞嘴里，右手仍在继续写着，他不能够停下来，此时的他已完全如醉如痴了。每当他站起身来，需要在房间里走动时，他便一边高声唱着，一边打着拍子，眼睛里还射出异样的目光。有别人同他讲话时，他如梦初醒，嘴里含含糊糊，语无伦次。在这些日子里可苦了仆人。先前的债主们来讨债，一些歌唱演员来要求想要参加即将到来的康塔塔人合唱节，王室的使者们来邀请亨德尔先生到王宫去，忠诚的仆人都得尽力把他们拒之门外，因为即便他只想同正在埋头创作的亨德尔先生说一句话，他也将会遭到一顿雷霆大发的训斥。在投入创作的那几个星期里，乔治·弗里德里希·亨德尔先生已经不再知道确切的时间和具体钟点，甚至也分不清白天还是黑夜。他完全沉浸在一个只用节拍和旋律来计量时间的生活环境里。他的身心已经全部被从灵魂深处涌现出来的奔腾的激流席卷而去。浩大的激流愈来愈湍急，愈来愈奔放，作品也即将接近尾声。他被自己的心灵囚禁着，踩着富有节拍的步伐，走遍了这个专属于自己的世外桃源。他一会儿大声唱着，一会儿站身去弹奏羽管键琴，然后再重新坐回来，写呀，写呀，直至手指发酸手腕疼痛；在他的有生之年，还从没有过这样旺盛的创作欲望，也从没经历过这样历尽心血的音乐创作生涯。

大约三个星期之后，9月14日，作品终于大功告成——这在今天大概也是无法想象的——剧词变成了声乐曲，不久前还是干巴、枯燥的言辞，现在已成了生机勃勃、永不凋谢的声音。就像从前僵死的身体创造了复活的奇迹，如今是一颗被点燃的心灵创造了意志的奇迹。一切都写好了，也弹过了，歌词变成了旋律，并且已经展翅翱翔——只是作品的最后一个词"阿门"还没有配上音乐。现在，亨德尔要抓住这个"阿门"——这两个紧密连接的短音节，创造出直冲九霄的声乐。他要给这两个音节搭配不同的音调，同时配上不断变换的合唱；他要将这两个音节拉长，同时不断把它们拆分开来，又合在一起，从而创造更加热烈的气氛。他把自己巨大的热情倾注在这个结尾的最后一个词上，要使它像世界一样的宏大而厚实。这最后一个词没有放过他，他也没有放过这最后一个词。他给"阿门"配上了雄伟的赋格曲，将第一个音节——洪亮的"阿"作为了最初的原声。这原声在穹顶下轰鸣、回旋，直至它的最高音冲上云霄；这原声愈来愈高，随后降下来，又升了上去，最后又加入了暴风雨般的管风琴。而这和声的强度也一次高过一次，四处回荡，充溢人间，直至在全部和声中，仿佛天使们也加入了这合唱，仿佛头顶上的屋宇梁架也在这永无休止的"阿门！阿门！阿门！"面前震裂欲碎。

亨德尔艰难地站了起来。羽毛笔从他手中掉了下去。他不知道自己在哪里。他什么也听不见，什么也看不见。他只感到全身精疲力竭。他不得不靠支撑着墙壁跟跟跄跄地行走。他身体像死了似的，一点力气也没有了，神志迷迷糊糊。他像一个瞎子似的，沿着墙壁一步一步向前艰难挪动，然后躺倒在床上，睡得像个死人。

一个上午，仆人三次旋开门锁推开了房门，然而，主人一直在睡觉，身子一动不动，眼睛、嘴巴紧闭着，脸上没有任何表情，就像石头的雕塑。中午，仆人第四次想把他唤醒，故意重重叩门，大声咳嗽。可是，亨德尔依然睡得那么死，任何声响都进不到他的耳朵。中午，克里斯多夫·史密斯来帮助仆人，而亨德尔还是像凝固了似的一动不动。史密斯向睡者俯下身去，只见他像一个赢得了胜利而又战死沙场的英雄，在经历了难以形容的拼杀之后终于因疲惫而死。他就这样躺在那里。只是，克里斯多夫·史密斯和仆人还不晓得他完成的业绩罢了。他们只觉到害怕，因为看到他躺在那里这么长时间，而且一动都不动。他们担心他可能又被中风彻底摧垮了。到晚上，尽管他们使劲地摇晃，亨德尔还是没醒来——他一动不动地软瘫在那里，足足躺了十七个小时——这时，克里斯多夫·史密斯再一次跑去找医生。他并没能立刻找到詹金斯大夫，因为为了享受这宜人的夜晚，医生到泰晤士河边钓鱼去了。当最终找到时，詹金斯嘟囔着对这不合时宜的打搅表示不快。只是，听说亨德尔病了时，才收拾起长线和渔具，拿了外科手术器械——
这用了不少时间，以便必要时放血用，他认为很可能需要这些。一匹小马拉着载
着两人的马车，终于快步向布鲁克大街驶去。

仆人已站在那里，挥动着手臂向他们招呼，隔着马路大声喊道："他已经起
床啦，正在吃饭呢，吃了很多，像六个搬运工那么多。他狼吞虎咽地，不一会儿
就吃了半只约克夏白猪肘子；我给他斟了四品脱啤酒，可他还嫌不够呢。"

真的，亨德尔正坐在餐桌前，桌面上摆满各种食物，他俨若扬扬自得的国王。
好像他在一天一夜之间就补足了三个星期的睡眠一样，此刻，他正用自己魁伟身
躯的全部食欲和力量，吃着，喝着，似乎想一下子就把这三个星期耗在工作上的
气力全都补回来。他几乎还没和詹金斯大夫照个正面，就开始笑起来。笑声愈来
愈响，在房间里萦绕、撞击、震荡。史密斯记了起来：在整整三个星期里，他没
有看到亨德尔嘴边有过一丝笑容，而只有紧张和怒气冲冲的神情。现在，那种出
自他本性的率真、那种积蓄起来的愉快终于迸发出来。这笑声犹如滚滚怒涛溅起
浪花，像潮水击拍岩崖，亨德尔在他一生中从未像现在这样笑得如此自然、如此
纯真，见到医生的此刻，他知道自己的身心早已完全治愈，正满怀生活的乐趣。
他把啤酒杯高高举起，摇晃着它，向身穿着黑大氅的医生问好。詹金斯惊奇地问：
"究竟是哪位要我来的？你怎么了？喝了什么药酒？你究竟怎么啦？变得如此兴
致勃勃！"

亨德尔一边笑着，一边用炯炯有神的眼睛看着他，然后渐渐地严肃起来。他
慢慢站起身，走到羽管键琴旁，坐了下去，先用双手凌空在键盘上摆了摆，紧接
着又转过身来，诡秘地微微一笑，随即轻声地半唱半说地诵吟那咏叹调："我告
诉你们一个秘密，你们听着"——歌词就这样诙谐地开始，这就是《弥赛亚》中
的歌词。然而，当他刚把手指伸进这温暖的空气中，这温暖的空气立刻就把他自
己吹走了。在演奏时，亨德尔忘记了还有人在场，也忘记了自己。这独特的音乐
激流占据了他全部的注意力。顷刻之间，他又陷入自己的作品之中，他唱和着，
弹奏着最后几首合唱曲；此前，这几首合唱好像只在梦中听到过；而现在，他第
一次醒着的时候听到："啊，让你的痛苦死亡吧！"他把歌声愈唱愈高，好像自

己就是唱着赞美歌、热烈欢呼的合唱队，此时此刻，他觉到自己内心充满了对生活的热情。他不停地一边唱着一边弹着，一直唱到"阿门，阿门，阿门"，亨德尔把自己全部的力量深沉地、强烈地倾注到了音乐之中，整个房间似乎就要被各种声音的巨流冲破。

詹金斯大夫站在那里被迷住了。最后当亨德尔站起身来时，他急忙没话找话，不知所措地夸奖说："伙计，你一定是中了魔啦。我还从未听到过这样的音乐。"

然而，亨德尔的脸色这时却阴沉下来。他自己也对这部作品感到惊讶，就像是在睡梦中天降于他似的。亨德尔不好意思地转过身去，轻声地说道："不过，我更相信是神帮助了我。"这声音轻得其他几个人几乎都听不见。

几个月之后，两个衣冠整洁的先生敲着艾比大街上一幢公寓的大门，伦敦来的那位高贵客人——杰出的音乐大师亨德尔旅居柏林期间就住在这幢公寓。两位先生毕恭毕敬地提出了自己的请求。他们说，几个月来，这座爱尔兰的首府为能聆听到亨德尔如此精彩的作品而感到无上的高兴，在这块地方上他们还从未欣赏过这么好的作品，他们现在又听说，亨德尔要在这里首演他的新清唱剧——《弥赛亚》，他要把自己最新的作品首先奉献给这座城市，而不是伦敦，对此，他们感到不胜荣幸，而且这部大型声乐协奏曲必定是出类拔萃的，可以预料会获得巨大的收益，因此他们来问一问，这位以慷慨闻名的音乐大师是否能把这首演的收入捐赠给他们有幸代表的慈善机构。

亨德尔友好地望着他们。他如此深爱这座城市，因为这城市曾给予了他无比的厚爱，打开了他的心扉。亨德尔笑眯眯地说，他愿意答应，只是，他要知道这笔收入将捐赠给哪些慈善机构。第一位先生——一个白发皤然、满面和善的男子说："救济那些身陷各种囹圄的人。""还有慈善医院里的那些病人。"另一位补充道。他们又说，当然了，其余几场演出的收入仍归大师您所有，这种慷慨的捐赠仅限于第一场演出的收入。

但亨德尔还是拒绝了。他低声说道："不，演出这部作品，我不要任何钱。我永远不收一个钱，也从不欠别人的债。因为我自己曾是一个病人，是这部作品治愈了我；我也曾身陷囹圄，同样是它解救了我，这部作品永远应该属于病人和身陷囹圄的人。"

　　两个男人抬起眼睛，望着亨德尔，显得有点迷惑不解。他们有点不太明白这话的意思。不过，随后他们再三表示感谢，鞠着躬退出了房间，去把这天大的喜讯告诉都柏林全城的人。

　　1742 年 4 月 7 日，最后一次排演的日期终于来到了。只有两个主教堂的合唱团团员的少数亲属被允许参加旁听，而且为了节约，坐落于菲施安布尔大街上的音乐堂里的大厅，只有微弱的照明光线。在空荡荡的长椅上，人们三三两两地坐着，准备聆听那位伦敦来的音乐大师的新作。敞阔的大厅显得潮湿、阴暗、寒冷。就在此刻，一件令人瞩目的事发生了：当宛若奔腾的急流的多声部合唱刚转入低鸣，先前长椅上七零八落坐着的人就开始不由自主地聚拢在了一起，渐渐形成了黑压压的一片悉心倾听的、惊异赞叹的人群，因为这里的每一个人都从未听到过这样雄浑有力的音乐。他们仿佛觉得，如果一个人单独听，简直难以承受这千钧之势；如此强劲的音乐马上就会把他冲走，拽跑。他们愈来愈紧地聚在一起，好像要用一颗心去倾听，就像是教堂里的虔诚教徒，想要从这气势磅礴的混声合唱中获得信心，那交织着各种声音的混声合唱不时地变换着形式。在这猛烈、粗犷的强大力量面前，在场的每一个人都感觉到自己的微弱，然而，他们却无比愿意被这种力量攫住，带走。一阵阵欢乐的情感向所有人袭来，好像要传遍每一个人的全身似的。当"哈利路亚"的歌声第一次雷鸣般地响起时，台下有一个人情不自禁地站了起来，这时，所有的听众一下子都跟着他站起身来。他们感觉到一股强大的力量攫住了自己，再也没办法坐下。他们站了起来，以便能伴着这"哈利路亚"的合唱声离上帝更近一步，同时，向上帝表达自己仆人般的敬畏。这之后，他们离开音乐堂，急着奔走相告：一部旷世的声乐艺术作品诞生了。于是，全城的人都兴高采烈起来，为能听到这伟大的杰作而激动不已。

　　六天以后，4 月 13 日晚上，音乐厅门前聚集着人群。为了能在大厅里给听众腾出更多的空间，贵族绅士们都没有佩剑，女士们都没穿钟式裙。七百人——这是从未达到过的数字，演出前，观众交头接耳地谈论着对这部作品的赞誉，然而当音乐开始时，连出气的声音也听不见了，并且愈来愈寂静。接下来，多声部合唱进发出了排山倒海的声势,所有人的心都开始震颤。这时的亨德尔站在管风琴旁,他要亲自监督并参与自己作品的演出。而此刻,这部作品已经脱离了他;他早已完全沉醉在自己的作品之中,感觉它好不陌生,好像自己从未演奏过、从未创作过、从未听到过似的。在这特殊的巨流中,他的心再次激荡起来。当最后"阿门"想起时,亨德尔的嘴巴早已不知不觉地张开了,加入了合唱队的歌声中。他唱着,好像一辈子从未唱过似的。但当后来其他人的欢呼赞美声还像汹涌的怒涛、经久不息地回荡在大厅里时,他却悄悄地溜到了一边。因为他想要避免向那些对他致谢的人们表示答谢,他知道自己要答谢的是天意,这部作品是天意赐予他的。

闸门已打开,声乐的激流就年复一年地奔腾不息。现在,再也没有什么力量能使亨德尔屈服,亨德尔复活了,再也没有什么能把他重新压下去。尽管他伦敦的歌剧院再次破产,债主们四处向他逼债,但从此以后他已真正站了起来,他战胜了一切逆风恶浪。沿着作品的里程碑,这位六十岁的老人泰然自若地走着自己的路。尽管不时有人给他制造种种困难,但他知道如何光荣地战胜它们。尽管年岁渐渐地销蚀了他的力气,他的双臂不再灵活,痛风病让他的双腿不时痉挛,但他还是不知疲倦地不断地进行着自己的创作。最后,在他创作《耶弗他》的时候,他双目失明了。但就像贝多芬用听不见的耳朵一样,他依旧用看不见的眼睛,继续毫不气馁地、孜孜不倦地创作、创作。而且他在世间取得的胜利越伟大,他在上帝面前表现得越恭敬。

就像所有对自己要求严格的、真正的艺术家一样,亨德尔从不因自己的作品沾沾自喜,但有一部作品他十分喜爱,那便是《弥赛亚》。他喜爱这部作品,是出于一种感激之情,因为是这部作品让他从自己的绝境中走了出来,也是在这部作品中他自己拯救了自己。此后,他每年都会在伦敦演出这部作品,而且每一次都会把全部收入——五百英镑悉数捐赠给医院,以便去医治那些残疾病人,去救济那些身陷囹圄的人。他也是用这部曾使他走出冥府的作品向人间告别。1759年4月6日,七十四岁的亨德尔身染重病,但他还是坚持再一次走上科文特花园剧院的指挥台。他——一个双目失明、身躯魁梧的瞎子就这样站在音乐家和歌唱家中间,站在他的忠实的信徒们中间。虽然他的眼睛什么也看不见,但就在各种器乐声犹如澎湃汹涌的波涛向他滚滚而来时，就在成千人的赞美声像狂风暴雨向他袭来时，亨德尔那疲倦的面容顿时光彩焕发，变得神采奕奕。他挥动着双臂，拍打着节拍，和大家一起放声高歌。亨德尔唱得那么认真、那么真诚，就像他是站在自己灵柩边上的牧师，为拯救自己和所有的人而虔诚地祈祷着。在他喊出"长号吹起"的时候，所有的喇叭吹起嘹亮的声音，他唯一一次全身哆嗦了起来，他昂首向上凝视着，宛若他现在已准备好去接受最后的审判。他知道，自己已杰出地完成了所钟爱的事业，能昂首阔步地向上帝走去了。

朋友们深受感动地将这位盲人送回家去。大家也都感觉到：这是最后的告别。在床上亨德尔微微翕动着嘴唇，低语着，希望自己能死在耶稣受难日那一天。在场的医生们感到奇怪，不明白他的意思。因为医生们不知道，那一年的耶稣受难日，即4月13日，那只沉重的手毁灭性地把他击倒在地[1]，也正是那一天他的《弥赛亚》首次公演，他心中的一切美好曾在那一天全部死去，但也同样是在那一天，他重新复活了。而现在，以便自己能够获得永生的复活，他愿意在他复活的那一天死去。

真的，我们唯一的意志——上帝，他既能驾驭生，也能驾驭死。4月13日，亨德尔的精力全都耗尽了。从此，他再也听不见什么，再也看不见什么。硕大的身体近乎死亡地一动不动地躺在垫褥上，成为一个空洞而又沉重的躯壳。然而，正如一个空的贝壳能够充满大海怒涛的声音一样，那无法听到的音乐声仍然在他的内心轰鸣作响，这音乐比他任何时候听到过的都更悦耳、更奇异。那音乐的滚滚波浪缓缓地从这筋疲力尽的躯体上带走了灵魂，然后将这灵魂高高举起，送入缥缈的世界。永恒的宇宙里永远回荡起了汹涌奔流的音乐。第二天，复活节的钟声还未敲响，乔治·弗里德里希·亨德尔那具不能永生的躯壳便死去了。

---

[1] 这里是指亨德尔中风瘫痪的那一天。

一夜之间的天才

《马赛曲》

1792 年 4 月 25 日

一次随意的提问

　　1792 年，法国立法会议针对皇帝与国王们的联合行动到底是战还是和的决定一直迟疑了两三个月。国王路易十六自己也一直在踌躇：他一方面担心革命党人的胜利会带来危害，另一方面又担心他们失败所带来的危害。下面各党派人士的态度也不一致。吉伦特派急于开战以便保全自己的权力，罗伯斯庇尔和雅各宾派各自为了自己能够在此期间顺利夺取政权而力主和平。但是国内政治形势一天天变得紧张，五花八门的报纸杂志也将此事渲染得沸沸扬扬，俱乐部里每天都争论不休，谣言也一时兴起，而且愈传愈耸人听闻，公众的舆论也变得更加慷慨激昂。因而，当法国国王最终决定在 4 月 20 日向普鲁士国王和奥地利皇帝宣战时，使得这项决定就像平常那样变成了某种解脱。

　　在这几个星期里，犹如笼罩着高压的巴黎，更令人心烦意乱，而那些地处边境的城市，更是人心浮动，市民们惶惶不可终日。部队已经汇集到所有的临时营地。巴黎的每一座城市直至每一个村庄，都要有全副武装的志愿人员和国民自卫军，国家在到处检修要塞，尤其是居住在阿尔萨斯地区的人们。他们都知道，法德之间的最初交锋必定又会像往常一样不期然地降临到这块土地上了。莱茵河对岸那些所谓的敌人可不像在巴黎似的，仅仅是一个模糊不清、慷慨激昂的修辞学上的概念，而是一个能够完全看得见的、感觉得到的现实，大家从加固了的桥头堡垒边、主教堂的高塔楼上，都能够非常清晰地看到正在向自己领土开过来的普鲁士军队。

到了深夜里，能听到敌人炮车的滚动声、前进途中武器的叮当声和军号的喧闹声，微风飘过，月色下的河流水波悠然地闪烁着。大家都明白，只要一声令下，那些普鲁士的大炮便会从缄默的炮口发出雷电般的隆隆声和极其刺眼的火光。其实，法德之间的长久战争已经又一次开始上演——但是这一次，一方是以争取新自由为借口，另一方却是用了维护旧秩序的名义。

于是，1792 年 4 月 25 日也就成了非同寻常的一天。这一天，驿站的紧急信差们早早便把已经宣战的消息从巴黎传送到了斯特拉斯堡[1]。人们一时间从自己家里走出来，穿过大街小巷、一起拥向市中心的公共广场。全体驻军在做出征前的最后检阅，一个团队紧接着一个团队行进着，迪特里希市长身披三色绶带亲自在中心广场上检阅，他挥动着自己那顶缀有国徽的帽子向行进中的士兵们致献。嘹亮的军号声和如雷的战鼓声淹没了所有的人的声音。迪特里希分别用法语和德语向广场上和其他所有在空地上聚集的人群大声宣读宣战书。当他讲完话之后，军乐队奏响了第一支、临时用来充当革命战歌的《前进吧！》，这支曲子本来是一支很具有刺激性的、诙谐幽默而纵情的舞曲，但是即将要出战的军乐队却用沉重有力的噔噔的脚步声为这支曲子赋予了强劲威武的节奏。然后，人群散去，于是这支乐曲激起的热情又被带到了大街小巷的每家每户。无论在咖啡馆还是俱乐部里，总有人在发表一些极富有煽动性的演讲和散发多种号召书。他们都是以这样类型的号召开始："亲爱的公民们，快快武装起来！举起手里的战旗！警钟敲响了！"全部的演讲、各类的报纸、所有的布告、每一个人的嘴上，都在重复强调着这种铿锵有力、具有节奏的呼声："亲爱的公民们，快快武装起来，让那些戴着王冠的只知享乐的暴君们颤抖吧！前进！自由的孩子们！"每一次，群众都会为这些热烈激昂的语句而欢呼。

无论是街道上还是空场上都一直有大批的人群在为宣战而欢呼呐喊，当然，在满街的人群欢呼呐喊的时刻，也总会有另外少数的一些人在私下里悄悄嘀咕，因为恐惧和忧虑不可避免地也会随着宣战而来。只不过，他们仅仅是在斗室里窃

---

[1] 斯特拉斯堡，法国阿尔萨斯地区城市，与德国隔莱茵河相望。

窃私语，抑或把想说的话留在苍白的嘴唇边欲言又止罢了。普天下母亲的心永远是一样的，她们默默地在心里嘀咕：那些外国兵会不会杀害我的孩子？全天下的农民的心也都是一样的，他们非常专注于自己的财产包括土地、庄稼、茅舍和家畜。他们也暗暗地在心里嘀咕：自己那些可怜的庄稼会不会遭到践踏呢？自己的家会不会遭到一些暴徒的抢劫呢？自己每日里劳动的土地上会不会血流成河呢？然而，斯特拉斯堡市长——男爵弗里德里希·迪特里希，他原本就是一个贵族，现在却像那时法国最前卫的贵族青年那样，下定决心要彻底献身于争取新自由的事业，他用洪亮的、坚定有力的声音来表达信念；他有意想要把宣战的那一天变成公众的节日。他在自己的胸前披上绶带，匆忙地从一个集会地点转移到另一个集会点去激励民众。他用美酒佳肴犒劳即将出征的士兵们。晚上，他把各级指挥官，包括军官和最重要的一些文职官员都邀请到自己家去，他那宽敞的邸府就在布罗格利广场的旁边。整个欢送会上气氛非常热烈，这个欢送会从一开始就让他赋予了庆功会的色彩。一直以来就对胜利信心满怀的将军们愉悦地坐在迎宾席上。年轻的军官们踌躇满志，他们认为战争会让自己的生活拥有特殊的意义。他们热血沸腾，在一起自由交谈，互相勉励。有的军官在挥舞军刀，有的在友好拥抱，有的正在为胜利的愿望干杯，还有的人高举着一杯杯美酒正在慷慨激昂做着演讲。所有人的言辞中都多次重复叙说着宣传栏和报刊头条上那些鼓舞人心的话："亲爱的公民们，武装起来！前进吧！拯救我们的祖国！那些高高在上戴着王冠的暴君们马上就会害怕，就会颤抖。现在，胜利的旗帜已经在我们面前招展，让三色旗子插满世界的日子也即将到来！所以，从现在开始，我们每一个人都应当为法国国王、为这三色旗、为我们向往的自由竭尽全力！"在这样特殊的时刻，全国上下都因对胜利满怀信心以及对自由事业渴望追求而空前团结起来。

正处于激烈的演讲和热烈的祝酒高潮之际，市长先生突然间转身面向坐在自己旁边的鲁热，这是要塞部队的一位年轻上尉。市长想起来了，正是这位温文尔雅、虽算不上漂亮却很是讨人喜欢的军官在大约半年前的国家宪法公布时写下了一首十分出色的自由颂歌，这首素朴的作品朗朗上口，很适宜演唱。于是团里那位音乐家普莱叶尔就很快为这首自由颂歌谱了曲。接下来军乐队便很快将它练熟，战前每天在市中心的公共广场上不间断地演奏和大合唱。此刻，不也正是用音乐来表现宣战和出征的庄严场面的一个极好机缘吗？于是，迪特里希市长显得很随意地问了一下身边的鲁热上尉（这位鲁热上尉擅自在自己姓名里加了一个表示贵族姓名的"德"，命名为鲁热·德·利勒，按照规定他本来是无权这样做的）——如同面对自己的一位多年好友请求帮一个忙似的——他是否愿意乘着当下这种浓烈的爱国情绪，给即将出发的军队写作一些歌词，给明天就要出征去战场讨伐敌人的莱茵军队谱写一首激昂的战歌。

鲁热本来就是一个谦逊温和、普普通通的人，他也从来没有认为自己是一个多么了不起的作曲家，因为他的诗作从来没有刊印过，他创作的歌剧也从来没有上演过——但他自己知道他很擅长写一些即兴诗。为了能让市长——这位高官暨好友高兴，他微笑着说他愿意从命。噢，他愿意一试。"太棒了！鲁热"，坐在他对面的一位并不熟悉的将军听后连忙向他敬酒，一边还很高兴地对他说，写完之后一定要立刻把战歌传送到战场上亲自交给他，莱茵军非常需要一首能够鼓舞士气的高扬的爱国主义的进行曲。说话间，又有一个人插进来和他们热烈地交谈起来，接下来又开始敬酒，大家喧闹着，欢快地畅饮着。于是，私人之间不经意的短暂交谈被整个热烈场面的巨浪所淹没。随着时间的推进，酒宴变得更加喧哗热闹，也更加激动疯狂，整个酒宴愈来愈令人陶醉，当宾客尽兴地离开市长那宽阔邸宅时，午夜的钟声已经响过很久了。

神明的指引

午夜已经过去好久了，也就意味着，4月25日——由于宣战而使得斯特拉斯堡无比振奋的这一天——已经结束了，4月26日已经拉开了帷幕。黑夜笼罩着城里的千家万户，但这种表面的夜阑人寂只是假象，因为全城一直都处在不断的活动之中。士兵们正在兵营里为出征做全部准备；一些胆小谨慎的人大概已经从门窗紧闭的店铺后面静悄悄溜走。街面上一队队的步兵正有序地行进着，其间还夹杂着几个通信骑兵的嗒嗒的马蹄声，后面还有沉重的炮车发出的铿锵声，静夜里单调的口令声不时地由这个岗哨传递到那个岗哨。敌人距离太近了，实在太不安全了，所以全城的市民都心慌慌无法在这样一个决定性的时刻安然入睡。

鲁热也不例外，此刻的他正在中央大道126号那幢房子里，从回旋的楼梯上去，进入自己简朴的小房间里。他今天也觉得特别兴奋，此刻他牢牢记着自己的承诺，要尽全力以最快的速度给莱茵军写一支战歌，创作出一首奋进曲。他在自己窄小而干净的房间里踏着稳重的步子，不安定地踱过来踱过去。如何开头呢？从哪开始？各种各样的号召书、演讲稿和祝酒词中的所有激动人心的言辞都还毫无章法地在脑海里盘桓。"亲爱的公民们，武装起来！前进吧，自由的孩子们！……我们要消灭专政……高举国旗！……"不过，就在这时，他不由得想起了以前从别人那听来的一些话，想起那些为自己的儿子而担忧的慈爱的母亲们的声音，同时他也想起了农民们的焦虑——他们害怕自己熟悉的田野在战争中被外国的步兵践踏以致血流满地。于是他在半下意识中执笔写下了开头两行歌词，这两行歌词就是那些呼喊的回音和重复强调。

前进，前进吧，祖国的好儿郎，
那已经到来的时刻便是我们的荣光！

之后他停了下来。他愣住了，开头十分满意。写得正合适。只是现在需要马上找到与之相应的节奏，写出适合这两行歌词的韵律，因此，他顺势从橱柜里拿出自己那把心爱的小提琴，轻轻地试了试，妙极了。头几拍的节奏正好和歌词的旋律相匹配。他急忙不断地写下去，他感到自己身体里涌出一股强劲的力量，拽着他向前，所有的这一切：自己心中此时此刻的各种感情；他在大街上、宴会上听到的大家的各种话语；对乡土的忧虑；对暴君的仇恨；对胜利的信念；对自由的追求与热爱——霎时都汇集到了一起。鲁热简直就用不着进行新的创作，也不需要费力去虚构，他只要把今天——在这即将过去的一天之中众口皆传的话押上韵，配上动感的节奏和优美的旋律就可以了，这就已经能够把全体国民内心那种最强烈最真诚的感受表现出来了，说出来了并且歌唱出来了。并且，他也无须重新作曲，因为那些街上的节奏，时光的节奏，那种在士兵们的行进的步伐中、在军号嘹亮的高奏中、在炮车的隆隆声中所发出来的斗志昂扬的节奏早已经穿过关着的百叶窗，传入到他的耳中——或许他自己还没有意识到，他自己也没有专门用灵敏的耳朵去细听。但是，在这一天夜里，蕴藏在他不能超生的躯体中那不灭的对于时间的灵感却早已吸附了这种节奏。于是，旋律随着那欢呼的节拍——全国人民的脉搏——越发强劲有力。鲁热激情高涨，飞速地写下他的歌词和乐谱，就像在笔录某位陌生人的口授——在他这个狭隘的小市民心灵中从未有过如此的动人的激情。这不单单是一种属于他个人的亢奋和热忱，而是一种瞬间聚集起来的神奇的魔力在这一瞬间迸发而出，而这股魔力拽着这个可怜的半瓶子醋[1]的作

---

[1] 半瓶子醋，比喻稍有一点知识而知识并不丰富，略有一点本领而本领并不高强的人。出自山东方言，"一瓶子不满，半瓶子晃荡"。

词家到了距离原来的那个自己千百倍远的地方，把他这枚闪耀着瞬间光芒和火焰的小小火箭射向群星。仅仅一夜之间，这位鲁热·德·利勒上尉便跻身于不朽者的行列。街头、报刊上吸纳来的最素朴的呼声构成了他那具有创造性的歌词，而且升华为一段不朽的诗篇，就像这首歌的百世流芳的曲调一样。

我们在圣洁的祖国面前，
立誓要向敌人复仇！
我们渴求珍贵的自由，
下定决心要为它而战斗！

接下来他写了第五节，在同样的激情涌动下一直写到最后一诗节，几乎是文不加点、一气呵成。歌词和旋律十分完美地结合——这首不朽的歌曲终于在黎明前完成了。鲁热熄灭了灯光，松了口气躺倒在自己床上。连他自己都不知道是什么东西令他今晚头脑如此清醒、灵感异常勃发，现在又不清楚是什么东西让他觉得极度疲倦、浑身瘫软，他在死一般的沉静中睡着了。事实也的确如此，那种诗人兼创作者的天赋在他心中又沉寂了。不过，桌子上却摆放着那件已经完成的并且脱离了这位正在沉睡的天才的作品。这首歌奇迹般的飘然而至，降临到鲁热身上。这首歌，它的词和曲几乎是在同一时间产生的，创作非常迅速，词曲浑然天成，在世界上任何一个民族的历史上几乎找不到第二首能与之媲美。

教堂里的钟声跟平时一样，宣告了新的一天到来。清晨，较小规模的战斗已经开始。枪击声随着莱茵河面的阵风飘过来。鲁热醒了，睁开了眼睛但睡意未尽，他咬咬牙从床上坐起来。迷迷糊糊中他觉得好像发生过什么事，至少发生过与自己有关的事，但是记忆非常淡薄。后来，他一扭头倏地看见桌子上铺着的那张墨迹尚新的稿纸。原来是诗句？谁写的呢？是自己吗？我亲笔写的歌曲？我什么时间写的诗句、歌曲？难道真是自己创作的这首歌曲？噢——想起来了！这不就是市长迪特里希先生昨天邀请我写的那支《莱茵军进行曲》吗！鲁热快速地看着自己写的歌词，顺便轻轻地哼着曲调，只不过他像其他任何一个作者那样，对自己新创作的作品不是完全满意。幸好在隔壁房子里住着自己团里的一位战友。他赶快把这首歌曲拿给战友看并唱给他听。从那位战友的眼神可以看出他对歌曲是满意的，他建议做一些细小的修改。从这最初的赞许中鲁热获得了很大的信心。他怀着作家们常有的那种急切心情和在很短时间内自己便能实践诺言的自豪感，急忙赶到迪特里希市长家中。市长当时正在自家花园里散步，边走边为一篇新的演讲打着腹稿。噢，鲁热，你说什么？？已经完成了？那好吧，那我们现在就来演唱一遍。两人从花园走进客厅，迪特里希坐在锃亮的钢琴旁伴奏，鲁热站在旁边唱着歌词。市长夫人也被这清晨里意外的音乐声吸引到客厅里来了。她马上答应要把这首新歌誊抄几份。而且作为一位受过专业训练的音乐家，她还许诺为这歌曲谱写一个伴奏曲，她想将这支曲子夹在其他的歌曲中在今晚家里举行的社交集会上演唱给在场的朋友们听。迪特里希市长一直以来便以自己甜美的男高音而自豪，现在他开始更加仔细地研磨起这首歌来。4月26日的晚上，市长家的客厅里，为那些上流社会人士特地挑选演唱了这首歌——当时，许多人并不知道这首歌是在这一天的凌晨刚刚作词和谱曲完毕的。

　　宾客们听完都点头称赞并友好地鼓起掌，因为这是对在场的作者表示崇敬和祝贺所不可缺少的。此时，坐在斯特拉斯堡大广场边的德·布罗格利饭店里的客人们很显然不可能会有预感：一首不朽的歌曲正在借着它的隐形的翅膀飞降到人们所生活的世界。生活在同一时代的人往往很难轻易地看出一个人的伟大或者一部作品的伟大。市长夫人也并没有意识到今天是一个非比寻常的时刻。这一点在她给自己兄弟的一封信中可以得到佐证。她在这封信中轻描淡写地把一个奇迹说成是一件在社交界发生的平常事。她在信中写道："你知道，这几天在家里，我们招待了许多客人，总得想办法出点主意来变换消遣的花样，因此，我丈夫便想出了一个主意：邀请人创作一首即兴歌曲，有一位在工程部队任职的年轻军官——鲁热·德·利勒上尉——一位和蔼谦逊的诗人兼作曲家，他应允并很快就创作出了一首军歌的歌曲，恰巧我的丈夫是一位非常优秀的男高音，他很高兴地演唱了这首歌。他唱得非常好，这首歌生机盎然，很富有特色和魅力。当然，我也尽了自己的一份力量，顺便发挥了我写作协奏曲的天赋，为钢琴和别的乐器的演奏创作了总谱，因此，我也忙得不亦乐乎。晚宴上，这首歌在我家里演奏时，得到了社交界的一致好评。"

　　"得到社交界的一致好评"——这样一句话，用我们今天的眼光看来，是相当冷淡的，因为这仅仅是用来表示一种不坏的印象或者一种无关痛痒的赞许罢了。然而，在当时这也是完全可以理解的，这首曲子在市长家的第一次演出不可能完全显示出它的力量。本来这就不是一支专为甜美的男高音而创作的独唱歌曲，它也并不适合放在小资产阶级情调的沙龙里、夹在舒缓的浪漫曲和意大利咏叹调中间用有别于大众的腔调来演唱的。它原本是一首节奏分明、动感强烈、激昂而富有战斗力的歌曲。"亲爱的公民们，武装起来！"——这是面向亿万群众，面向集合成队的人唱的，与这首歌真正协调的是叮当作响的兵器声、雄洪嘹亮的军号声、齐步前进的脚步声。这首歌不是给那些坐在客厅里冷静地进行欣赏的听众而创作的，而是写给那些为共同理想共同行动、共同战斗的人而创作的。这首歌既不适合于女高音家独唱，也不适合于男高音家演唱，它只适合成千上万的群众齐唱。这是一首很典型的进行曲，是胜利的凯歌，是哀悼之歌，是祖国的颂歌和全国人民的国歌。只因为这首歌是真正从全国人民最初的素朴激情中诞生的，正是那种激情赋予了鲁热所作的这首歌以鼓舞力量。只不过在当时这首歌还并没有引起广泛的流传和追捧的热潮。在当时，这首歌还没能够引起神奇的共鸣，它那奋进的旋律还没有彻底进入全国人民的心坎，军队里还全然不知道鲁热为他们创作的这首凯旋的进行曲，革命更不知道这就是自己的不朽战歌。

铸就的辉煌

即便是奇迹在一夜之间便降临到自己头上的人——鲁热·德·利勒，也和其他人一样，并没有料想到自己会在那一天的夜里像一个梦游者在神明偶然降临并指引下创造出了什么。他——一个胆大的、可爱的半瓶子醋当然会打心眼儿里感到高兴，他看到邀请来的高贵的客人们都在热烈地鼓掌，他们在非常礼貌地向他这位不知名的作者祝贺。他怀着一个小人物的那种小小的虚荣心，想让自己在这个小地方尽力炫耀这一小小的成就。他专门跑到咖啡馆里为亲爱的战友们献上这支新曲，他还让人手抄复本，分别送给莱茵军的军官们。在此期间，根据市长的命令和军事当局的建议，斯特拉斯堡的乐团排练了这首"莱茵军战歌"。四天过后，部队即将出发时，斯特拉斯堡国民自卫军的军乐团在市中心大广场上演奏了这支新的战斗进行曲。斯特拉斯堡的一位出版社负责人满怀着爱国激情声言，他已经开始准备印发这首"莱茵军战歌"，因为这首歌曲是军队的一位部下怀着崇敬奉献给吕克内将军的。可是，在莱茵军的所有将军们中，没有哪一位将军想在行军时真正演奏并歌唱这首歌，由此看来，"前进，前进吧，祖国的好儿郎！"——这歌声只不过是那沙龙里一天的成功，如同鲁热迄今所做出的全部努力一样，这只不过是在地方上发生的一件小事，而且不久人们就会把它忘记。

然而，一个杰出作品的固有力量从来都不会被长时间埋没抑或禁锢。一件艺术作品纵然很多时候会被时间所遗忘，甚至会遭到查禁和彻底被埋葬，但是，任何富有生命力的东西最终都会走到无生命力东西的前面。至少有一两个月人们没有再听到这首"莱茵军战歌"。歌曲的手抄本和印刷本一直都是在一些无关紧要的闲人们手里流传。不过，如果一件作品能真正激发起人们的生活战斗热情，哪怕仅仅是激起了一个人的热情，那也就足够了，因为每一种真正意义的热情本身还会激发出新的创造力。处于法国另一端的马赛，6月22日在宪法之友俱乐部为出发的志愿军举行送别宴会。五百名血气方刚的年轻人穿着国民自卫军的新制服坐在长桌旁，此时，那弥漫在他们中间的情绪就像4月25日晚上的斯特拉斯堡一样，只是因为马赛人所特有的那种南方气质从而变得更加热情、更加激烈、更加冲动，而且也不像在宣战的最初一小时里那样盲目虚空地说自己必胜。这些法国革命部队同那些只知道高谈阔论的将军们不同，因为他们刚从莱茵河的那边撤退回来，沿途受到民众的欢迎。此时，敌军已深深挺进侵占着法国的领土，自由正面临严重的威胁，自由的事业也正处于危难之中。

宴会进行中，突然间有一个叫米勒的蒙彼利埃大学医学院的学生将玻璃杯使劲往桌子上一放，便站起身来。在场的所有人顿时安静下来，大家都望着他。大家都以为他想要讲话或者致辞。然而，出乎意料的是，这个年轻人并没有讲话，而是用力挥动着右手，同时唱起了一首新的歌。这首歌之前大家都没有听到过，谁也不知道这样一首歌是怎么传到他手里的。"前进，前进吧，祖国的好儿郎！"此时此刻，这洪亮的歌声犹如导火索引入了火药桶，情绪激荡，宛若正负相反两极的触碰产生了这耀眼的火花。所有的这些明天将要出发的年轻人，为了自由去战斗，并且时刻准备着为祖国献身。这些歌词迎合了他们心灵深处最强烈的愿望，也表达了他们内心最质朴的思想。歌声的节奏使得他们不由自主地进入了一种共同激奋的状态。每一节歌词都受到欢呼，他们把这首歌一遍遍唱着。慢慢地曲调已经完全成为他们自己的旋律，他们非常激动，站起身来，将玻璃酒杯高高举起，响亮地一起合唱着副歌部分："公民们，快武装起来！公民们，快投入战斗！"街上的人们开始好奇地拥来，他们想听一听这个咖啡馆里如此热烈地在唱些什么，最后，他们自己也不由得跟着一起歌唱。第二天，便有成千上万的人在街上哼着这首歌。他们在人群中散发新印行的歌片，当7月2日那天五百名义勇军出发时，这首战歌也就跟随着他们行进在路上了。在公路上当他们感到疲劳时，当他们前行的脚步疲弱无力时，哪怕只有一个人起头唱起这首圣歌，那动人的节拍就会给予大家新的强大力量。当军队行军穿过一座小村庄时，他们唱起这首歌，这时农民们十分惊讶，村民们非常好奇地聚集在一起，不一会儿便跟着他们合唱起这首歌。这首歌已经真正成了他们的战歌。然而，他们根本不知道，这首歌曲原初就是为莱茵军而作的，他们也根本不知道这首歌出自谁的手、创作于何时，他们竟然把这首圣歌当作自己营队的圣歌，把它当作他们生和死的信条。就像那面军旗一样，这首歌是属于他们的，他们将要在斗志高昂的进军中把这首歌传向世界。

《马赛曲》——由鲁热创作的这首圣歌不久之后就得到了这样的一个名称，它的第一次伟大胜利是在巴黎。7月30日，当从马赛走来的营队由郊区进入巴黎时，他们就是用军旗和这首战歌为前导的。街上，成千上万的人早已在等待，隆重地迎接他们的到来。现在，当马赛人——五百名青年男子一遍又一遍地反复唱着这首歌，迈着同歌曲相同节奏的步伐走近时，所有的民众都在悉心倾听，马赛人唱的究竟是一支什么样美妙动听的圣歌呢？它像一阵阵号角，伴随着点点鼓声，激荡着所有民众的心弦："公民们，快武装起来！"在短短的两三个小时以后，副歌就开始在巴黎的大街小巷回响。那支《前进吧》的歌曲已经被人们忘却；原有的旧的进行曲和那些翻唱烂了的旧歌曲都已经被人们抛到了九霄云外；革命已经找到了自己所渴望的声音，革命终于找到了真正属于它自己的歌。

于是，这首歌像雪崩似的迅速扩散开去，势不可挡。人们在宴会上、在剧院里甚至俱乐部里都可以听到这首圣歌在传唱，后来，在教堂里，当大家唱完感恩的赞美诗后也会唱起这首歌，没多久，它竟然取代了教堂的感恩赞美诗。仅仅在一两个月之后，《马赛曲》便已成了全军之歌、全民之歌。法国共和国第一任军事部长赛尔旺是一位颇具慧眼的人，他意识到了这样一首振奋人心的无与伦比的民族战歌所蕴含的、鼓舞斗志的力量。于是，他果断地下了一道紧急命令：马上印刷十万份歌片，并快速发散到军中所有的小队。一时间，这位名不见经传的作者所创作的歌曲仅在两三夜之间便发行得比当时的大作家莫里哀、拉辛、伏尔泰三位的所有作品还要多。接下来的每一个节日都是用《马赛曲》来结束的，每一

次战斗也都是由团队的乐队先来演奏这支自由的歌曲的。在热马普和内尔万地方
有许多团队经常在发起决定性的冲锋时齐声高唱着这首战歌来进行编队。相比之
下，那些敌军将领们只会用双份的犒酒去刺激自己的士兵，显然这种老办法已经
过时，他们则惊奇地发现，法国军队里成千上万的士兵在同时高唱着这首军歌，
军队阵营像怒吼的海浪冲着他们的队形而去，这首"可怕"的圣歌所产生的爆炸
力量简直是无法阻挡的。眼下，这首圣歌《马赛曲》就像那长着双翅象征胜利的
女神尼姬，在法国军队所在的战场上自由翱翔，它给无以计数的人带来热情，当
然也伴随着死亡。

落寞的归途

当时，鲁热——这个普普通通的修筑工事的上尉正坐在许宁根驻地的一个小小的营房里，一本正经仔细地绘着防御工事的图纸。也许他早已把这首《莱茵军战歌》忘却了，这首自己在 1792 年 4 月 26 日那个早已被历史翻过的夜里创作的曲子。有一天，当他在报纸上看到那首圣歌——那首像风暴一样地征服了巴黎的战歌时，他简直难以想象，这首充满必胜信念的"马赛人的歌"中的每一个词句和每一个音符都只不过是那天夜里发生在他身边和心中的奇迹而已。谁料命运竟是这般无情地捉弄人：没有任何一个人在乐曲响彻云霄时想到他，他这位创作这首乐曲的人并没有被捧上天。全法国不会有一个人来关注这位鲁热·德·利勒上尉；而像每一首歌一样，这首歌，所赢得的荣誉和地位依然属于歌曲本身，作者鲁热身上连荣誉的一点影子都没有看到。当初在印发歌词的时候，他并没有把自己的名字一起印在上面，他自己也早已习惯于不被人所追捧，奇怪的是他自己并不为此而懊恼，因为历史本身便会创造一种奇怪的现象——这位战斗之歌的作者自己并不是一个革命者。即便他曾经用自己创作的这首不朽歌曲尽力推动过革命，但现在，他却要用尽全力来阻止这场革命。当马赛人和暴动的巴黎民众唱着他所写的歌去猛攻杜伊勒里宫并要推翻国王的时候，鲁热·德·利勒自己对革命显得十分厌倦了，他开始拒绝为法国共和国效忠，他不愿为雅各宾派服务，为此即使辞去自己的职务也在所不惜。对这位耿直的人来讲，他起初在那首圣歌中关于"渴求珍贵的自由"的那句歌词并不是一句空话。因此，他对法国国民公会里的新生暴君和独裁者们的憎恶已远远胜过他对国界那边的敌国国王们所怀的仇恨。当他的朋友们，包括对这首歌的诞生起过重大影响的迪特里希市长和这首曲子的尊崇者吕克内将军，还有那天晚上成为马赛曲的第一批听众的所有军官们和贵族们，一个一个连续被送上断头台的时候，鲁热非常愤怒，于是他公开向当时执政的罗伯斯庇尔政团的福利委员会发泄了个人的不满。不久，更为荒唐的事便发生了：这位革命诗人自己也遭逮捕，被作为反革命，被认定为叛国罪。直到热月九日罗伯斯庇尔政府被推翻，监狱的大门被敞开，才使得法国革命免去了一场莫大的耻辱——把这次革命中传唱这首不朽歌曲的作者变成"国民的剃刀"下的冤魂。

假使鲁热当时真的被处死了，那么他的死是英勇而壮烈的，也就不会有以后那些不清不白、潦倒落魄的生活了。因为这个鲁热在他已有的四十余年的经历中，可以说度过了数以万计的日子，但是真正具有创造性的日子只过了一天。再以后，他便被赶出了军队，他的退休金也被取消了；连他所写的诗歌、创作的歌词歌剧都没能够出版和上演。这个半瓶子醋曾不经意地擅自闯入不朽者的行列，为此，命运并没有宽宥他。后来这个小人物干过许多种并不是很干净的小行当，在困苦中艰难地度过了自己渺小的一生。后来卡诺和拿破仑都曾出于同情想要帮助他，但都少有成功。命运在那一次偶然的机缘里让他充当了三小时的神明天才，之后又轻易地把他重新抛到尘埃般的渺小地位。多么残酷啊！在残酷的命运逼迫下，他的性格乖戾像中了剧毒似的无可救药，所有的当权者都会引起他的愤愤不平和满腹牢骚。拿破仑本想给他帮助，但是他写了一封措辞激烈而又十分粗鲁无礼的信，公开表示他为自己在全民投票时对拿破仑投了反对的一票而引以为豪。他所经营的生意也把他卷入一些很不光彩的事件中去，为了一张空头支票他不得不被关进圣佩拉尔热的债务监狱。哪里都不受欢迎，债主们跟踪追堵他，还要不断地受到当地警察的侦查，最后他只能选择匿居于省内的某个地方。他已经与世隔绝，已经被人忘却，在那里他像从一座坟墓的洞穴里窃听着自己创作的那首不朽之歌的命运。一段时间，他听到随着战无不胜的军队，《马赛曲》也进入欧洲的所有国家，接下来他还听说拿破仑为了自己要当上国王而事先就把这首革命化的激进的《马赛曲》从一个个的节目单上取消，直到后来，他听说波旁王朝的后裔们完全禁止了这首歌。但是过了大约一代人的时间之后，在1830年"七月革命"全面爆发时，鲁热写的歌词同他谱的乐曲一起，重新在巴黎的街巷中恢复了最初创作时的战斗力量,资产阶级国王路易·菲利浦将他作为一位诗人并且给了他一笔微小的养老金。人们偶尔还记得他，尽管只是淡淡的记忆，但是这个几乎被人遗弃的、常不知身居何处的老人却觉得像做梦一般。1836年，他以七十六岁的高龄在舒瓦齐勒罗瓦去世时，已经没有人知道并能再叫得出他的名字了。然而，又一代人的时间过去了，第一次世界大战时期，《马赛曲》早已成了法国的国歌。因此，在法国的所有前线又重新响起这首自由的战斗之歌——《马赛曲》，于是，人们又记起了他，这位无名上尉的遗体才被安葬在法国荣誉军人教堂里，同那个叫拿破仑的小小少尉的遗体放在同一地方，这样，这位极不出名而创作了一首不朽之歌的作者，终于在他深感失望的祖国的领土上的这样一块代表荣誉的墓地上长眠了，但他个人只不过是一位仅仅一夜成就的诗人罢了。

滑铁卢一分钟

拿破仑
1815 年 6 月 18 日

格鲁希

　　命运似乎总是偏爱那些强有力的、傲气不足的人物。因为命运喜欢和自己一样难以捉摸的人们，因此，长久以来，命运甘愿被这些人物握在手心：恺撒、亚历山大、拿破仑。

　　但是有时候，命运，也许是出于一种好奇的心理，会把自己交到一个平庸之辈的手中。这在任何时代都是非常罕见的。在偶然的时刻，命运之神会在瞬间被一个碌碌无为之辈掌握，这也是世界历史上最让人惊奇的一刻。英雄们世界的游戏好像一阵旋风，把那些平庸的人们也卷了进来。他们无法抗拒，只能服从。当重任忽然需要他们的肩膀来承担的时候，弥漫在他们心中的更多是恐惧，而不是庆幸。也许是因为这个机会来得太过于突然，他们没有更多的时间做准备，因此这千载难逢的机会几乎又都会从他们手中溜走。一个平庸之辈可以凭借偶然间的命运眷顾而青云直上，这是非常少见的。因为伟大的事业只会在非常短暂的一瞬间降临到一个小人物身上。这个机会仅有一次，谁错过了就是终生的遗憾。

　　庆祝拿破仑退位的维也纳会议正在召开。这时，一个消息像是一颗重磅炸弹，在那些忙于交际应酬、嬉笑调情、玩弄权术和互相指责的人们之中爆炸了：拿破仑，这头被困的雄狮挣脱了厄尔巴岛的牢笼，闯出来了。紧接着，不断有飞马的信使带来新的消息：里昂被拿破仑占领了；那里的国王也被他赶走；许多军队都倒戈，狂热地投靠了他，现在他已经到达了巴黎；他现在住进了杜伊勒里王宫。这些消息就像一只只的利爪，攫住了那些刚才还在相互指责、埋怨的大臣们的心。他们顿时明白，莱比锡大会战和二十年生灵涂炭的战争全都白费了。于是，他们赶紧聚集在一起商量对策。慌乱中，他们决定抽调出一支英国的军队、一支奥地利的军队、一支普鲁士的军队、一支俄国的军队。现在他们要再次联合起来，将这个野心勃勃的篡权者彻底击溃。欧洲那些合法的皇帝、国王们从来没有像现在这样惊慌过。英国的威灵顿将军率领军队开始从北边向法国进发，由布吕歇尔统领的普鲁士军队，作为他的增援力量从另一方向前进。奥地利元帅施瓦尔岑贝格的军队已经做好了作战的准备，在莱茵河畔等待时机；俄国军团为后备军，正携带着全部辎重，在德国境内行进。

精明的拿破仑一下子就了解了这种致命的危险。他明白，在这些军队集结成群之前绝不能坐以待毙。他一定要在普鲁士人、英国人和奥地利人聚集成一支欧洲盟军队以及自己的帝国衰落以前就要将他们逐个击破。他必须采取分而攻之的战略，而且要行动迅速，否则，国内的民众就会怨声载道。他必须要在共和分子重整积聚力量并同王党分子结成同盟之前就取得胜利。另外，他还必须要在一个两面三刀之人——富歇与其一丘之貉的塔列兰联合起来并从背后捅他一刀之前取胜。他的优势在于他的军队士气非常高涨，他要充分利用这一点，一鼓作气将敌人全部解决掉。现在对他来说，时间就变得非常宝贵。每过去一天都会是损失，每过去一小时危险就会增加。于是，在匆忙之间，他决定把全部的赌注压到欧洲流血最多的战场——比利时。6月15日凌晨3时，拿破仑的军队（也是唯一的一支军队）的先锋部队越过边界，到达比利时。16日，他们在林尼遭遇了布吕歇尔率领的普鲁士军，取得了胜利。这次遭遇战是这头雄狮挣脱牢笼以后的第一次进攻，这次进攻非常厉害，却不致命。败下阵来的普军向布鲁塞尔方向撤退。

现在，拿破仑准备进行他的第二次进攻，即对威灵顿的军队发起攻击。他不允许自己喘息，也不给对方喘息的机会。因为每过去一天，就意味着对方增添力量，胜利的天平就会向对方那边倾斜一点。胜利的消息将会像烈性烧酒一样，让自己的祖国和抛头颅、洒热血的法国人民如醉如狂。17日，在拿破仑统领军队到达四臂村高地之前，威灵顿将军，这位头脑清晰、意志坚定的对手已在那里筑好了工事，严阵以待。而拿破仑的部署也从来没有像这一天那样细致入微。他的军令也从没有像这一天那样清晰明了。他不仅反复斟酌了攻击的方案，而且对自己可能面对的危险也做了充分的考虑。考虑到布吕歇尔的军队没有被彻底消灭，而且极有可能随时与威灵顿的军队会合。为了防止这种可能性，拿破仑决定抽调出一部分军队去追击普鲁士军队，阻止他们与英军会合。

他将这支追击部队的领导权交到了格鲁希元帅的手里。格鲁希，一个气度平庸的男子，诚实可靠，循规蹈矩。事实证明他是一位合格、称职的骑兵队长。然而他的才能也仅仅是一位骑兵队长而已。他既没有缪拉[1]那样的魄力和胆识，也没有圣西尔[2]以及贝尔蒂埃[3]那样的智谋和才略，更没有内伊[4]那样的英雄气概。他没有神话般的英雄传说，也没有被描绘成运筹帷幄、威风凛凛的勇士。在拿破仑那段传奇般的历史中，他没有创下显著的业绩，以赢得荣誉和地位。反而是他的不幸和厄运让他闻名于世。他参军二十年，参加过从尼德兰到意大利、从西班牙到俄国的多次战役。他是慢慢地、一步一步地获得了元帅的军衔。他没能做出特殊的贡献。他的前任（德塞、克莱贝尔、拉纳）相继丧命于奥地利人的子弹、埃及的酷热、阿拉伯人的匕首和俄国的严寒，从而为他的升职提供了空间。就这样，经过二十年战争的历练，他水到渠成地登坐最高军衔的职位。

拿破仑也大概明白，格鲁希不是什么气吞山河的英雄，也不是足智多谋的谋士，他只是一个老实忠诚、兢兢业业的人。但是他手下的精英，一半已在黄泉之下，而剩下的几位早已厌倦了这种风餐露宿的戎马生活，正待在自己的庄园里享受生活的乐趣呢。所以，选择平庸的格鲁希也是拿破仑无可奈何的选择。

6月17日，林尼胜利后的第一天，也是滑铁卢战役开始的前一天。上午11时，拿破仑第一次将独立指挥权交到格鲁希元帅手上。就在这一天，在这短暂的一瞬间，向来唯唯诺诺的格鲁希摆脱了一味服从的军人作风，独自走进了世界历史的行列。

---

[1] 缪拉，拿破仑的元帅、骑兵司令，屡建奇功。

[2] 圣西尔，法国元帅，曾出征俄国，同样战功赫赫。

[3] 贝尔蒂埃，法国元帅，曾随拿破仑出征意大利和埃及。

[4] 内伊，法国元帅，曾随拿破仑征战欧洲，在滑铁卢战役中指挥老近卫军英勇奋战。

这是短暂的一瞬间，也是意义非凡的一瞬间！拿破仑的命令非常清楚：当主力军队向英军进攻时，格鲁希务必带领他的三分之一兵力去追击布吕歇尔的普鲁士军队。这项任务看上去十分简单易行，没有任何烦琐复杂的成分。可是，事物总是有正反两个方面。即使是一把柔韧可弯的剑，也是有两刃的。当格鲁希在接受该命令的同时，拿破仑还命令他：必须时刻保持与主力部队的联系。

格鲁希元帅接受这项命令时颇有些踌躇。他还没有独立行事的习惯。当他看到拿破仑那天才的目光时，他的心才感到踏实，最终答应了。此外，他似乎感觉到自己手下将军们对他的不满。当然，也许还有命运在暗地里捉弄他呢。总之让他放心的是，主力军队的大本营就在附近。只要三小时的急行军，他的部队就可和主力部队会合。

格鲁希的队伍在飘泼大雨中出发了。士兵们在湿滑、难行的泥泞地上缓慢地向普军运动。或者至少可以说，他们朝着布吕歇尔军队所在的方向前行。

卡右的夜晚

北方的天阴雨连绵。拿破仑的军队步履艰难地在黑暗中行军，士兵个个浑身湿透。每个人的鞋底上至少有两磅烂泥。他们所到之处荒无人烟，没有任何蔽身之处。连稻草麦秆都是湿淋淋的，没法在上面躺着休息。于是只能让十个或者十二个士兵相互背靠背地坐在地上，或者索性在滂沱大雨中站立着睡觉。拿破仑自己也没有休息。他心急如焚，坐卧难安，因为这见鬼的天气使侦察无法进行。侦察兵的报告非常含糊。另外，他还不确定威灵顿是否会迎战。从格鲁希那里，也没有得到关于普军的任何消息。已经是半夜1点钟了，拿破仑不顾大雨，走到英军炮火射程以内的前沿阵地去侦察敌情。在一片迷雾中，他隐隐约约地看见英军阵地上的稀疏灯光。拿破仑一边行走着一边思考进攻的方案。拂晓，他才返回卡右[1]的小屋子——他的非常简陋的司令部。在这里，他看到了格鲁希送来的第一批报告。报告上关于普军撤退的方向的消息非常含糊，全是一些让人放心的空洞承诺：正在继续追击普军。雨渐渐下小了，拿破仑在房间里焦虑不安地走来走去，不时眺望远处黄色的地平线，想看清楚远方的一切，从而让自己下决心。

清晨5点钟，雨停了，妨碍下决策的迷雾似乎也逐渐消散了，拿破仑终于下达了命令：全军必须在9点钟做好总攻的准备。传令兵向各个方向出发。不久，集合的鼓声就响起了。这时，拿破仑才在自己的行军床上躺下，休息了两小时。

---

[1] 卡右，滑铁卢附近的地名。

滑铁卢的上午

时间已到了上午九点钟，但是队伍并没有全部集齐。三天的暴雨使地面又湿又软，行路异常困难，延长了炮兵的转移时间。这时，太阳才慢慢地从阴云中露出脸来，照耀着大地。空中刮着大风。今天的太阳可不像当年奥斯特里茨 [1] 的太阳那样灿烂辉煌，是吉祥的好兆头。今天的太阳只照射出淡黄色的微光，是那样的软弱无力。终于，部队准备就绪，处于待命状态。战役正式开始以前，拿破仑又一次骑着自己的白色牝马，从头至尾将军队检阅一番。在凛冽的寒风里，旗手们手中的战旗迎风飘扬。骑兵们英武地挥动着军刀，步兵们用刺刀将自己的熊皮军帽挑起，以此向皇帝致意。所有的战鼓疯狂地响着，所有的军号都对着各自的统帅快乐地吹出洪亮的号音。但是，这所有响彻四方的声音都盖不住雷鸣般的欢呼声，它从四面的师团滚滚而来。这是七万士兵从心底发出来的、低沉而又响亮的欢呼声："皇帝万岁！"

二十年来，拿破仑对他的军队进行过无数次的检阅，然而从未像他这最后一次检阅这样宏伟、壮观。欢呼声刚消失，11 点钟——比预定的时间晚了两小时，炮手们接到命令，用榴弹炮对山头上的身穿红衣的英国军队发起进攻。从以后的历史，我们知道这是致命的两小时！接着，有"雄中之杰"之称的内伊，率领步

---

[1] 奥斯特里茨，在今捷克境内。1805 年，拿破仑以少胜多，大败奥俄联军。

兵向敌人发起凌厉的攻势。决定拿破仑命运的时刻来临了。关于这次战役，人们
毫不吝惜自己的笔墨，对它加以描述。读者们似乎也从不厌倦地去阅读关于它的
多种多样的、让人心潮澎湃的记载。他们一会儿钟情于英国小说家司各特的鸿篇
巨制——《拿破仑传》，一会儿又去拜读法国小说家司汤达的片断插曲——《巴
马修道院》中描写滑铁卢战役的部分。这次战役，无论是从长远看，还是从当前看，
无论是从统帅高处的司令部角度看，还是从骑兵的马鞍上看，毫无疑问，它都是
伟大的，具有多方面的意义。它是一部动人心弦的具有戏剧性的艺术杰作：一时
陷入绝望，一时又充满希望，两者不断地变换位置，最后，这种变换突然演变成
了一场灭顶的大灾难。这次战役是一出真正的、典型的悲剧，因为整个欧洲大陆
的命运全系于拿破仑一人的身上，拿破仑的存在，就像节日里迷人的焰火，它像
爆竹一样，在倏然坠地、永久消失之前，再一次冲上云霄。

　　从上午 11 点到下午 1 点，拿破仑的军队不断向高地进攻，曾一度占领了村
庄和阵地，但没过多久又被击退下来，继续发起攻击。在泥泞的山坡上覆盖着数
不清的尸体。在这样的拉锯战中，除了大量消耗外，双方什么也没有得到。双方
军队都已是疲惫不堪，双方的统帅也是坐立不安。彼此都清楚，最先得到增援的
一方将会是胜利者。威灵顿盼望着布吕歇尔；拿破仑等待着格鲁希。拿破仑焦虑
不安，不时拿起望远镜眺望远方，接二连三地派出传令兵去格鲁希那里。只要他
的这位元帅能够及时赶到，那么奥斯特里茨的太阳就会重新照耀在法兰西的上空。

格鲁希的错误

但是，格鲁希并没有意识到此时拿破仑的命运掌握在他手中。他只是按照命令于 6 月 17 日晚间出发，按预定方向追击普鲁士军队。雨逐渐停止了。那些在昨天才第一次尝到战争滋味的年轻士兵，正无忧无虑地、缓慢地前进着，好像是他们身处于一个和平的国度，因为始终没有敌人出现，也始终没有发现被击溃的普军的任何踪迹。

就在格鲁希元帅在一户农民家里匆忙吃早餐的时候，他脚底的地面忽然间微微震动起来。所有人都静心细听。从远方一再传来沉闷的、若隐若现的声音：没错，这是大炮的声音，是远处的军队在进行战斗，离这里并不是很远，最多三小时的路程。几位军官用印第安人式的姿势匍匐在地上，试图听清炮声的方向。远处传来的沉闷炮声依然不断地隆隆滚来。这是来自圣让山上的炮火声，滑铁卢战役打响了。格鲁希向部下征求意见。"立即向开炮的方向前进！"副司令热拉尔急切地要求道。第二个发言的军官也赞同副司令的意见：赶紧增援主力部队，要快！所有人都确信不疑：拿破仑已经向敌人发起进攻了，一次重要的战役已经打响。可是格鲁希却犹豫不定。他习惯于做一个命令的执行者，他战战兢兢地紧抱着写在纸上的条文——拿破仑的命令：追击撤退的普军。热拉尔看到格鲁希如此犹豫不决，就激动起来，急冲冲地说："要赶快向开炮的方向行军！"这位副司令当着二十名军官和平民的面提出这样的要求，说话的口气简直像是在下命令，而不是在请求。这让格鲁希心里非常不快。他用非常严厉和生硬的口气说，在皇帝撤回命令以前，他绝不会改变行军的方向。军官们绝望了，轰隆隆的大炮声却在这时沉默下来。这是一个不祥的兆头。

　　热拉尔只能尽自己最后的努力。他再三地请求，至少能让他率领自己的部队和若干骑兵赶到那边的战场上去。他说他保证能够及时赶到。格鲁希略微思考了一下，时间是一秒钟。

决定世界历史的一瞬间

　　然而格鲁希思考的这一秒钟却决定了他个人的命运、拿破仑的命运以及整个世界的命运。在农舍里过去的这一秒钟改变了整个 19 世纪的世界历史。而这一秒钟完全取决于一个迂腐、平庸人的一张嘴巴。这一秒钟完全掌握在一双使劲攥着皇帝命令的人手中。这是多么不幸的一件事啊！如果格鲁希在那一秒钟相信自己、相信那大炮声传来的讯息，有勇气和魄力，不拘泥于那张皇帝的命令，那么法国就可以得救了。可惜他是一个毫无主见的家伙，他听不到命运的召唤，只会乖乖听命于写在纸上的文字。

　　格鲁希坚定地摇了摇头。他说，把兵力分散是不负责任的行为，皇帝交给他的任务是追击普军，而不是其他。他拒绝违背皇帝的命令。军官们无可奈何地沉默了，四周鸦雀无声。而具有决定性意义的这一秒钟就在这静默之中永久地消逝了，一去不返，无法弥补。战争的结果是威灵顿取得了胜利。

　　格鲁希带领部队继续前进。热拉尔和旺达姆只能愤怒地握紧拳头。没过多久，格鲁希自己也开始不安起来，因为他们始终没有发现普军撤退的痕迹。随着时间的流逝，他自己越来越没有把握。显然，他们行军的方向很可能是错误的，越往前走越会远离追击的目标。接着，侦察人员向他报告了多种可疑的现象，说明普军在撤退时已经将兵力分散去支援正在激战的战场。如果这时格鲁希能够果断决定，率领部队返回，还是来得及的。但是，他只是怀着越来越不安的心情等待着皇帝要他挥军增援的消息。可是这样的消息始终没有传来。只有低沉的炮声不断地震撼着大地，炮声越来越模糊。决定双方命运的滑铁卢战役正在进行，炮弹就是双方掷出的骰子。

滑铁卢的下午

　　时间已是下午 1 点钟。尽管拿破仑的四次进攻都被击退了，但是很明显威灵顿主阵地的防线也出现了漏洞。拿破仑决心发起最后一次决定性的进攻。他命令部队加强对英军阵地的炮击。炮火的烟雾像一道屏障似的弥漫在山头，拿破仑再一次看遍了战场，这也是他人生的最后一次。

　　这时，他的望远镜中出现了一股新的军队从东北方向赶来，他们像是从树林里钻出来的。一支新的军队！所有的军官都将望远镜立刻对准了那个方向。难道是格鲁希灵活地指挥军队，奇迹般地及时赶来增援？不！根据一个俘虏的招供，这是普鲁士将军布吕歇尔的前锋部队，是威灵顿的援军。此时此刻，拿破仑第一次预感到，那支先前被击溃的普军为了与英军会合，已摆脱了格鲁希的追击，而他自己三分之一的兵力却在空地上毫无用处、失去目标地运动。他马上给格鲁希下了一道命令，让他不惜一切代价抓紧时间与自己会合，并尽力阻止普军向威灵顿的阵地增援。

　　同时，内伊元帅再一次接到了攻击的命令：必须在普鲁士军队到达之前消灭威灵顿的部队。突然之间，取胜的概率大大减小了。此刻，即使把全部的赌注都压上，也不能说是冒险。整个下午，内伊率领部下向威灵顿的主阵地发起了一次又一次的攻击。投入的兵力一次比一次多，战斗也一次比一次残酷。他们几次占领了被炮弹炸毁的村庄，又几次被对手击退，随后又高举飘扬的旗帜冲向已经被击溃的方阵。但是威灵顿的阵地依旧岿然不动。另一方面，始终没有格鲁希的消息传来。当拿破仑看到普军的前锋越来越接近威灵顿时，他心神不宁地喃喃自语："到底发生什么事情了？格鲁希你究竟在哪里？"他手下的指挥官们也都心急如焚。为了改变现在焦灼的状态，内伊元帅决定将他现有的全部兵力投入战斗，进行一次决战（他的坐骑已有三匹被击毙）——他是如此的英勇，相比之下，格鲁希又是如此的优柔寡断。内伊把全部的骑兵都拉上去了。于是，一万名决心拼死一战的盔甲骑兵、步骑兵砍死了英军的炮手，破坏了英军的方阵，冲破了英军的多道防线。虽然他们再次被迫撤退下来，但英军的战斗力被大为削弱，已濒临殆尽。山头上严密的防线开始松散了。当受到重创的法军骑兵被英军的炮火击退时，拿破仑最后的预备队——老近卫军正艰难地向山头发起攻击。这一山头能否被攻占不仅决定着拿破仑和威灵顿的命运，也决定着整个欧洲的命运。

决　战

　　整个上午，双方的四百门大炮不停歇地轰击着。前线响彻双方骑兵队厮杀的铁蹄声。咚咚的战鼓声从四面八方传来，震耳欲聋，把整个平原都撼动了！但是在双方最高的司令部里，双方的统帅似乎都对这嘈杂的声音毫不在乎。他们只是专注于倾听更为微弱的声音。

　　现在双方的统帅手中都握着一只表，像小鸟的心脏似的在滴滴答答地作响。所有震天的吼叫声都掩盖不住这轻轻地钟表声。拿破仑和威灵顿各自都在心里计数着逝去的每一小时，每一分钟，计算着决定战争胜负的增援部队到达的时间。威灵顿清楚布吕歇尔就在附近区域，而且在全力以赴地朝他靠拢。而拿破仑却不知道格鲁希的方位，多么希望他也在附近。现在双方都没有任何后备部队了。谁的增援力量先到，谁就是这场战役的赢家。两位统帅的望远镜都对准了树林边缘。现在，普军的先头部队出现在那里了。这仅仅是一些被格鲁希追击的散兵，还是普鲁士的主力部队？就目前的形势来看，进行最后的抵抗是英军的最后选择。而法国军队也已精疲力竭。双方就像两位激斗许久的摔跤对手，双臂都已疲惫无力，在最后一次较量前，都做一次喘息：这是决定胜负的最后一个回合。

　　森林边缘地区响起了枪声。难道是鲁军与格鲁希的部队遭遇了？只听见轻火器的声音！这时，拿破仑做了一次深呼吸，"格鲁希终于来了！"他错误地以为自己的侧翼有了保护，于是集齐了最后剩下的全部兵力，向英军的主阵地发起最后的进攻。这主阵地就是布鲁塞尔的大门，必须把它冲破；这主阵地是欧洲的大门，必须将它占为己有。

然而让拿破仑意想不到的是，刚才那阵枪声只是一场误会而已。由于汉诺威兵团穿着不同的军装，前来的普军以为是敌军而开了枪。但这场误会很快就得以澄清了。现在，普军的大批人马浩浩荡荡、没有遭到任何阻拦地从树林里穿出来。拿破仑现在才明白：迎面而来的是布吕歇尔的普军，根本不是格鲁希率领的部队。厄运就此开始了。这个消息像长了翅膀在拿破仑的军队中飞快地传开。尽管士兵的进攻还有一定的秩序，但是他们的斗志已经开始崩溃。而精明的威灵顿却迅速地抓住这一关键时刻，信心满满地骑着马，走到阵地前沿，脱下帽子，得意地向着退却的敌人挥动。他的士兵马上读懂了他这一预示胜利的手势。剩下的士兵全部跃身而起，斗志昂扬地向着溃退的敌人冲去。同一时间，普鲁士的骑兵们也开始从侧面猛扑，向四处溃散、丢盔弃甲的法国士兵冲杀了过去。只听到一片凄惨的叫声响起："快逃命吧！"只是几分钟的时间，这支享有极高声誉、军威赫赫的法国军队就变成了零星几股群龙无首、到处逃窜、任人宰割的人流。这股人流淹没了一切，也淹没了拿破仑本人。策马追赶的骑兵对待这股疲于奔命的人流，就像对待没有知觉、不会抵抗的流水一样，肆意击打。在一片惊恐的叫嚷声中，他们轻而易举地俘虏了拿破仑的全部炮兵，缴获了他的御用马车以及全部的贵重财物。夜晚为拿破仑提供了最后的保护。直到半夜，满身污垢、精疲力竭的拿破仑才找到一家简陋、低矮的乡村客店，得以暂时放松一下疲倦的身体。这时的拿破仑已不再是个威风凛凛的皇帝了。他的帝国、他的事业、他的生命，全部结束了。就这样，这位最具胆识、最有远见的人物用二十年的时间建立起的所有的英雄业绩，被一个微不足道、怯懦胆小的人物毁坏了。

回归平凡

当英军刚刚击溃拿破仑的军队时，一个在当时几乎是名不见经传的人，乘坐着一辆四轮马车飞快地驶向布鲁塞尔，然后又以最快的速度从布鲁塞尔赶到海边。一艘船正等待在那里。他立马扬帆过海，以便在政府信使之前到达伦敦。利用其他人还不知晓英军已经胜利的消息的时机，他立即进行了大批的证券投机买卖。这个人就是罗茨舍尔德[1]。他以这突如其来得迅捷、机敏之举建立了一个新的帝国，一个属于自己的新王朝。第二天，英国政府收到了自己获胜的消息，同时巴黎的富歇——这个依靠出卖别人而平步青云的家伙也获悉了拿破仑失败的消息。这时，胜利的钟声已经响彻了布普塞尔和德国。

第二天，只有一个人对滑铁卢发生的事还毫不知情，尽管他距离那个决定命运的地方只有四小时的路程。他，就是拿破仑一切不幸的制造者——格鲁希。他还一直抱着那道追击普军的命令不放手。他始终没有发现普军的痕迹，这使他非常忐忑不安。炮声越来越响，好像是大声地呼救声。大地被剧烈地震颤着。每一发炮弹都像是落在了他的心里。现在几乎每个人都已明白这绝对不是小小的遭遇战，而是一次规模巨大的战役，一次决定命运的战役已经打响。

格鲁希骑着马，惶惶惑惑地行走。其他的军官们都尽量避免和他商谈，因为

---

[1] 罗茨舍尔德，德国犹太大银行家罗茨舍尔德家族的后裔。他获得拿破仑战败消息后，立即进行证券投机，获利百万。

他们之前的建议被他完全否决。

在瓦弗附近，他们与一支孤立的普军——布吕歇尔的后卫军队遭遇了，全都以为挽救的时机到了，于是发狂似的冲向普军的防御工事。副司令热拉尔一马当先，一颗罪恶的子弹随即将他打倒在地。这个最喜欢发表意见的人再也说不出一句话了。随着夜幕的降临，格鲁希的部队轻而易举地占领了村庄，但他们似乎感到，这次小小的胜利，不会对整场战役的胜负有任何影响。因为他们听不到大炮的轰鸣声，那边的战场上突然一片寂静。这种寂静让人不安。可怕的沉默，一种阴森森、死一般的沉默。所有的人宁愿听到隆隆的炮声，也不愿在一片寂静中煎熬。格鲁希现在收到那张拿破仑要求他来滑铁卢增援的字条，可是一切都太迟了。滑铁卢战役必定是一场决定性的战役，可是最后的胜利者到底是谁呢？格鲁希的部队又等了整整一夜，这已经毫无意义了！滑铁卢那边战场再也没有任何消息传来。他们好像已经被这支伟大的军队遗忘了。在伸手不见五指的夜晚，他们迷茫地站着，四周空荡荡的。天亮后，他们拆除帐篷，继续前行。他们每个人都非常疲惫，并且心里都明白，他们的行军不会对整场战役有任何影响。上午十点，终于有一个总参谋部的军官骑马奔驰而来。他们将他扶下马，然后问了他一大堆的问题。可是军官满脸惊恐的神色，两鬓头发也是湿漉漉的，加之过度紧张，他全身颤抖着。从他断断续续的话语中，他们明白了一个事实。尽管他们不愿意承认。他们再也没有皇帝了，不再属于皇帝的军队！法兰西失败了……这时，几乎是所有的人都把这个军官当成疯子、醉汉。他们不愿意相信这个令人沮丧颓唐甚至使人瘫痪的真相。听完了他的报告，格鲁希脸色苍白，浑身颤抖，只能用军刀支撑着自己的身体。他明白自己舍身成仁的时刻来临了。尽管这项任务对他来说有些力不从心，他还是决心一力承担，以弥补自己的过失。这个之前唯命是从的拿破仑部下，在那决定性的一秒中没能看出转瞬即逝的战机，而现在——危险迫在眉睫的时刻，突然变成了一个顶天立地的男子汉，甚至像是一位英雄。他即刻把所有的军官召集起来，发表了一通简短的演讲。愤怒和悲伤的泪水在他的眼眶里打转。他的演讲既为自己的犹豫不决辩解，又深深地自责。那些昨天还在指责他的军官们，此时此刻都默不作声。现在谁都有权利责怪他，谁都可以说自己当时的意见是多么正确。但是没有一个人愿意这么做。他们只是沉默、沉默。突如其来的巨大悲哀让他们都成了哑巴。

错过了那关键一秒的格鲁希，在现在的一小时内将军人的全部力量表现得淋漓尽致。可惜一切都太晚了！当他重新拥有了信心而不再拘泥于成文的死板命令之后，他表现出了一切令人钦佩的崇高美德：审慎、干练、果断、周密、敢做敢当。他居然带领自己的部队从五倍于自己的敌军包围圈中突围了，而且没有损失一兵一卒，没有丢失一门大炮——多么卓绝的指挥家。他要去拯救法兰西，去拯救拿破仑帝国的最后军队。可是当他到达滑铁卢的时候，哪里还有皇帝的身影。没有人感激地紧握他的双手，面前也没有任何敌人需要他消灭。他来得太晚了！永远都太晚了！尽管格鲁希以后又继续升迁，在总司令、法国贵族院议员的职位上都表现得非常能干。可是这怎么都无法替他赎回他优柔寡断的一秒钟。那一瞬间本来可以让他成为命运的主人，而他却错过了。

那决定命运的一秒钟就这样进行了可怕的报复。在世间的生活中，这样的一瞬间是极少降临的。当它无意间降落到一个人身上时，他却不知道该怎样利用它。在命运降临的伟大瞬间，小心谨慎、勤勉能干，这些小市民的美德，都将一无是处，它只会青睐天才式的人物，并使之不朽。命运不屑地把唯唯诺诺、没有胆识的人拒之门外。命运——这个世界上的另一位主导者，只愿用热烈的双臂将勇敢者高高举起，送进英雄们的殿堂。

玛丽恩巴德悲歌

从卡尔斯巴德到魏玛途中的歌德

1823 年 9 月 5 日

内心的记录

　　1823 年 9 月 5 日，从卡尔斯巴德去埃格尔的乡间小道上，有一辆旅行的马车在慢慢行进。在这个秋天的晨曦，辽阔的田野上面是一片湛蓝的天空。田野上的庄稼都已经收割完了，当一阵冷风瑟瑟吹过时，寒意扑面而来。在这辆轻便的四轮单驾马车里坐着三个男人，他们是冯·歌德（这个名字来自于卡尔斯巴德的疗养表格）以及他的两名随从：忠心耿耿的秘书约翰和老仆人施塔德尔曼。冯·歌德是萨克森——魏玛公国的枢密顾问。歌德在新世纪里的全部著作的首次抄写几乎都是由这位秘书完成的。他们谁都不说一句话，这位年迈的老人自从在姑娘们和少妇的簇拥下、在她们深情的祝愿和亲吻下离开卡尔斯巴德以来，就再也没有张开过嘴。他一动不动地坐在车厢里，那全神贯注的正在思索的目光显示着他的内心活动。到达第一个换马站稍作休息时，他下车了，两位同伴看见他匆匆地用铅笔在一张顺手找到的纸片上写着字句。后来，在去魏玛的整个旅途中，无论是在歇宿地还是在车上，他都一直忙着干着这样的事。第二天，刚到茨沃滔，他就一头栽进哈尔腾城堡埋头疾书起来，接下来的日子，不管是在埃格尔还是在珐斯内克他也都是如此。每到一处，他要做的头一件事情，便是赶紧把在马车行驶中斟酌好的词句记下来。此后，他的日记仅仅是非常简略地提到这件事：（9 月 6 日）"斟酌诗句"，（9 月 7 日）"星期日，继续写诗"，（9 月 12 日）"途中把诗又修改润色了一遍"。而当到达目的地魏玛时，整篇诗作也就完成了。旅途中完成的这首《玛丽恩巴德悲歌》，绝不是一首无足轻重的诗，它是晚年时的歌德最重要、最发自心灵深处的诗，因而也是歌德自己最喜爱的诗。这首《玛丽恩巴德悲歌》标志着他勇敢地诀别过去，毅然开始新的起点。

曾经的一次谈话中，歌德称这悲歌的诗句是"内心状态的日记"。也许在他的生活日记中再没有一页会像这些诗句一样把他自己内心感情的迸发，如此清楚、如此坦率地呈现在世人面前。这是一份用悲怆的哀诉和发问真实记录了他内心情感的文献。歌德少年时代那些宣泄自己个人情感的抒情诗都未曾如此直接地发端于某一机缘或是某一具体事件，这是这位七十四岁的老人晚年最深沉、最成熟的诗作，是一首"献给我们的奇妙的歌"，犹如西下的夕阳散射出夺目的光辉。我们再也没有见过他有其他作品能像这首诗一样的一气呵成，节与节之间紧紧相扣。正如他对爱克曼[1]说的那样，这首诗是"激情达到最高峰的产物"，在形式上它同时又和无比高尚的自我克制结合在一起，因而能够把他一生中这最热烈的时刻写得如此坦率而又隐秘。这是他枝叶繁茂、簌簌作响的生命之树上最艳丽的一叶，直至一百多年后的今天，仍然没有凋谢和褪色。9月5日这是值得纪念的一天，这一天将世世代代保存在德国人永久的记忆和感情之中。

---

[1] 爱克曼，德国19世纪著名诗人、散文家，歌德晚年最重要的助手和挚友，著有《歌德谈话录》。

纪念日

那颗使他获得新生的奇异之星，散发的光芒照耀着这首诗，照耀着这个时刻，照耀着这个人。1822 年 2 月，歌德不得不去对付一场重病。连日来的高烧让他的身体难以支持，有时甚至会昏迷不醒。连他自己也觉得病得不轻。可医生们查不出明显的症状，只是觉得情况危急，但又无计可施。值得惊喜的是，正如病得突然那样，好得也很突然。这年 6 月，歌德到了玛丽恩巴德[1] 去疗养，当时他像完全换了一个人似的，就仿佛那场暴病只是一种内心的返老还童——这一"新青春期"的征兆。经过了数十年之后，这个态度严峻、沉默寡言、咬文嚼字、满脑子只有诗歌创作的人，又一次完全只听凭自己感情的摆布。正如他曾经所说的那样——音乐"使他心绪不宁"，每每他听到钢琴演奏，特别是听到施玛诺芙斯卡那样的漂亮的女人弹奏时，他总会泪水泫然。因为深埋的本能欲念会不时地冲动，所以他经常去和年轻人相聚。和他一起疗养的人惊奇地发现，这个七十四岁的老人经常直至深夜还在和年轻的女人们一起散步，他们还看到他在多年没有涉足舞会后又去参加跳舞。他自豪地说："就在女舞伴们变换位置时，大多数的漂亮姑娘都来拉我的手。"就是在这一年的夏天，他那种刻板的禀性神奇地消失了，心扉洞开，整个心灵被那神奇的魔法师——永恒的爱的能力攫住。在日记里可以看到，

---

[1] 玛丽恩巴德，当时波西米亚的疗养胜地，在今捷克境内。

"美梦"、"昔日的维特"在他的心中重新复苏。就如同半个世纪之前他遇到莉莉·舍内曼时那样,和女人亲近,让他写出许多风趣的戏剧、诙谐小品和小诗,而现在究竟该选择哪一个女性,还未确定:起初是那位漂亮的波兰女子,接着又是那个倾注了他全部热情的十九岁的小姑娘乌尔丽克·冯·莱佛佐 [1]。在十五年前他爱慕过她的母亲,并且一年前他还用父辈的口吻亲昵地称她为"小女儿",可是如今喜爱突然变成了情欲,就好像全身都缠上了另一种病,他在这火山般的情感世界中震颤;而这种经历是多年以来他早已没有了的。这个七十四岁的老翁简直就像一个情窦初开的男孩。一听到林荫道上的笑声,马上放下工作,不拿手杖也不戴帽子,就迫不及待地跑下台阶,像一个少年、一个男子汉似的,去迎接那个活泼可爱的女孩,向她献殷勤。于是,一幕浪漫的、结局悲哀的荒唐戏上演了。在同医生秘密商量之后,歌德向自己最年长者的同伴——大公爵诉说了衷肠,请求他在莱佛佐太太面前为自己向她女儿——乌尔丽克求婚。此时,大公爵或许一边回想着五十多年前他们一起与女人们寻欢作乐的那些个疯狂的夜晚,一边在心里幸灾乐祸地暗自窃笑这个被德国乃至欧洲誉为 19 世纪最成熟、最彻悟、最有智慧的哲人。不过,这位大公爵还是郑重其事地佩戴上了勋章绶带,为这位七十四岁的老翁向那个十九岁的姑娘求婚一事而去走访她的母亲。至于她如何答复的,不知其详——看来这位母亲是采取了拖延的办法。因此歌德也就成了一个没有十足把握的求婚者。在他越来越强烈地渴望去再次占有那可心的人儿的青春时,他所得到的不过是匆匆的亲吻和那一般抚爱的言辞。现在这个始终急不可待的人只想在最有利的时刻再做最后一次努力:他痴情地尾随着那个心爱的人,一直从玛丽恩巴德赶到了卡尔斯巴德。然而,到了卡尔斯巴德之后,他那强烈的愿望仍然看不到丝毫成功的希望。夏季就快要过去了,他内心的痛苦与日俱增。终于到了该要离去的时候,他依然没有得到任何的许诺和暗示。现在,在马车滚滚向前时,这位善于预见的人深深地感觉到,自己一生中一件不同寻常的事已经结束了。不过,就在这黯然伤神的时刻,上帝——这位古老的安慰者、心灵最深痛苦的永远

---

[1] 歌德在玛丽恩巴德疗养时寄居在乌尔丽克·冯·莱佛佐家里,朝夕相处,最后歌德向她求婚,没有结果。当时她年仅十九岁。

伴侣——降临到了他的身边。因为这位天才如今已是悲不自胜，而在人世间又得不到安慰，只得向上帝呼唤。就像以前歌德多次从现实世界逃到诗歌世界一样，这次他又选择了遁入诗歌之中——只是这是最后一次罢了。四十年前歌德曾为塔索写过这样两行诗：

当一个人痛苦得难以言表时，
上帝是我最好的倾听者。

为了用独特的方式对上帝这最后一次的恩赐表示感谢，这位七十四岁的老人将这两行诗作为了现在这首诗的题诗，冠在了诗前，表示他奇怪地又经历了这种处境。

此刻，年迈的老人正坐在滚滚向前的马车里苦思默想，正为心中一连串的问题得不到确切的答案而烦闷。清晨，乌尔丽克还和妹妹匆匆向他迎来，在那"喧闹的告别声"中为他送行，乌尔丽克那充满青春气息的、可爱的嘴唇还亲吻他，难道那是一个柔情的吻？还是一个女儿似的吻？她会爱他吗？她会将他忘记吗？正在焦急地等盼着他那丰富遗产的儿子和儿媳会容忍这桩婚姻吗？世人会嘲笑他吗？明年，在她眼里他会不会显得更老态龙钟？纵使他还能再见到她，又能指望些什么呢？

这些问题在他心中翻滚。突然，一个问题，一个最本质的问题演变成了一行诗、一节诗：

如今，花儿还未绽开，
再相逢，期待为何？
在你面前是地狱，还是天堂？
我的心哪，踌躇复踌躇！——

是上帝在让他"倾诉我的烦恼"，于是，所有的问题、痛苦都变成了诗歌。

心灵深处的呼唤——内心强大的冲动都不加掩饰地、直截了当地注入了这首诗中。

这会儿，痛苦又一次涌入水晶般明净的诗节，诗歌把本来杂乱不堪的思绪神奇地变得清澈起来。正如这位诗人每当在心烦意乱、感到"郁闷"时会偶尔举目远眺那样，他在滚动前进的马车里瞭望着波希米亚的早晨——一派恬静风光，一派和平景象，这恰好和他内心的不安形成鲜明的对比，刚刚看到的那些画面顷刻间又进入了他的诗：

世界是否依然存在？悬崖陡壁

晨光中，黑黝黝

岿然屹立在那里？

庄稼早已熟稔？

河畔、丛林和牧场

原野一片片碧绿？

笼罩大地的茫茫苍穹

变幻无穷，如云烟掠过？

然而这样一个世界对他来说实在显得太没有生气了。在这热恋的时刻，他难以自控地会把所见的一切都同那个可爱的倩影联系在一起。于是，记忆中的那个倩影又魔幻似的出现在眼前：

在碧空的薄雾里

一个妙曼的身姿飘荡，

轻盈柔美，纯净明丽。

只需撒拉弗天使 [1] 挥手一拨，

便露出她的神姿；

---

[1] 撒拉弗天使，《圣经》中最高的天使，身上有六个翅膀，是纯洁的象征。

看啊——一个丽人中的佼佼者

婆娑曼舞，多么欢快。

可是这掩饰真人的幻影

仅仅是瞬间的美妙；

回到灵魂深处去吧！

在那里你会发现更多，

她会幻化出无穷的姿影在你心里。

一个身体会塑出许多形象，

千姿百态，娇媚可爱。

　　他刚刚表达了这样的决心，可是乌尔丽克诱人的身姿又浮现在眼前。于是，他用诗描绘着她如何亲近他，如何让他"一步一步地沉浸在幸福之中"，之后她又如何把"最终"地那一吻贴在他的双唇上。这位年迈的伟大诗人一边陶醉在极乐的回忆之中，一边用最高尚的形式，写出这样一节诗篇——在当年的德语和任何一种语言中都无疑是最纯洁的诗篇：

纯洁的心胸啊

热流涌动，

仅仅出于感激，

也心甘情愿将自己献给

更纯洁、更高贵、陌生的人，

向这个难以称呼的人揭开自己心底永久的秘密；

我们称之为——虔诚！

——站在她的面前

我仿佛触摸到了这种极乐的顶点。

　　然而，正是由于这种对极乐境界的回味，这个孤寂的人才饱尝到了现在这种分离的痛苦。这痛苦迸发而出，几乎破坏了这首杰作作为悲歌诗体的那种崇高情调，而完全成为一种内心情感的宣泄。在他多少年来的创作中，只有这一次是自己直接的经历自发地转化为了诗歌。这简直就是感人肺腑的悲诉：

　　如今我已悄然远离！
　　眼前的时光
　　该如何安排？
　　我不知道！
　　她给了我财产，享受美
　　但我必须将它抛开
　　这会成为我的负担。
　　我坐立不安，
　　这无法克制的热望。
　　除了流不尽的眼泪，
　　我还能有什么样的办法？

　　接着，便是那最后的、极其悲伤的呼唤，那喊声越来越激昂，最后几乎到了不能再高亢的境地：

　　忠实的旅伴，允许我留在这里吧，
　　在这青苔上、岩石边、沼泽里，让我独自停留！
　　你们尽管去吧！
　　世界已经为你们开放，
　　广袤的大地，高远深邃的天空，
　　探究、分析、归纳，
　　自然的秘密就会全部敞开。

我已经失去了我自己，也失去一切，

就在不久前，我这个众神的宠儿；

他们检验我，赐予我潘多拉，

她身藏无数珍宝，也暗蓄更多危险；

他们逼我亲吻她的令人销魂的嘴唇，

随后便将我拉开——扔进深渊。

　　这位平日里非常善于克己的人在过往的日子里还从未写过类似的诗句。他在少年时就已经懂得隐藏自己的情感，青年时代的他也知道节制，通常只在写照或是隐喻自己的作品中才象征性地流露一些自己内心深处的秘密。然而，在已步入古稀之年，成为一个白发苍苍的老翁时，他却选择第一次在自己的诗篇中表白自己的情感。五十多年来，在这个多情善感的人、这个伟大的抒情诗人心中，从未出现过比这更激动人心的时刻，比这更难以忘怀的经历，这是他生命中值得纪念的转折点。

上天的赏赐

　　这首诗的产生对歌德本人来说也充满了神秘感，仿佛就是上天的一种珍贵恩赐。回到魏玛家中，他做的第一件事情便是亲手誊清这一杰作——《悲歌》的草稿。在三天的时间里，他就像个修道士一样深居在自己的净修室里，他亲自精选了纸，接着用大字体端端正正地把它抄写完毕，然后秘密地将它藏了起来，甚至不让家中至亲的人和最信赖的人知道。为了不引起可能的非议，他亲自将诗稿装订成册，配上了鲜艳的红色羊皮封面，并用一根飘逸的丝带捆好（后来，他又改用精致的蓝色亚麻布装订了封面，就像人们今天在歌德——席勒资料馆里见到的那样）。那几天他闷闷不乐，情绪也变得极易波动，因为他的结婚计划在家里只招来了嘲讽，儿子甚至公开敌视他。他只能去自己的诗句里寻找那可爱的人儿。

　　这样的日子直到施玛诺芙斯卡再次来探望他时才结束，他开始重温起玛丽恩巴德的那些晴朗的日子里产生的感情，他又变得健谈起来。10 月 27 日，他把爱克曼叫到了身边，用一种非同寻常的庄重语调朗读了这首诗的开头，他对这首诗怀有一种不同寻常的偏爱。这时，仆人在书桌上放了两盏烛台，请爱克曼在蜡烛前坐下来，请他阅读这首悲歌。不久，其他人也逐渐地听到了这首悲歌。当然，只限于那些他最信赖的人，因为正如爱克曼所说，歌德一直像守护"圣物"那样守护着它。

　　随后几个月发生的事情表明这悲歌对他一生产生了特殊的意义。在这之后，他的健康状况一日好似一日，可是不久便出现了衰竭征兆。儿媳妇旅行去了，儿子整日怒气冲冲，因而没有人照顾他，更没人替他出主意想办法。孤独的年迈老人一会儿从床上挪步到扶手椅上，一会儿又要从扶手椅上挪到床上，反反复复，没有一刻安静，看上去他似乎已到了死亡的边缘了。这时，歌德最知心的好友策尔特尔从柏林来了——显然是朋友们将他找来的。策尔特尔深刻感觉到歌德的内心正在燃烧："我觉得，他此刻看上去完全是一个正处在热恋中的人，而在这热恋中他内心备尝了青春的一切苦痛。"策尔特尔怀着"深切的同情"医治着好友心灵的创伤，一遍又一遍不厌其烦地为他朗读这首不同寻常的诗。而歌德听这首诗的时候，从不会觉得疲倦。在痊愈后，歌德写信给策尔特尔说："这真是太奇怪了，你那充满感情的、柔和的嗓音多次使我领悟到我内心爱得是那么深沉，尽管我自己非常不愿承认这一点。"他接着又说："我对这首诗真是爱不释手，我们又恰好在一起，所以你不得不一遍又一遍地念给我听，唱给我听，直到你能背诵为止。"

　　所以，正如策尔特尔说的那样，"就是这支刺伤他的矛治愈了他。"也许人们会这样说：歌德正是用这首诗拯救了自己。他终于抛弃了那最后的一线无望的希冀，战胜了痛苦。他知道自己永远不会再去那个逍遥者们的轻松愉快的游乐世界了——不会再去玛丽恩巴德，也不会再去卡尔斯巴德，和钟爱的"小女儿"过夫妻生活的梦想就此结束了。这位经受了折磨的人此时对命运的新起点完全"断念"了，从此以后，他只属于工作，而在他的生活领域中这时又出现了另一种伟大的境界。他认真地回顾了自己六十多年来的作品，觉得它们零散而破碎，但现在已不可能重新创作。于是，他决定进行一番整理工作。紧接着他就签订了出版《全集》的合同书，获得了版权专利。他把之前荒废在十九岁少女身上的爱的感情再一次奉献给他青年时代的最老伴侣——《威廉·迈斯特》和《浮士德》。他整天精力充沛地写作，从变黄的稿纸上重温着自己年轻时订下的计划。他在八十岁以前完成了《威廉·迈斯特的漫游年代》，八十一岁时又以坚韧不屈的毅力继续他毕生的"主要事业"——《浮士德》的创作。在《悲歌》产生带来的那些不幸日子过去七年之后，《浮士德》完成了。他怀着与对《悲歌》同样的虔诚，把《浮士德》盖印封存起来，对世界秘而不宣。

在最后的"欲念"与最后的"戒欲"之间，在起点和完成之间，在经过那令人难忘的内心转变时刻——9月5日告别爱情的那一天，在经过那悲恸欲绝的哀诉而进入永远宁静的境界，这之间是分水岭。我们可以将那一天称为纪念日，因为此后在德国的诗歌中，再也找不到能把爱情冲动描写得如此出色的诗篇，如同歌德那样将最亢奋的情感倾注进这样强有力的长诗。

黄金的发现

约翰·奥古斯特·苏特尔 加利福尼亚

1848 年 1 月

一个欧洲生活的逃离者

　　1834 年，一个名叫约翰·奥古斯特·苏特尔的人和数百名亡命者一起乘坐一艘美国轮船，从哈弗尔[1] 驶向纽约。苏特尔现年三十一岁，他的原籍吕嫩贝尔格位于瑞士巴塞尔附近。他被指控为窃贼、证券伪造者和破产者，即将被欧洲几个国家的法庭审判，因此，他顾不得妻子和三个孩子，急急忙忙在巴黎弄到一张假身份证和一点钱，开始了逃亡和寻找新出路的旅程。他抵达纽约那天正好是 7 月 7 日，接下来的两年里，他几乎什么事都做过，不管会干不会干，打包工、药剂师、牙医、药材商、开小酒馆，最后他开了一家客栈，生活总算稍微安定下来。可不多久他又将它出售了，着魔似的随着当时一股迁徙洪流转移密苏里州，接下来便在那里经营农业。还好，没有多久他便攒下了一小笔财产，本来可以过上安稳闲适的小日子，可是，老有一些皮货商、猎人、冒险家、士兵，从他的门前经过，他们来来往往，有的要到西部去，有的又从西部来。"西部"这个具有诱人魅力的词就深深印入苏特尔的头脑中。与来往人员的交谈中，大家知道了要到那里去，最初看见的是茫茫的草原，那里野牛成群，人烟稀少，只有红皮肤的印第安人在那里追逐猎物，但更多的时候在草原上走一天有时甚至走一个星期都看不见半点儿人影，接下来迎接大家的是无法攀越的悬崖峭壁，最后才能到达那神秘的"西部"

---

[1] 哈弗尔，法国北部的海滨城市。

土地。谁也说不清楚这片神话般的土地的详细情况，但它的富庶丰饶已是家喻户晓。在那时加利福尼亚是个相当神秘的地方。人们传说在那块土地上，遍地都流着蜂蜜和牛奶，任何人可以随时享用，只不过要到那里去会冒有生命危险的，因为，那是一块无穷无尽的非常遥远的地方。

但是，对于浑身都是流淌着冒险家血液的约翰·奥古斯特·苏特尔来说，安居乐业向来就不能吸引他。于是，在1837年的一天，他组织了一支远征队，用变卖了自己田地和家产的钱，换取了一些马匹、车辆，还有一群美洲野牛。这支队伍从印第奔斯堡出发，踏上那探寻诱人西部的旅程。

向加利福尼亚进军

　　1838 年，苏特尔的牛车上载着三名妇女、两名军官和五位传教士，向茫无边际的远方驶去。他们先穿过一片片荒无人烟的大草原，然后又翻越崇山峻岭，最后向着太平洋海岸的方向前行。一直在路上走了三个月，终于在 10 月底到达温哥华。可是，他们的队伍中，三名妇女在半途中便因饥饿而死去，两名军官在将要到达之前便离开了苏特尔，剩下的五名传教士也分散离开没有继续往前走。

　　现在，只留下苏特尔一个人了，有人替他谋到一个职位，劝他留下住在温哥华，他拒绝了，一切都是没有用的。加利福尼亚就像一个魔鬼，始终缠绕、诱惑着他。他独自一人驾着一条已经破旧的帆船，横渡太平洋，首先到达了夏威夷群岛，然后他沿着阿拉斯加的海岸继续航行，经历千难万险后，终于在一个荒凉地方登陆，这便是圣弗朗西斯科。当年的圣弗朗西斯科仅仅是一个贫穷的渔村，更不是加利福尼亚[1]的主要城市，甚至连它的名字也都是跟着弗朗西斯教派的传教站叫起来的呢。而今天，圣弗朗西斯科在经历一场大地震后，飞速发展，已经成为拥有几百万人口的大都市。而当时的加利福尼亚也仅仅是墨西哥的一个偏僻省份。那里一片荒芜，无人管理，是当时美洲新大陆板块上最富庶的地区之一，只是它还是一块未开垦的处女地。

---

[1] 加利福尼亚，先后是西班牙和墨西哥的领地，1850 年正式成为美利坚合众国的一个州，1906 年遭到特大地震。以土地肥沃、气候温和、物产丰富闻名于世。

西班牙由于没有任何权威统治使得混乱局面加剧，到处是暴乱，人畜匮乏，百废待兴，但是没有一股强大的励精图治的力量。苏特尔一来到这里便租了一匹马，他骑马考察了肥沃的萨克拉门托山谷。仅仅一天时间，他便全部搞清楚了：眼前的这片土地，不仅可以建立一个大农场，发展一座农庄，甚至完全可以建立一个王国。第二天他又骑马来到一座十分简陋的首邑——蒙德来。他毛遂自荐，向阿尔瓦拉多总督讲明了来意，他想要开垦这里的一片土地，他计划从夏威夷群岛领来卡拿卡人，而且他要让这些勤劳的人自愿从那里迁徙到此，然后他要在这一片土地上为他们建立移民区让他们长期定居，最终建成一个名叫新黑尔维喜阿[1]的小王国。

"为何要叫新黑尔维喜阿呢？"总督好奇地问。

"我是瑞士人，同时也是一个共和主义者。"苏特尔干脆地回答。

"好吧，我把这片土地租让给你，租期十年，你想怎么干就怎么干。"

你瞧，事情很快就办妥了，协议签订完毕。谁能料想到，在一个远离文明的十分遥远的地方，一个普通人的努力会获得回报，这是一种同在家里完全不一样的报偿。

---

[1] 黑尔维喜阿，瑞士的旧城。

小王国

1839 年，一行载满货物的队伍行进在萨克拉门托河岸，并缓慢地向上游前行。走在最前面的是苏特尔，他骑着马，腰上别着一支火枪，他身后紧跟着两三个欧洲人，后面是一百五十名卡拿卡人，他们都穿着短衫背心，干练而坚毅。接着是三十辆牛车，载满粮食、种子、日常生活用具和枪支弹药，紧随着的是五十匹马、七十五头骡和一大群奶牛、绵羊，最末尾是一支小小的后卫——这便苏特尔用来征服新黑尔维喜阿的所有人马。

刚一来到这里，他们就开始了自己的工作，他们焚毁树林，浓浓的巨烟和滚烫的火焰在这些人面前升腾，这是比砍伐更为省时省力的简便方法。巨大的火焰刚熄灭，树墩上还残留着余烟，他们便动手了，建造房屋仓库和牛羊的圈栏，挖掘水井便利生活和生产，在无须耕犁的肥沃田地上撒下种子。家园不断地扩大，渐渐地那些由传教站开辟的偏僻殖民地的居民主动迁移过来。

时运颇佳，收获丰硕。播下去的种子以五倍的成果回收。仓库里粮食满满的。不久，牲畜也积聚繁殖，数量不断增多。然而，在这片土地上生存还会碰到不少困难，当地土著人不时地来侵犯这片欣欣向荣的殖民地。因此，苏特尔要组织大家勇敢地进行讨伐。尽管这样，新黑尔维喜阿的疆域还在不断拓展，兴建了许多水渠河道、创办了一些磨坊工场和海外商店。每天都有许多船只在江河上来往穿梭。苏特尔的这个小王国不仅要供应温哥华以及夏威夷群岛的需要，而且还要供给所有在加利福尼亚停泊的帆船的需要。他开始学会种植水果——今天这些加利福尼亚水果已经誉满全球。他还引进法国和莱茵河的葡萄，水果在工人们的管理下长得非常繁茂，没有几年时间，遍地都是结满果实的葡萄藤。至于苏特尔本人，他给自己建造了许多高档的房屋和华丽的庄园，他花费一百八十天的时间从不远万里的巴黎运回来一架普莱耶尔牌钢琴；动用六十头壮牛横跨整个新大陆，从纽约运回一台蒸汽机。他把大量的钱财存在别的国家的那些最大的钱庄银行里，在英国和法国他都能得到信贷。现在，苏特尔已经年逾四十五岁了，事业正处在胜利的顶峰。闲时他想起了在十四年前，自己把妻子和三个亲生孩子扔下离家出走。他想请他们到这里来，他给他们写了几封信，邀请他们到这块属于他自己的领地上来。因为他觉得自己是新黑尔维喜阿的主人，这里的一切都掌握在他的手中，他现在是世界上最阔绰的富翁之一，而且他希望永远富裕下去。之后，美利坚合众国也从墨西哥手中争夺得了这块放任不管的殖民地，把它并入自己的版图，这样便更有安全和保障了。若干年后，苏特尔的确实现了梦想，成为世界上最富有的人。

带来厄运的一铁锹

　　1848 年 1 月，詹姆斯·威尔逊·马歇尔——约翰·奥古斯特·苏特尔家的一个细木匠，突然间心情激动地连蹦带跳冲进他的家里，一定要跟苏特尔谈一谈。就在昨天苏特尔才刚刚把马歇尔派到柯洛玛自己的农庄去，让他在那建立一个新的锯木场，现在他却在没有得到允许的情况下返了回来，苏特尔十分惊诧，因为这是以前从没发生过的。而站在苏特尔面前的马歇尔哆嗦着异常激动，他将苏特尔推进房间，砰地锁上房门，慌忙地从口袋里掏出一把沙土，这些沙土中夹杂着少许黄色颗粒，他认为这可能就是黄金，可是别的工人却嘲笑他痴人说梦，昨天掘地时他突然注意到沙土中这种奇怪的金属。苏特尔顿时变得严肃认真起来，他拿着这些颗粒专门去做了分析试验，事实证明的确是黄金。他决定第二天和马歇尔一起骑马到那个农庄去。令人难以想象的是这个木匠师傅就在当天夜里悄悄地冒着暴风雨独自骑马回到了农庄，他急不可耐地想要亲自来证实。他是被狂热所攫住的第一人，不久这种可怕的狂热便席卷了整个世界。

　　第二天早晨，苏特尔上校骑马到达柯洛玛。他让工人堵截水渠，仔细检查那里的泥沙。很简单，人们只需用滤筛把泥沙轻轻来回摇晃几下，那些黄金小粒就在黑色的筛网上闪闪发亮了。苏特尔召集了自己身边的几个白人，神色凝重地告诫他们，要发誓保守秘密，一直到锯木场建成。之后，他骑马快速返回自己居住的农庄，他面容镇定神情严峻，内心里却无比兴奋激动：在人们的记忆中，还没有一个人能这样轻而易举地便得到黄金——黄金竟会自己暴露于地面上，出现在这片属于他的土地上，这是他苏特尔的财产。这一夜胜过十年：他很快就能成为世界上最最有钱的人。

狂热的人们

　　世界上最最有钱的人？不——后来他竟成了地球上最可怜、最贫穷、最绝望的乞丐。纸是包不住火的，仅仅过了八天，秘密便被泄露出去，是一个女人——唉，总是女人！——对一个过路人讲了此事，最可怕的是她还给了这个人几粒黄金。接着一件史无前例的事情发生了。苏特尔手下的工人们一夜之间便全都扔下了自己的工作，铁匠们从铁炉旁跑出来，牧羊人离开了羊群，种葡萄的跑出葡萄园，士兵们卸下枪支，所有的人都像着了魔似的拿起筛网和煮锅，急急忙忙向锯木场飞奔而去，然后废寝忘食地从泥沙里淘黄金。整片整片的土地就被人弃置荒废，没有人去给奶牛挤奶，牛羊有的在那里大声嗷叫，有的甚至倒在地上死去；圈养的野牛冲破了栏圈，任意践踏着农田；成熟的麦子全枯烂在秸秆上；谷仓空了并且慢慢坍塌了；奶酪工场也停了工；轮盘联动装置满身灰尘静静地躺在工场里。而电讯却每天都在不停地传播着此处发现黄金的好消息，于是人们络绎不绝，涉过陆地，越过海洋，不辞劳苦从各城市、各海港拥来。水手们自愿离开自己的船只，政府的公务员擅自离开自己的岗位，有的步行，有的骑马，有的坐车，淘金者组成长长的望不到头的队伍，带着他们狂热的发财梦从四面八方拥来。这些像蝗虫一样的淘金者，他们只相信拳头，不在乎任何法律；他们只相信自己的左轮手枪，不遵守任何法令。他们随意屠宰苏特尔的奶牛，拆掉那些完好的谷仓，盗窃了工场的机器，糟践苏特尔的耕田，并盖起自己的房子定居下来。没有人敢对这群亡命之徒说一个不字，他们自命为这里的主人，在这块原本欣欣向荣的殖民地上，这群放荡不羁、残暴冷酷的金钱的狂热崇拜者留下了肮脏的行迹。恰似米达斯[1]国王最后差点儿憋死在自己点化的黄金中一样，一夜之间，约翰·奥古斯特·苏特尔就被他的黄金折腾成一个乞丐。

事情并未结束，这股空前狂热的追逐黄金的风暴反而愈演愈烈；消息从一个国家传到另一个国家，最后传遍了整个世界。仅从纽约驶来的船只就超过一百艘，在1848年和之后的三年里，冒险家大批大批地从英国、德国、法国等地接踵而至。有些人甚至绕到合恩角[2]而来，但对那些最急不可待的人来说，这样一条线路无疑是太遥远了，他们选择了一条常人想不到的更危险的道路：直接穿越巴拿马地峡。一家公司办事非常果断，迅速开始在地峡兴建起一条铁路，然而铺设这条铁路是一个浩大的工程，成千上万的工人累死或因寒热病而死，这仅仅能节省三四个星期的路程，那些心性急躁的人，为了早日得到黄金，他们陷入了一种不自觉的罪恶中。世界上不同种族的人操着不同的语言组成无数支庞大的队伍怀揣着金钱的美梦横越过美洲大陆，源源不断地从四面八方而来。就像在自己的土地上一样，他们自由地在约翰·奥古斯特·苏特尔的地产上挖掘黄金。这些互不相识的人甚至在彼此出售着自己占有的土地和田产——在这一片本是属于苏特尔并由政府签署过公文证明的土地上。在圣弗朗西斯科的土地上一座城市正以梦幻般的速度矗立起来，苏特尔的王国——新黑尔维喜阿这个名字消失了，取代它的是迷人的字眼——黄金国、加利福尼亚。

约翰·奥古斯特·苏特尔彻底破产了，他两眼直愣愣无助地看着这种豪夺，无奈而苦涩。刚开始，他还想去跟他们理论、同他们争夺，他想联合自己的仆人和当初跟随他的伙伴们一起夺回这份财富，但是所有的人早已离开了他。于是他只好选择从淘金区退身出来，回到一座与外界隔绝的山麓农庄，他回到自己的农

---

[1] 米达斯，希腊神话中的佛律癸亚国王，贪恋财富，求神赐予他点物成金的法术。狄俄尼索斯神满足了他的愿望。最后连他的爱女和食物也都因被他手指点到而变成金子。

[2] 合恩角，南美洲的最南端，也被看作是大西洋和太平洋的分界线。

庄过着隐居的日子，远离这条该被诅咒的河流和这不纯净、不圣洁的泥沙。他的妻子领着三个已经成年的孩子来到农庄，和他相聚，但是过不久妻子就因旅途疲劳而死去。让他高兴的是三个儿子现在每天陪在自己的身边，他们父子加在一起就有八条胳膊。约翰·奥古斯特·苏特尔带着他的儿子们重新开始农业经营；他再次振作精神，不怕劳累，默默地、坚毅地干着，在这块丰腴肥沃的土地上，他们一边劳作，一边又孕育着一项新的宏伟计划。

诉　讼

1850 年，加利福尼亚已完全归并到美利坚合众国的版图。这块被黄金迷住了的土地，在官方的严格治理下，终于变得有秩序。随着财富的叠加，无政府的自由状态不存在了，法律终于在这片土地上获得了应有的权力。

权力同时也敲醒了约翰·奥古斯特·苏特尔，他突然向政府提出了自己的权益要求。他认为州政府有责任赔偿他那些被盗贼窃取的所有财产，对所有从他私人土地上挖掘出来的黄金，他要求要回自己应得的那份，更重要的是要把圣弗朗西斯科城所属的全部土地的拥有权归还他，他认为这是充分合法的，因为他有政府的文书。一场复杂的跨国诉讼开始了，此案所涉及的范围之广在人类历史上是空前绝后的。一万七千二百二十一名农民在他的种植区安家落户，约翰·奥古斯特·苏特尔，要求这些人从私自强占的土地上搬走，对他私人兴建的那些道路、桥梁、水渠、河堤、磨坊等，他向加利福尼亚州政府提出两千五百万美元的赎金，另外，他要求联邦政府对他的农田遭受破坏的进行赔偿，金额也是两千五百万美元。为了赢取这场官司，他特意把二儿子埃米尔送到华盛顿的大学去学习法律，他用了四年的漫长时间才完成所有上诉的法律程序，并且投入了巨大的资金，他几乎把自己和儿子们新开辟的农庄中的全部收入都耗在这场复杂的官司上。

1855 年 3 月 15 日，这是一个引起全世界关注的日子。最终审判的时间盼到了。加利福尼亚州的最高长官汤普森先生是位廉洁奉公的法官。法庭最终做出了裁决，约翰·奥古斯特·苏特尔的要求是完全合法的，他对这块土地的权益要求是任何个人和政府不可冒犯的。

直到这一天，目标终于实现了，约翰·奥古斯待·苏特尔再次成为全世界公认的最最富有的人。

结　局

　　这个世界上最最富有的头衔给他带来了灾难。命运又一次捉弄了他，这一致命的打击使他再也没能翻身起来。他的不幸和惨败使他彻底成为一个最最贫穷的乞丐。判决的消息公布之后，一场大风暴席卷了圣弗朗西斯科乃至整个加利福尼亚。难以计数的人成群结伙天天举行暴动。判决触怒了大批的人，他们感到自己的财产将要遭到剥夺、街上的游手好闲之徒和一贯以抢劫滋事为乐的流氓团伙不断冲进法院大楼，纵火烧毁并千方百计寻找那位法官，之后要将他处死。他们集结起来，浩浩荡荡、气势汹汹地来到约翰·奥古斯特·苏特尔的农庄，掠夺了全部财产。苏特尔的长子被匪徒围困走投无路下开枪自尽了；他学法律的二儿子被人暗地杀害；他的三儿子侥幸逃出，然而在回家的路上被海水淹死了。新黑尔维喜阿的土地上破败不堪，到处是火海，苏特尔的农庄早已被烧毁，田地、葡萄园被踩踏得乱七八糟，所有的家具器物、珍贵的次珍贵的甚至不珍贵的都被洗劫一空，一切都化为乌有。苏特尔自己总算是捡回了一条命。

　　这一次彻底的打击后，约翰·奥古斯特·苏特尔变成了一个一无所有、彻头彻尾的乞丐，妻子儿子都已死去，事业全没有了，他神志混乱头脑不清，根本不可能东山再起了。他，现在，在他已变得一塌糊涂的脑子里，唯一的一个念头不时地在回旋：去求取法律援助，再次打官司。

　　之后有二十五年，每天大家都可以看到一个衣衫褴褛、精神错乱的老人游荡在华盛顿的法院大厦周围。他总是穿着一双破旧的"将军"鞋、肮脏的外套发出刺鼻的气味，法院办公室里的所有人都认识他。这次，他要求得到几十亿美元的赔偿。有一些冒险家、投机者，还有律师，不停地怂恿苏特尔去重新再打一场官司，目的是想捞走苏特尔最后的一丁点儿养老金。其实，苏特尔本人并不想得到钱，他现在对金钱已十分憎恨，正是黄金使他变得一贫如洗，是害人的黄金夺走了他的三个儿子，黄金毁掉了他的幸福、毁灭了他的人生。他只是想在法律面前争回自己的权利。他怀着满腹的不平与愤怒，坚持为捍卫自己的权利斗争，他变得偏执狂乱。参议院他去申诉，国会他也去申诉，那些形形色色貌似帮他忙的人取得了他的信赖，这些人让他穿上可笑的将军制服来寻开心。像傀儡一样，不幸的他被这些人牵着从这个官署转到那个官署，从一个国会议员来到另外一个国会议员，就这样一直奔波了二十年。从 1860 年到 1880 年的二十年，约翰·奥古斯特·苏特尔度过了凄惨的、乞讨似的二十年。他日复一日年复一年地在国会大厦周围盘桓，官吏们嘲笑他，街头少年捉弄他拿他开心。而他自己，就是世界上最富饶的那片土地的所有者，这个富饶王国的第二座大城市正崛起在他的土地上，并且日新月异地，不断地发展壮大。苏特尔这个让所有人讨厌的家伙始终在孤独中等待着。1880 年 7 月 17 日下午，他终于等不到了，心脏病猝发，他倒在国会大厦的阶梯上，这下万事皆休了，人们把这个乞丐的尸体抬走。就在这个死去了的乞丐的衣袋里，却藏着一份申辩书，上面明确要求按照世间的一切法律条例偿还他和他的继承人应得的财产，这是一笔迄今为止人类历史上最巨额的财产。

时至今日，没有任何人要求获得苏特尔的这笔遗产，也没有任何一个后裔提出过这一要求。那一大片土地还始终属于一代代陌生的别人，圣弗朗西斯科依然矗立着，在这里还从未讨论过什么权利问题。有且只有一个人，一个名叫布莱斯·桑德拉斯 [1] 的作家给了约翰·奥古斯特·苏特尔一点点权利——这个被人忘却了的人——一生命运中得到的唯一权利，那便是后世对他偶尔惊诧的回忆。

---

[1] 布莱斯·桑德拉斯，祖籍瑞士的法国作家、诗人。他的散文作品《黄金》描述的是加利福尼亚的移民开发，其中有关于苏特尔的记载。

英雄的瞬间

圣彼得堡 谢苗诺夫斯基校场

1849 年 12 月 22 日

陀思妥耶夫斯基

夜里他们把他从睡梦中拽醒，

地牢里到处都是军刀的声音，

嘈杂的呵斥；影影绰绰

幽灵般飘荡着令人恐惧的黑影。

他们推搡着，前面，长长的过道

幽深阴暗，阴暗幽深。

铁门闪发出刺耳的声响，铁车门里银铛铿锵；

霎时他感觉到空气的凝固和冰凉。

一座滚动的墓室，那辆马车已候在那里，

来不及思索便被推进车厢。

身旁有九名同志，

全都戴着冰凉的脚镣手铐，

一个个沉默着，脸色惨白；

没有声音，

因为谁都知道，

这辆车要去往何方，

脆弱的生命正被维系在
滚滚而过的车轮的
辐轴上。

吱嘎——吱嘎，马车停下，
车门再次发出撕心的声响；
一片暗浊的世界
用呆滞困倦的目光
穿过栅栏扫视着他们。
四方形广场被房屋包围着，
低矮、肮脏的屋顶，一层冰霜单调地平躺，
四方形里堆堆积雪，跌跌撞撞。

雾气低沉喑哑，
带着面罩的刑场，
只那涂着金色的教堂边上
透来一丝清冷的血色霞光。
静默着自然成为一排。
一名年轻少尉用冰冷的腔调宣读：
因图谋武装暴动处以死刑，
死刑！
死，这块黑色巨石
落入静寂的冰面
砰！一声巨响
粉碎一切传来的是虚空的回音，在这冰冷的、寂静的黎明消逝
静默在坟茔之中。

眼前来的一切

就像一个梦，

一切都将结束要告别，永远道别。

一个士兵直着腿走上前，不声不响地

那件写着死亡符号的白衣衫迅速为他披上。

他与同伴们向世界最后告别，

无言的呐喊、热切的目光，

牧师穿着长袍神情肃穆递上十字架顺便做了手势，

他轻吻了耶稣的挂像；

他和那九个同伴三个一组

被分别捆绑在死刑柱上。

一个哥萨克士兵抢前一步，

例行公事地要蒙住他正对着步枪的双眼。

他贪婪地

使劲望着这个灰色的小小世界——

他知道：这是他一生中的最后一眼。

教堂的尖顶在晨曦中泛着红光：

朝圣的彩霞

氤氲着整座教堂。

像是赐予他去向天国的最后晚餐

望着教堂，有一股幸福暖流涌来

死的那边不就是神吗？……

一片漆黑他们蒙住了他的双眼。

然而在他心底

热血奔腾。

千变万化的幻境呈现

生活的镜像

纷纷浮现。

他想，

就在这短暂的一秒钟

往事一件件浮现

人生的画卷全部展开

呈现在他的眼前；

孤寂、乏味、单调的童年，

父母、哥哥、妻子，

三般友谊，两盏欢愉，

一场天上富贵梦，几尊人间屈辱；

远逝的青春年代

画卷顺着血管铺延。

在他被绑上刑柱

那短暂的一秒钟之前，

他在心底深处还能感觉到自己的存在。

现在，只有思念

把它那沉重的暗影占满他的魂灵。

有个人向他走来，

那像触角般可怕的、悄无声息的脚步，

近了，更近了

黑暗中他感知到他胸口那只没有温度的手，

心跳减弱……越来越弱……甚至不再

搏动——

不到一分钟——心脏也就永远安息

哥萨克士兵们

排成射击的队形严肃地在对面码着……

装枪的皮带松垮地甩到一边……子弹推上枪膛……

促急的鼓点想要把空气震碎。

这漫长的一秒钟胜过千万年。

住手!

突然，一声长喊。

一名军官急匆匆走上前，

闪开手中的一页白纸，

一个清脆响亮的声音

刺破沉寂的煎熬：

沙皇旨意

慈悲为怀

撤销死刑

驱逐流放。

这些突如其来的话语

有点蹊跷：他难以明白其中的奥秘，

只有那血管里的血

开始又变得鲜红，

流动着，轻轻歌唱着。

死神

从发僵的四肢关节迟疑地爬出，

蒙着的双眼前虽然还是漆黑一片，

但光明正在迎面而来。

执行官
解开绑绳，默默地
从他灼痛的太阳穴上
撕下紧缠着的白色绷带
像撕掉皴裂的白桦树皮。
刚刚从墓穴出来，两眼恍恍惚惚
光亮刺痛，无法目视
朦朦胧胧重新看见了
这个差点要永别的世界。

他抬起头
前面那座教堂的金色屋顶
在冉冉上升的朝阳中
焕发出神秘的红光。
朝霞似成熟的玫瑰
正带着虔诚的祈祷在那金色屋顶的周围攀缘，
顶柱上闪闪发亮
一只手，钉在十字架上
高高向上，举着一把神圣的利剑，
红彤彤的云端。
映照在教堂上方，
在辉煌的曙光中上帝的殿堂缓缓升起。
霞光的巨流
如波浪翻腾
涌向极乐的九天之上。

团团的雾霭升腾

带走了

压在世人心里的全部黑暗，

在神的黎明光辉里消融。

无数个声音从深渊迸出，

千万个人在一起悲诉。

他平生第一次听到

藏匿人间的全部苦难，

痛苦不堪的哀怨

穿过大地，向上苍疾呼

他听到了孱弱者的呼声：

错误地以身相许的妇女们的声音、

备遭羞辱独自哀叹的妓女们的声音、

始终饱受欺凌的弱者的怨愤声、

从没享受欢乐的孤独者的默哀声，

孩子们的啜泣声、哭诉声、

那些被欺诈诱奸的柔弱女子的悲怆哭叫声。

他听到了一切

受苦受难者的声音

遗弃、侮辱、毫无人性。

那些奔走在尘埃里的殉难者的声音，

他听到他们所有人的声音

冲上浩大的穹庐

以高亢的声调。

他仿佛又看见

只有痛苦飘然向上帝飞去，

沉重、极少幸运的生活

依然拽住他们，在脚下的土地。

然而，地面上苦难者齐声的倾诉和哀号

节节袭进，

高空中愈来愈亮；

他知道，

上帝他会听到——听到所有的声音，

天空中已经响起慈悲之声！

上帝不会给可怜的人判刑，

怜悯永存于他的心。

瘟疫、战争、死亡、饥饿在人世间到处流行，

而对于他，这个从死亡那里逃生的人

遭受苦难反是乐事，而幸运却成为苦痛。

可爱的天使

已光临大地

爱的圣洁光辉

抚慰着大地上颗颗正在寒战的心。

他忽然像跌倒似的，

双膝下跪。

他真实地感觉到

整个充满苦难的世界。

他浑身战栗，

面部抽搐，

口吐白沫，

幸福的泪行

染湿了白色死囚服。

他深深体味到

在亲吻了死神那涩楚的嘴唇之后

才能感受到生的甜蜜。

他的灵魂渴望再次去受刑，

这次他清楚地意识到，

这一秒钟里，他

正如千年前被钉在十字架上无声的耶稣一样，

在与死神痛苦地亲吻之后

又因受难而去爱生活。

士兵们用力把他从刑柱上拉下来

他的脸色死人一般苍白。

他们粗暴蛮横地

把他踹回囚犯们的队列。

他陷入了沉思

目光迥异，

是卡拉马佐夫把那丝苦笑

悬挂在他抽搐的嘴角。

越过大西洋的电缆

赛勒斯·韦斯特·菲尔德

1858 年 7 月 28 日

新的节奏

在人类这种特殊生物踏上地球的千百万年间，除了奔跑的马、滚动的车轮、划桨的船或扬风的帆船之外，地球上还没有出现速度更高的连续运动。在世界历史上所记载的一切技术进步，都未能明显提高运动的节律。华伦斯坦军队的行进速度并不比恺撒大帝的军团迅速，拿破仑的军队也并不比成吉思汗的骑兵快。纳尔逊的三桅战舰与维金人的海盗船和腓尼基人的商船相比，只是快一点点。18 世纪的歌德旅行时并不比世纪之初的使徒保罗舒服得多和迅速得多。拜伦爵士[1] 在他的《恰尔德·哈罗尔德游记》中每天走过的路程也不比奥维德[2] 流放到黑海东岸时所走的路程多。国与国在空间、时间上的距离，罗马帝国时代和拿破仑时代是相同的，并没有缩短；人们的意志仍然无法战胜物质的抗拒。

直到 19 世纪，地球上速度的节律和极限才得到根本性改变。在 19 世纪的头十年和 20 年代，国家与国家间、各族人民间的往来速度就已大大超过了以往几个世纪。有了火车和轮船后，从前需要数天的路程，一天之内就能完成；从前要走无数小时的路，只要几刻钟甚至几分钟就能解决。然而，尽管这种火车和轮船带

---

[1] 拜伦爵士，即英国浪漫主义文学的杰出代表乔治·戈登·拜伦。他出生于没落的贵族家庭，二十一岁的时候游历了西班牙、葡萄牙、希腊等国。在旅途中创作了《恰尔德·哈罗尔德游记》，以记述自己的见闻和异国风光。
[2] 奥维德，古罗马诗人，作品有《变形记》等。五十多岁时，被流放到黑海东岸的托弥，十年后忧郁而死。

来的新速度让当时的人们无比自豪，但这种发明还属于可以理解的范围——这类运输工具无非是将迄今为止已有的速度提升到五倍、十倍、二十倍，它们的外观和内容仍然是能够捉摸的，所创造的所谓奇迹也是可以解释的。但当电气设备首次出现的时候，它们所产生的效果就完全无法预料了。电——这个赫克勒斯[1]，当还在摇篮时期就推翻了此前的一切定律，破坏了一切原来行之有效的标准。电报的最初效果给当时的人们带来的惊奇心情，我们这些后来者无论如何都是体验不到的。正是这种小的几乎感觉不到的电火花——它昨天还只是莱顿瓶里发着噼噼啪啪的声音，只能产生手指节骨那么一英寸长的电花，现在竟然能越过陆地、高山和所有的大洲。一个几乎还没有想好的念头、一个墨迹还未干的字，就能在一秒钟内被几千里外的地方所获悉、读到和了解。这种昨天还只是实验室里玩具般的仪器——刚刚能够通过摩擦玻璃片吸住一些小纸片，现在竟然获得了比人的体力要大几百万倍乃至几亿倍的力量和速度，它能够照亮街道和房屋、驱动有轨电车，并且像精灵一般能在空中倏然飘过。这使当时的人们惊愕不已，振奋不已。电的发现，让空间和时间的关系发生了有史以来最具决定性的变化。

1837年在世界历史上具有重要的意义。就在这一年，以往彼此隔绝的人类通过电报第一次同时获知了世界上发生的事，可惜的是，我们的教科书中很少提到这一年，而总是不惜笔墨地去叙述国家间的战争和军事将领们的胜利，然而，这才是人类真正的胜利——因为这是人类共同的胜利。就广泛的心理影响而言，近代史上再也找不到哪一个日期能与电报发明所带来的划时代意义相比拟。自从在阿姆斯特丹、那不勒斯、里斯本、莫斯科发生的事能在同一时间让巴黎知道之后，世界的面貌有了根本的变化。只需再迈出最后一步，就能把其他各洲也纳入这庞大的联系之中，进而创造一种全人类的共同意识。

然而，这种最后的统一还面临着一个障碍：二十多年来，被重重大洋隔绝的国家还依然没有电讯联系。在陆地，电线杆子上的电报电线在绝缘的瓷瓶的"保护"下，电流才可以毫无阻碍地传送，而海水却能导散电流。在水中铺设电缆是不可

---

[1] 赫克勒斯，希腊神话中的大力士。

能完成的任务，除非能够发明一种能使铜丝和铁丝在水中绝缘的物质。

幸亏随着时代的进步，一种非常有效的物质诞生了。在发明电报的短短几年之后，一种可以使电线在水中绝缘的特效材料——古塔胶就被发现了。于是将欧洲大陆对岸最重要的国家——英国和欧洲大陆连接起来变成了现实。一位名叫布雷特的工程师在当时铺设了第一条海底电缆——此后，布莱里奥在同一位置驾驶一架飞机第一次飞越海峡——只是因为一个笨蛋干了一件蠢事，这件眼看就要成功的事不幸流产：一个叫布伦的渔民将已经铺设好的电缆当成了一条特大的海鳗而捞了出来。不过，第二次试验终于在 1851 年 11 月 13 日获得了成功：英国和欧洲大陆联系在一起了。从此，欧洲真正成了欧洲，就如同一个人——用一个心脏、一个大脑同时经历着时代的一切变化。

十年时间在人类发展史上就像眼睛一眨，可就在这短短的几年人类取得了巨大的成果。毫无疑问，在当时它唤起了那一代人的无限勇气。人们紧接着的一切试验也相继都获得了成功，而且速度像梦一般的快。只有几年的工夫，英格兰和那边的爱尔兰，瑞典和丹麦，科西嘉和欧洲大陆，都建立起了电报联系。与此同时，人们已经开始酝酿把埃及和印度也同欧洲的电报网联系起来。然而，世界上另一个大洲、恰恰也是最重要的一个洲——美洲在这时还被排斥在外。因为无论是太平洋还是大西洋，它们都是如此的浩瀚，一根电线是怎样也跨越不了这样两个大洋的，而要在茫茫大海上设立中间站也是根本不可能的。在电发明的伊始，各种因素尚未为人所知——海洋的深度尚未测出，人们对海洋的地质结构也只是大致了解。电线在这样的深度进行铺设，能否承受得住海水的压力，对此人们还没有进行过试验。就算从技术的角度看，将这样一条长得几乎没有尽头的电缆在这样的深度铺设是可能的，那么，又从哪里找到这样一艘巨船来运送这两千海里长的由铜和铁合成的电缆呢？又从哪里弄到这样大功率的发电机能把电流不间断地输送过这么长的距离呢？要知道，连轮船至少也得横渡两三个星期才能到达对岸。在当时，所有的这些条件都不具备。况且人们还不清楚大洋深处的磁场是否会引起电流失散；当时也没有绝对可靠的绝缘材料，也没有精确的测量仪器……此刻，人们仅仅知道电的最初定律。当有人刚提出这项横越大洋的电缆计划时，有不少学者激烈反对，摆摆手说："不可能！绝对不可能！"纵然是当时最有魄力的技术专家，也说："也许将来能办到吧。"就是莫尔斯本人——电报能够广泛采用归功于他的伟大发明——也认为这是不可思议的冒险。但他预言，如果横越大西洋的电缆能够铺设成功，那将是本世纪最显赫的壮举。

正当学者们普遍迟疑犹豫的时候，一个并非学者出身的人靠着自身淳朴的勇气推动了这项计划。而像大多数情况一样，这次也是偶然的巧遇。1854 年，一位叫作吉斯博恩纳的英国工程师为了能提前数日获知船只航行的消息，决定铺设一条从纽约通往美洲纽芬兰的海底电缆，但因为他的财源已告枯竭，所以工程不得不在中途停止，此后他就前往纽约寻找金融家们的支持。纯属偶然的机会——世界上许多的丰功伟绩都是巧遇而产生的——他在纽约遇到了一个叫作赛勒斯·韦斯特·菲尔德的青年，这位传教士的儿子经商很成功，腰缠万贯，虽然风茂年华，却早已是一个殷实的富豪，当时正隐居在家。然而，长期无所事事让他很空虚，旺盛的精力无以寄托。吉斯博恩纳想争取这位赋闲的菲尔德的帮助，以便铺设完从纽约到纽芬兰的电缆。但菲尔德既非技师又非专家——人们或许会说：幸亏他什么也不是，他对电一窍不通，也从没见过什么电缆。然而，这位传教士的儿子有着美国人富于冒险的精神和美国人对信念的执着。在这位专业工程师吉斯博恩纳还着眼于直接的目标——将纽约和纽芬兰连接起来时，这个充满灵感的年轻人却已把目光投向了更远的地方——为什么不能把纽芬兰连接上之后随即通过海底电缆把爱尔兰也联系起来呢？于是菲尔德立刻决定要以排除万难的决心着手进行，从那时起他毅然决然地为实现这一事业奉献了自己全部的精力和所有的财产。在那几年里，菲尔德横渡大西洋往返两大洲之间达三十一次。决定性的火苗就这样被点燃了，从而使创造奇迹的新的电的力量和生活中最强有力的动力——人的意志结合了起来，由此产生了爆炸性的力量。一个个体找到了自己的人生使命，同时使命也找到了它需要的人。所以说，一桩奇迹抑或一项非凡事业要获得成功，人对这一奇迹本身的信念通常是占第一位的。

筹 备

　　赛勒斯·韦斯特·菲尔德以难以置信的精力投入了这一事业。他同所有的专家建立了联系；并恳请相关政府给予开发权；后来为了筹措必要的资金，菲尔德在欧美两洲举行了一场征集活动。这位名不见经传的人内心的信念是如此执着，他对电是一种创造奇迹的力量所抱有的信心是如此坚定，以至于他所发出的冲击力竟是如此巨大和强烈。几天之内，他就在英国完成了三十五万英镑的原始资本的认购。其实，只要把曼彻斯特、利物浦和伦敦的这些最有钱的商人邀集在一起，就足够创办这家电报建设和维修公司了。可是在认购股份者的名单上还出现了萨克雷和拜伦夫人的名字——而他们完全没有商业目的，仅仅是为了促进事业的发展，只是出于道义上的热忱。在那斯蒂芬森[1]、布鲁内尔等伟大的工程师存在的时代，对一切技术和机器的乐观主义始终充溢在英国。为一项完全幻想的冒险计划要筹措一笔巨款，只需一声号召，就会有人贷款，作为个人的终身年金的基金——没有什么比这更能形象地说明当时的那种乐观主义了。

　　难以想象的是，在这项计划的伊始，唯一有把握的也就是这笔铺设电缆所需的估计费用。至于技术上究竟该如何开展，没有任何先例可循——类似这样规模的工程直至 19 世纪还从没有人设想过和计划过。

---

[1] 斯蒂芬森，英国工程师，火车机车的发明家。曾主持修建了世界上第一条铁路。

要铺设一条横跨大西洋的电缆，绝不像在多佛[1]和加莱[2]之间铺设水下电线那么简单。在那里铺设水线只需从一艘普通明轮汽船的露天甲板上卷一条三十至四十英里长的电线就行了。而要把又粗又重的电缆沉进大洋，就如同从绞盘上松下锚链。在海峡铺设水下电线，人们可以静静地等待特别风平浪静的一天——因为人们已十分了解那里的海底深度，海峡的此岸和彼岸又始终都在视线之内，能够避免任何危险的意外。在那里铺设水线只需要一天的时间就能顺顺利利地完成。而铺设一根横越大西洋的电缆至少也得持续航行三个星期，这期间，比海峡水线重一百倍和长一百倍的电缆的卷筒就再不能放在露天的甲板上了，更何况还有各种难以预料的恶劣天气。此外，当时也没有一艘巨船的货舱能容得下这由铁、铜、古塔胶合成的庞然电缆。当时也没有一艘船能承载如此的重量，所以至少要两艘船，并且这两艘主力船必须有其他船只伴随，以准确地保持两船在最短的航线之内以及遇到意外时能得到救援。为此英国政府提供了它的最大战舰之一——塞瓦斯托波尔战役中的旗舰"阿伽门农"号；美国政府也提供了五千吨级的三桅战舰——"尼亚加拉"号（这是当时最大的吨位了）。但为了在船体内藏得下那要把两大洲联系起来的电缆的各一半，这两艘船必须首先进行特殊的改建。毫无疑问，电缆本身仍是这项工程的主要问题。这条联系世界两大洲的没有尽头的脐带对技术的要求简直就是不堪设想。这条电缆必须像钢索一样坚结实、不能断裂，同时必须相当柔软，以便能够轻易地进行铺设；它必须经受得起任何重量、任何压力，同时卷起来又像丝绸一样光滑；它必须是实心的，可又不能塞得太满；它必须坚固，又必须十分精密，以便最微弱的电流也能传送到两千海里以外。在这条巨大无比的电缆上，不管在什么地方，哪怕只是一点点裂缝、一点点不平整，都会破坏了整条线路上的传送工作。

可歌可泣的是仍然有人敢干！几家工厂不分日夜地制造着这种电缆。铁和铜的矿冶厂都在围着这一根电缆转。为了替这根看不见尽头的电缆制造古塔胶保护

---

[1] 多佛，位于英格兰东南部的城镇，濒临多佛海峡。

[2] 加莱，法国北部的海港，与多佛隔海相望。

层，所有的橡胶树林都得流淌乳胶汁。关于这项工程的浩大，有个比方再形象不过了：电缆里 36. 7 万英里长的单股铜铁丝能够绕地球 13 圈，如果将此连成一根线，可以把地球和月球连接起来。自《圣经》上记载通天塔以来，人类没有敢想过比它更宏伟的工程。

出　发

　　机器声轰隆隆地响了一年，工厂运来的电缆就像一根绵延不断的细纱线不停地绕进两艘船的内舱，缠绕了上万转之后，每艘船上终于装满了全部电缆各一半的线盘。铺设电缆用的笨重的新机器也已准备就绪。这些新设计的机器上都配有刹车和倒转装置，可以连续工作三周，不停地将电缆沉放进大西洋深处。为了在铺设过程中始终监测电流是否中断，包括莫尔斯本人在内的最优秀的电气和技术专家都集中在船上。新闻记者和画家们也都聚集到了船上，为的是能用语言和画笔记录这一自哥伦布和麦哲伦以来最振奋人心的远航。

　　出发前的一切工作都已准备就绪。虽然怀疑论者至今仍占着多数，但全英国公众的兴趣已经浓厚地转到了这一壮举上来。1857 年 8 月 5 日，在位于爱尔兰瓦伦西亚的一个小海港，上百条舢板和小船团团围住了这支前去铺设海底电缆的船队，为的是能目睹这一具有世纪意义的时刻，亲眼看一看人类如何用小船把电缆的一端接驳到海岸上、固定在欧洲大地上。一场盛大的告别仪式就在所难免了。政府派出代表，献上贺词。一位神父用他感人的话语祈求上帝保佑这一伟大的冒险行动，"啊，永恒的主……天空因你而湛蓝，海潮受你主宰，风浪全听你的召唤，祈求你以慈悲之心关照你忠实的仆人们……在完成这项旷世工程的过程中，为我们排解一切可能遇到的灾难险阻。"接着，聚集在岸边和海面的成千上万只手和帽子向船队挥动，陆地的边界渐渐变得模糊。人类最大胆的梦想之一正变为现实。

失 败

原本计划"阿伽门农"号和"尼亚加拉"号各自运载着电缆的一半，驶往大西洋中部的约定地点，在那里先把两半的电线接上，然后，一艘船朝东驶向爱尔兰，另一艘船朝西驶向纽芬兰。但是首次试验就把全部昂贵的电缆都用上，未免有些太冒失，因为当时还不能确定，从海底传来的电报讯号经过如此漫长的距离之后还能否继续保持正常。于是，最后决定先从大陆开始铺设第一段线路。

从大陆到大西洋中部的电缆铺设任务交给了"尼亚加拉"号。美国三桅战舰"尼亚加拉"号一边缓缓地、小心翼翼地向预定的方向驶去，一边又像蜘蛛似的从庞大的货舱内不停地向后面放线。铺设机在甲板上慢腾腾地发出极有节奏的嘎嘎声，就像锚链从绞盘上向下沉进水底时发出的声音一样，海员们都非常熟悉。几小时之后，船上的人不再注意这种有规律的碾磨似的声音，就像不注意自己心脏的跳动一样。

船越驶越远，电缆不停歇地沉入大海。这次冒险行动似乎一点都不惊险。只是在特别舱室里坐着的电学专家，在仔细倾听，不断地和爱尔兰的陆地上交换着讯号。让人奇怪的是，虽然早已望不见海岸，但水底电缆传来的电报讯号却依然十分清晰，就如同是从欧洲的一个城市传往另一个城市。船已经离开了浅水区，也穿过了爱尔兰后面所谓的深海高地，这根金属粗线始终不停地从龙骨后面沉入海底，犹如从沙漏里流下来的沙，同时清晰地发出讯号和接收讯号。

电缆已经铺设了三百三十五海里，已经比多佛到加莱的水线距离长了十倍多，最开始没有把握的五天五夜安然地过去了。到了第六个晚上，8 月 11 日的晚上，菲尔德已就寝，连续几日来的工作和兴奋让他非常疲惫了，是该休息一下了。就在这时，往日那嘎嘎的绞盘声突然停止了，发生了什么事？船上所有的人一下子都醒了，着急忙慌地一股脑儿全拥到了甲板上。大家发现放缆机的出口处已经空空如也。电缆突然从绞盘上滑落了下去，想要马上找到那扯断的一头，是不可能的；想要现在找到掉下深水的那一头，并重新捞上来，更是不可能。意外事故就这样发生了，一个小小的技术失误毁掉了几年的工作。这些出发时获得英雄般待遇的人现在要作为失败者回到英国。此刻，讯号突然沉寂的坏消息早已在英国传开。

再次失败

唯一不动摇的人是菲尔德，他是英雄也是商人，他正在盘算一笔账。损失了什么呢？三百多海里长的电缆，约十万英镑的股本；而更让他心情颓唐的，是那无法弥补的一年之久的时间——因为只有夏季才能有出航的好天气，可今年的夏季已经过去了大半。然而，在另一张纸上他又记下一笔不小的收获，在这第一次试验中他们获得了许多实践经验——电缆本身证明是可用的，电缆应该卷起来收拾好，为下一次出征备用；但放缆机必须进行改装，这次试验电缆倒霉地折断，根源就是放缆机出了问题。

就这样等待和准备的一年又过去了。1858 年 6 月 10 日，带着新的勇气，载着旧的电缆，两艘船再次出发。由于首次航行时水里传来的电报讯号非常清晰，所以这一次还是采用了原来的旧方案：从大西洋中部开始，分头向两岸铺设电缆。这次新航行的头几天平平常常地过去了。因为到了第七天才会在预先计划好的地点开始铺设电缆，正式的工作才算开始。而在此之前，所有的人就像乘船兜风，或者说看上去是这样，放缆机停在那里没有工作，船上的水手们都在休息，欣赏这美好的天气，正是晴空万里，风平浪静的日子，大海此刻似乎显得也太平静了。

到了第三天，"阿伽门农"号船长开始有点暗暗不安了：气压计上的水银柱正在以令人胆战的速度下降，预示着一场特大暴风雨正在逼近。事实上，第四天暴风雨真的就来了，像这样的暴风雨，连大西洋上最老练的水手也难得一见。而这样的飓风骤雨恰恰就让这艘英国铺缆船给遇上了，真是倒霉透顶。"阿伽门农"号原是英国海军的旗舰，是一艘装备精良的船，曾在海洋上和战争中经历过最严峻的考验，本来像这样的恶劣天气对它来说算不得什么。然而不幸的是，为了铺设电缆，这艘船已经进行了彻底的改装，以使船舱能负载巨大的重量。但现在这艘船又不同于货轮，在一艘货轮上，重量会均匀地分布在各个船舱，但这艘船上，巨大电缆的全部重量都集中到了船中央，船头只承受一部分重量。于是，一个更为严重的后果产生了：船每颠簸一次，摆动都要增加一倍。就这样船一会儿倾斜到左，一会儿倾斜到右，一会儿向前抬，一会儿又向后仰，几乎倾斜得与水面成四十五度角。冲来的巨浪重重地打在甲板上，所有的东西都被击得粉碎。有一次，巨浪猛烈地撞击，整条船从龙骨到桅杆不停地摇晃，这一灾难使得甲板上的挡煤板坍塌了。一时间，全部煤块像黑色的冰雹一样哗啦啦地向下倾泻下来，石头般坚硬的煤块打向本来已经精疲力竭的水手们。在煤块的倾泻之下，有几个人受了伤，另外几个人在厨房里被倒下来的锅炉烫伤。有一名水手在这十天的暴风雨中变得神经错乱。有人已经开始考虑最后一招：把这倒霉的电缆往海里扔一部分。幸亏船长极力反对，他不愿意为此承担责任，而且他这样做也是对的。在经受了各种难以名状的考验之后，"阿伽门农"号总算熬过了十天的狂风巨浪，虽然晚了许多时间，但终于在预先约定的洋面上与其他船只会合，在那里开始铺设电缆。

可是现在才发现，经过持续不断的颠簸，这批宝贵的电缆受到了严重的损坏，有些地方古塔胶保护层磨破了，有些地方乱成一团。尽管如此，船上的人还是抱着一丝希望试了几次，想把这电缆铺下去，可结果是将近二百海里的电缆白白扔掉了，就像废物一样消失在大海之中。就这样，第二次试验又失败了，他们灰溜溜地再次回到英国。

第三次出发

　　这不幸的消息早已传到了伦敦的股东们的耳朵里。此刻，他们正脸色苍白地等待自己的经理和诈骗者——菲尔德。这两次航行已经消耗掉股本的一半，可什么结果也没有。可想而知，现在大多数人都在说：算了！董事长主张尽量挽回损失，他赞成把那些船舱里剩下的没有用过的电缆取下来，必要时赔本把它们卖掉，他要彻底终止这项荒唐的计划——铺设跨越大洋海底电缆。副董事长也支持他的意见，并递交了书面辞职书，以表明他不愿再和这种怪诞企业继续发生关系。但是，赛勒斯·韦斯特·菲尔德理想主义的献身精神和坚忍不拔的决心并未因此而动摇。他解释说，这两次什么也没有损失，经过考验，充分证明了电缆本身的性能非常良好，而且船上的电缆足够再进行一次新的试验，现在船员也已雇到，船队已经组成，正因为上次遇到了极端恶劣的天气，所以现在可以指望有一段天气晴朗、风平浪静的日子，只是需要十足的勇气，再一次的勇气！要么现在勇于进行最后的试验，要么永远失去机会。

　　股东们面面相觑，越来越犹豫不决：难道还把投资的最后一部分继续托付给这个笨蛋？然而，强烈的意志最后还是感染了那些踌躇犹豫的人，最后在菲尔德的促使下，船队终于再次起航。1858年7月17日，不幸的第二次航行过了五个星期之后，船队第三次开离了英国的海港。

　　重大的事情总是悄无声息地获得成功——这种一再被实践证明了的经验现在

再次得到证实。他们这次的起航完全没有人注意：没有隆重的告别宴会；海滩上没有聚集的人群；船队周围没有表示祝愿的小汽艇、舢板；没有人发表贺词；更没有神父的祈祷。这次只悄悄地、怯生生地出航了，像是去进行一次海盗活动似的。但大海这次正非常友好地等候着他们。驶离昆斯敦十一天之后，7月28日，就在约定的这一天，在大西洋中部约定的地点，"阿伽门农"号和"尼亚加拉"号开始了这项伟大的工程。

一幅壮观的场面——两艘船船尾对着船尾，在船与船之间把电缆的两端连接起来。没有任何的仪式，连船上的人也没对此表现出浓厚的兴趣，经历了前几次试验的失败，大家已变得十分厌倦。在两船中间，由铁和铜制成的粗电缆徐徐沉入深海，一直落到大西洋未被测深锤勘探过的海底。接着，两艘船上的人互相挥手，打出旗语告别，美国船驶向美国，英国船驶向英国。两艘船愈离愈远，在望不到边际的大西洋上变成了两个移动的黑点，电缆始终把两艘船联系在一起。有史以来，两艘船能第一次穿越风浪、距离和空间，通过无形的电流相互进行联系。每隔若干小时，一艘船就通过电流讯号与从大西洋深处的另一艘船联系，通报铺设电缆的进程，而每一次都能清晰地得到对方的回答：由于天气非常晴朗，他们也铺了同样的距离。就这样，第一天过去了，第二、第三、第四天还是这样地过去。到了8月5日，"尼亚加拉"号终于报告说，它在铺完了将近一千零三十海里的电缆之后，现在已经到达了纽芬兰的特里尼蒂海湾，已经能够望见美洲的海岸了。"阿伽门农"号也同样报告了胜利的喜讯：它也顺利地在深海铺完了一千多海里，也已看到了爱尔兰的海岸。至此，人类已经能够第一次把通话从这个大陆传到另一个大陆——从欧洲传到美洲。不过，关于这一伟大事业已经完成的消息，此刻只有这两艘船上在木头船舱里工作的这几百个人知道，而世界上其他人还都不知道这一创举——这件冒险的事早已被人们忘却了。无论是纽芬兰还是爱尔兰，在沙滩上都没有人等候他们。但是当海底电缆与陆地上的电缆接通的那一刻，全人类必定都会知道他们已经取得了共同的重大胜利。

狂热的欢呼

　　欢乐的闪电犹如晴天霹雳，燃起了熊熊烈火。8月的最初几天，新大陆和旧大陆几乎在同一个小时获悉电缆铺设成功的消息，它所产生的反响在当时是难以形容的。在英国，就连平日十分谨慎的《泰晤士报》也发表社论："自哥伦布发现新大陆以来，世界上再也没有发生过比这更重要的事件了，它以无与伦比的方式大大扩展了人类活动的范围。"市中心洋溢着一片欢呼的气氛。但是，英国此时的自豪的喜悦相比在美国的狂热的欢呼，不免显得矜持和含蓄。当消息刚刚传到美国，那里就陷入狂热的欢呼之中。营业的商店随即停顿，街头巷尾挤满了人，他们在打听、谈论、喧哗。一夜之间，赛勒斯·韦斯特·菲尔德——这个名不见经传的人变成了国家的英雄，人们把他同哥伦布和富兰克林相提并论。纽约全城以及随它之后的上百座其他城市都在震撼、在吼叫，人们期盼着能一睹这位人物的风采，是因为他"自己的决断果敢促使年轻的美洲与古老的世界缔结了良缘"。然而，此时的热情并没有达到最高潮，因为目前传来的还只是一个简单的消息：电缆已经铺好。这根电缆果真可以通话吗？这件事真的成功了吗？于是出现了一个令人激动的场面：全城的人们、全国的人们都在等待着、悉心倾听着大洋彼岸传来的第一句话，一句话就足够了。他们知道，一旦可以通话，英国女王就会率先发来贺电，他们一刻不停地等待着，等待着女王的贺电，心情变得越来越焦急。日子还是一天天地过去，恰恰在此时，从纽约通往纽芬兰的电缆不幸发生了意外故障，直到 8 月 16 日晚上，万众企盼的维多利亚女王的贺电才传到纽约。

这条盼望已久的消息来得太晚了，以至于报纸无法进行正式的报道，消息只好直接发到各个电报局和编辑部，顷刻之间，人潮如涌。人们兴奋地聚集在一起，报童们要非常用力才能挤过人群，有的撕破了衣服，有的擦伤了皮肤。贺电在剧场、在餐厅，在所有的场合宣读开了。为什么电报会比那艘最快的船早到好几天？千万的普通民众此时还不能理解，他们纷纷拥到了布鲁克林的港口，去迎接在和平时期取得胜利的、英勇的"尼亚加拉"号。8 月 17 日，女王贺电传来的第二天，报纸用了特大号字的醒目标题来欢呼这一胜利："电缆传送成功"、"全城轰动"、"普天同庆的时刻"、"人人欣喜若狂"。这的确是史无前例的胜利，自从地球上开始有了思想以来，还没有过这种情况：一个想法能够在同一时间内以同样的速度飞越大洋。为了宣告美国总统已经给英国女王回电，欢呼的礼炮鸣了一百响。现在再不会有人敢怀疑了，到了晚上，纽约和其他所有的城市都是一片通明，沉浸在万盏灯火和火炬的光亮之中，每扇窗户都是亮的。此刻，即便是市政大厅屋顶着了火，似乎也难以妨碍他们内心的欢愉，因为明天又有新的喜悦。"尼亚加拉"号将要到达，赛勒斯·韦斯特·菲尔德——这个伟大的万人仰慕的英雄将要出现！在胜利的欢呼中，剩下的电缆被拖着穿过市中心，全体船员受到了英雄般的款待。现在，从太平洋到墨西哥湾，每一座城市每天每日都在重复这种欢庆的情景，就好像美洲在第二次庆祝自己被发现的节日。

但是这场面远远不够！庆祝的队伍还应该更加壮观，要成为新大陆迄今有过的最最盛大的队伍。8 月 31 日，经过了两星期的准备，全城举行了隆重的庆祝活动，这一次只为一个人——名不见经传的赛勒斯·韦斯特·菲尔德，自从有帝王和统帅们以来，还没有一个胜利者能被他的人民这样庆祝。那一天秋高气爽，一支望不到头的游行队伍用了六小时的时间从城市的这头走到另一头。走在最前面的是军队，他们高举着旗帜，铿锵有力地穿过彩旗飘扬的街道，紧随其后的是军乐团、歌咏队、男声合唱团、学校师生、消防队、退役军人——队伍似乎没有尽头。凡是能欢呼的都在欢呼，凡是能参加游行的都在参加，凡是能唱歌的都在唱歌。赛勒斯·韦斯特·菲尔德如同一位凯旋的古代统帅坐在第一辆四驾马车上，"尼亚加拉"号的指挥官坐在第二辆马车上，第三辆马车上是美国总统；后面的是市长们、官员们、教授们。接着是接连不断的宴会、讲话、火炬游行，礼炮在轰鸣，教堂的钟声在敲响。一次又一次的欢呼让这个新的哥伦布、空间的战胜者、两个世界的统一者——赛勒斯·韦斯特·菲尔德心醉神迷，在此时此刻他就是美国最受崇拜的、最光荣的人物。

沉重的十字架

　　那一天，上百万人在喧哗、在欢呼。然而，在这一片欢庆之中，有一个声音而且是最最重要的声音令人注目地沉默了，那就是海底传来的电报。说不定在欢呼声中，菲尔德已经知道了这个可怕的事实：恰好就在这一天大西洋那边的电缆停止了工作，而前几天传来的讯号也已混乱不清、几乎不能辨认，就像一个奄奄一息的人的最后喘息，不久后电报终于彻底断了气。菲尔德是唯一知晓这一底细的人，想必他当时内心非常惊恐。不过，除了在纽芬兰监视接收信号的那几个人之外，全美国还没有一个人知道或者预先想到电缆会失灵。即便是那几个知情人，面对这种日复一日的无度狂热，内心也会犹豫是否要把这令人痛苦的消息通告给欢呼的人们。但是不久，电缆传来的消息竟是如此之少，终于引起了人们的注意。美国原本期待着每隔一小时就有消息越过大洋传来，但现在情况并非如此，只会偶尔传来一点模模糊糊的、无法核实的音信。没过多久，谣言不胫而走。谣传说有人为了急于求成，有人为了达到更好的讯号效果输送了过量的电荷，把这条珍贵的电缆彻底给弄坏了。但人们此时还是把希望寄托于排除故障上。可是没过多久再也无法否认：讯号愈来愈混乱，愈来愈难以辨明。就在 9 月 1 日，醉酒之后的第二天，大洋彼岸再也没能传来清晰的声音，再也没能传来纯正的电流振荡。

　　如果说，人们这时仅是从真诚的热情中清醒过来，对原来寄予厚望的这个人在背后绝望地冷眼相看，那也倒好办了，可惜他们没有这么宽容。关于电报失灵的谣传几乎还来得及被证实，欢呼的热潮就像反冲回来似的，一齐气势汹汹地扑向这个无辜的罪人——昨天的英雄赛勒斯·韦斯特·菲尔德。说是他骗了一个城市、一个国家乃至一个世界。城里的人说，菲尔德早就知道电报失灵，但是为了自身利益而让大家围着他欢呼，利用这段时间将属于他自己的股票高价脱手。甚至更恶毒的诬蔑也纷纷传开，这样的谣言流传着：在整段时间内，大洋彼岸传来的电报就没有一条是真正清楚的，都是电报局长们根据猜测用断断续续的讯号拼凑成的虚构电文。最可恶的是这样一种武断的说法：从大西洋从来就没有真正传来过海底电报，所有收到的电讯都是假的，都是骗局，英国女王发来的那份电报也根本不是大西洋海底的电缆传过来的，是事先起草好的。真正掀起了轩然大波的恰恰是那些昨天欢呼得最响亮的人们。现在这些人变得最怒不可遏，全城的人，全国的人都在因自己昨天过分激烈、过分着急的热情而感到悔恨。毫无疑问的是，赛勒斯·韦斯特·菲尔德充当了这种愤怒的牺牲品，这个昨天还被当成民族英雄，哥伦布的后继者和富兰克林的兄弟的人，现在却像一个罪犯似的躲避着他的昔日好友和崇拜者。真是成于一朝，毁于一夕。没想到失败得这么惨，名誉扫地，资金损失，而这根没有用的电缆就像传说中的那条环绕地球的巨蟒在大洋底下见不到的深处安静地躺着。

六年沉默

这条被人遗忘了的电缆一直在大洋深处毫无用处地躺了六年。这六年间，两大洲之间又恢复了原来的沉默，而在世界历史上曾有过一小时的时间两大洲用一个脉搏跳动，紧密地联系在一起。它们曾经紧靠在一起，两大洲同时交谈过几百句话，可现在这两大洲又像几千年来一样被那遥远的无法克服的距离所隔开。19世纪最大胆的设想昨天差点就要成为现实，而现在又成了传奇和神话。毫无疑问，没有人会想再去重新做这件成功了一半的事，可怕的失败扼杀了全部热情，挫伤了所有的勇气。在美国，南北战争吸引了人们所有的兴趣。在英国，各种委员会还会偶尔举行会议，但只确认铺设海底电缆原则上是否可行的讨论，就需要两年时间，况且在学术上的认可要到真正实施还有一条很漫长的路，谁也不想去再走这样一条路。所以六年之内所有工作都完全停顿，就如同那条海底被人遗忘的电缆。

尽管六年时间在漫长的人类历史上不过只是匆匆的一瞬间，但在像电这样的年轻学科里，六年却又好比一千年。在电这门领域，每年每月都会出现新的发现。发电机的功率越来越大，制造也越来越精致，电的应用越来越广泛，电的仪器越来越精密。电报网早已遍布各大洲的内陆，并且已经越过地中海把非洲同欧洲联系了起来，然而，铺设横越大西洋电缆的设想却一年又一年地被人们遗忘。对于那个长期热衷于这项计划的、那个富有幻想的人，也越来越消失在人们的视野中。不过，重新进行这项计划的时刻总有一天会到来，只是缺一个能为这项旧计划灌注以新动力的人。

　　突然之间这样的一个人出现了，看，他依然是原来的他，仍旧是怀着同样信念、充满着同样的信心。赛勒斯•韦斯特•菲尔德从幸灾乐祸的蔑视和默默无闻的放逐中又站了起来，第三十次远渡大西洋，他又重新出现在伦敦。他用六十万英镑的新资金再一次获得了旧的经营权，而现在他使用的是那艘梦寐以求的巨轮——"伟大的东方人"号。这艘巨轮由伊桑巴德•布鲁内尔建造，有四个烟囱，吃水达两万两千吨，可以负载全部海底电缆的重量。凑巧的是：这艘巨轮在1865年正好闲置着，由于制造这艘巨轮本身就是一项非常大胆的计划，巨轮的载重量远远超过了当时的需要，所以两天之内就购置了这艘船，同时为远航进行了必要的装备。

　　一下子，以前无比困难的事变得容易了很多。1865年7月23日，著名的"伟大的东方人"号装载着新电缆离开了泰晤士河。尽管第一次的试验又失败了——在铺设到目的地前的两天电缆断裂，大西洋又吞下了六十万英镑，但是现在的技术对于完成这一事业已经很有把握，因而这次失败并没有使人丧失信心。在1866年7月13日，巨轮"伟大的东方人"号第二次出航，并且终获成功。这一次，通过电缆穿越大洋传来的声音十分清晰。数天之后，那条失踪的旧电缆也被重新找到。现在，两条电缆终于将欧洲的古老世界同美洲的新世界连接成了一个共同的世界。昨天看来是奇迹的事，今天已变成现实。从此刻起，地球用一个心脏跳动，地球上的人类能够在地球的这一边听到、看到、了解到地球另一边正在发生的事情，人类通过自己的创造性战胜了空间和时间，生活得更加美好。但愿人类永远团结友好，而不被任何力量破坏这种伟大统一。

伟大的悲剧

斯科特队长　南纬九十度

1912 年 1 月 16 日

人类的力量

　　20 世纪展示在人类眼帘底下的整个世界似乎已没什么秘密可言。所有的陆地都被勘察一遍，即使在最遥远的海洋上每天都会有乘风破浪的船只来往。那些在上代人之前还不被世人所知、世外桃源般的偏僻隐秘的地区，如今也都尽心尽力地在为欧洲的发展服务。还有一些轮船正向不同源头驶去，这是人们长期以来对尼罗河的探索。五十多年前维多利亚瀑布才第一次被欧洲人发现，如今它已在人们的协助下推动着转盘来发电；亚马孙河流两岸最后的那片原始森林已被人们砍伐得所剩无几；被称为唯一处女地的西藏也已经揭下遮盖很久的羞涩面纱；早期的地图和地球仪上那个被专家们渲染大了的"人迹未至的地区"（terra incognita），在 20 世纪的今天也被人类认识并探索。人类探索的意志推动着新的求索道路，遥远的太空世界，奥妙的海洋之底，人类对地球的好奇心越来越淡，地球变得几乎无秘密可言，尚未踏足的路途也只有在浩渺的天空中去寻找，所以，飞船已带着人类的梦想翅膀冲向太空，要探索新的未知高度和新的未知地方。

　　但是，直到我们生存的这个世纪，赤裸的地球还为自己隐藏着最后一扇神秘之门，难以进入。这便是她那被一小块一小块割开来的破碎的躯体上那两块极小的常被人忽视的地方，是她尽力从造物者的贪欲中私存下来的两块地方：南极和北极——她的头颅和脚掌，也是它躯体的脊梁。地球存在以来，便正是以这两个抽象的，甚至没有生命的极点为转轴旋转着，同时还守护着，不至于让这两块纯洁领域招致亵渎。她用自己晶莹的冰障一层层地遮掩着这最后的秘密，严寒和暴风雪筑起最雄伟的壁垒，冬季便是她永恒的守护神，让那些贪婪的人们，闻而止步。只有高高在上的太阳可以匆匆地瞥一眼这封闭着的区域，而人类的目光还不能触及它的真实面孔。跋涉的危险和死亡的恐惧也是摆在勇士们面前的难题。

最近几十年来，探险队接二连三地前往，可是没有一个人能到达目的地。安德拉[1]的尸体在巨冰做成的天然玻璃棺材里静候了三十三年，直到现在，大家才发现了这位勇士中的佼佼者。他曾经想要飞越北极圈，他驾着飞艇在严寒铸成的冰垒面前连续冲击直到粉身碎骨，永远没有回来。亘古至今，地球的这部分还始终躲在自己闺房的帷幔里，成为她与自己造物的欲望相抗衡的最后一次胜利。这块处女地始终保持着自己的纯洁和对世界的好奇。

但是，20 世纪像个毛头小伙急惶惶地伸出了他热情的双手。他在实验室里研究发明了新的武器，也找到了新的抵御危险的甲胄，而一切艰难险阻更加激发了他的热望。他急于揭开一切真相。他想要在自己的第一个十年里就拥有以往千万年时间也没能得到的一切。时代赋予个人的勇气和国家之间的竞争紧密结合。也不仅仅是为了夺取极地而斗争，同时且更重要的是为了那面能第一次插在这个冰雪世界上的国旗而斗争。于是，在这块神圣而充满热望的土地，吸引了来自各民族、各国家的十字长征军，也引来了来自世界各大洲的一次次冲击。人类最不可忍受的便是漫长的等待，因为它迫切想揭开我们生存空间的这最后一个秘密。由美国出发向北极进军的有皮尔里[2]和库克[3]，有两艘船同时驶向南极：一艘由挪威人阿蒙森[4]指挥，另一艘由一名英国海军上校斯科特率领。

---

[1] 安德拉，瑞典飞艇驾驶员，四十三岁时驾驶飞艇横越北极。不幸遇难。

[2] 皮尔里，美国探险家。尽管存在疑问，但是大多数地理学家还是承认他是第一个到达北极的人。

[3] 库克，美国极地探险家，声称自己曾与 1908 年到达北极，但是并没有得到大众的认同。

[4] 阿蒙森，挪威极地探险家，第一个到达南极点的人。

斯科特上校

斯科特，一名普普通通的英国皇家海军上校。他在海军的部队时深得上级的赏识，他的履历表倒更像是军衔表。他后来退役后同同样热衷于探险的沙克尔顿一起组建过探险队。没有任何一种迹象能为我们提供出他将会成为一位英雄的暗示。生前的相片上，他同千千万万的英国人没什么两样，刚毅、坚定、冷静的脸，面部肌肉如同被一种内在的力量凝住似的。藏青色的眼睛，从来都是紧闭着的嘴巴。整个脸上没有呈现出任何浪漫的线条和轻松愉悦的色彩。他的英文字体，流利、工整、没有任何花哨的修饰。他的文章表述清晰而准确，更多的时候像一份真实的报告，不掺杂任何的想象与夸张。他写的英文更像塔西佗[1]写的拉丁文一样刚劲质朴。从文风可以看到他思考世界的现实思想和坚定的意志。或许一般的人会认为他是一个实用主义者，没有任何的梦想。然而，斯科特就是一个地地道道的英国人。众所周知，刻板的英国人，就算是具有特殊才能的天才伟人也都像花岗岩般线条硬朗，他们总把一切都归升到尽职尽责的高度。斯科特和英国这个大国的历史已经有过上百次的关联。他参加过数百次世界性的战役，征服过印度许多大大小小的岛屿，他还随同殖民者出征过非洲。但是无论走到哪里，他始终一副带着刚强毅力和集体意识的冷静、沉毅的面孔。

---

[1] 塔西佗，古罗马历史学家，其文风别具一格。

　　不过，人们早已在事实面前感受到了斯科特那钢铁般的坚定意志。斯科特决定要去开始像沙克尔顿那样的事业。他要组建一支探险队，虽然资金缺乏，但他并没有退缩。他首先拿出了自己所有的财产，另外还借了一些债，因为他自信会取得成功。此时，她的家里已经有了年轻漂亮的妻子和一个活泼可爱的儿子，可是这仍然不能动摇他，他像赫克托耳[1]那样毅然离开了自己的妻子安德洛玛克。没多久，同行的朋友和伙伴们都找齐了，于是再也没有什么东西能够动摇他的意志。送他们到冰海边缘的那艘船名叫"新地"号，是一艘奇特的船，之所以说奇特，是因为它拥有双重的装备：像挪亚方舟那样一半载满活的动物，这些活的动物，是他们要带到南极来拉雪橇的爱斯基摩狗和西伯利亚矮种马；另一半是一个现代化实验室，里面有成千件必用仪器和大量图书。人类为了维持生命除了必需的物质之外还需要精神食粮，因此，这也都将随着他们去到那未知的空无人烟的世界去，使我们吃惊的是，在 20 世纪精良繁复的技术装备中却结合着人类社会初期使用的最简陋的防御工具，包括兽的皮毛和一些活的动物。整个探险行动如同这艘奇特的船，也具有了双重的形貌和奇异的色彩：这既是一次真实的冒险行动，同时又是一次盘算得非常仔细的买卖行动。这是一次既大胆又小心谨慎的行动，因为，每一个细节必须都要算得十分准确，即使是这样，意外的发生仍然是防不胜防的。

　　1910 年 6 月 1 日，他们正式离开英国。那时，盎格鲁撒克逊的岛屿王国正是阳光灿烂的季节。绿草如茵，鲜花遍地，温暖的太阳高悬在晴朗的上空，一切都是光鲜亮丽。看着海岸线渐渐远去直至消失时，他们内心无比激动，因为，每个人心里都知道，他们将会长时间离别这温暖的太阳，有些人或许就是永别了。但看着船首那海风吹拂下自由飘扬的英国国旗，他们也就心满意足了，因为，这面象征着世界的旗帜会在不久的将来跟随他们去站到地球上那唯一一块迄今还没有主人的地方。

----

[1] 赫克托耳，希腊神话中特洛伊第一勇士，被称为"特洛伊的城墙"。

神秘的南极世界

经过大半年的航行和短暂的休息之后，1911 年 1 月他们在新西兰的埃文斯角登陆，这里归属麦克默多海湾，是极地边缘，长年结冰。他们在这里搭建起一座木板屋，准备过冬用。12 月和 1 月在这里才是夏季，因为，在这里一年之中，太阳会在白亮的金属样的天空中悬挂到几个小时的只有这段时间。房屋的四壁都是用木板钉在一起组成的，跟以往那些探险队曾使用过的基地营房完全一样，唯一不同的是在这座木板屋里，人们很明显地感觉到了时代的进步。他们的先驱当年用像豆火似的鲸油灯来采光，光线微弱且气味难闻，黑洞洞的斗室使得他们视野狭小、心情烦躁。连续没有太阳的单调生活让他们感到极度疲倦。而现在，一盏乙炔电石灯发出白亮的光，这些 20 世纪的人能够在四面板壁之里看到整个世界和欣赏全部科学的缩影。温带的、热带的场面，远方的图像都像变魔术似的通过电影放映机的小孔，呈现在他们面前。留声机播放着优美的歌唱声，自动发声的钢琴自顾自地演奏着音乐。图书传播着各个时代的各种知识。打字机噼里啪啦在一个房间里不停地响。另一个房间是个小暗室，大家拍摄的影片和彩色胶卷都在这里洗印。一名动物学家在刚捕获到的企鹅身上寻找新的寄生物，另一个地质学家在用先进的放射性仪器检验当地的岩石。在接下来的没有阳光的昏暗的几个月里，每个人都在忙碌着自己分内的工作，气象观测和物理实验互相交换着结果，大家经常在一起讨论研究，将彼此的研究巧妙地联结，把孤立的单科研究变成探索中共同的知识。这三十个人每到晚上就聚集在一起，每个人都各自做出专门的报告，在这环境极度严酷的冰冷世界里上着各门课程。每个人都尽量想把自己所知道的知识传授给别人，大家在相互热烈的交流中完成思想的碰撞和完善着他们对世界的认识。每个人研究的领域不同，因此大家都很谦逊，他们只是希望能在团队中各取所长。在这没有时间概念的一片孤寂中，这三十个人就这样生活在一个处于自然状态的史前世界中，他们互相交换着新世纪的最新研究成果，也正是在这许多成果之中，他们呼吸到世界上的每一小时，甚至每一秒钟。这些严肃的人并不缺乏幽默，他们在那里兴高采烈地度过了一个特别的圣诞节，还创办了一份风趣的小报——《南极时报》，诙谐而愉悦地在小报上尽情娱乐。在那里，一件小事都会变成头条新闻，一匹西伯利亚矮种马跌了一跤，一条小鲸鱼浮出水面都成为生活的调剂——而那些原本非同寻常的事——比如，极光的出现、恐怖的寒冷、可怕的孤独寂寞——反倒成为司空见惯和极其平常的事。

在这期间，他们只敢进行小范围的外出活动，练习滑雪和驯狗，试验机动雪橇，同时，在为以后远征储备仓库。不过，在夏季也就是12月到来之前的日历却翻得很慢很慢。也只有到了夏季那艘带家信的船才能冲破巨冰漂浮的海面驶来这里。慢慢地他们也敢分小组轮流出去活动了。他们试验各种帐篷，在冰冻的寒季做白天行军锻炼，积累一切经验。当然，并不是每件事都能百分百成功，但正是这无数的困难带来的挫折给他们增添了新的勇气。每次他们外出活动归来，都会冻得全身僵冷，筋疲力尽，但是热烈的欢呼和热烘烘的火炉正在迎接他们的归来。在熬过了几天饥寒交迫的生活之后，他们便觉得这座小木板屋是世界上最舒适最安乐的场所，尽管它建立在南纬七十七度线上。

但是，有一次一个从西面方向回来的探险小组带回来一个不好的消息，回来的人说，他们在途中发现了建在西面的阿蒙森的冬季营地，整个屋子里马上变得寂静无声，大家谁也不说话。斯科特马上明白：除了严寒和危险之外，现在，还有一个对手正在向他挑战，这个人要和他争夺发现地球最后秘密第一人的荣誉。这个人便是来自挪威的阿蒙森。斯科特拿出地图，仔细地反复测量。结果让他完全惊呆了，他发现阿蒙森队伍的冬季营地与他们的冬季营地相比，居然离南极近了一百多公里，但他并没有因此而泄气。"为了祖国的荣誉，振作起来！"——他在日记中豪迈地写道。

在他的日记中，仅此一次也是最后一次出现阿蒙森这个名字。但是人们明显可以感觉到：自从那天以后，在这座周围是冰天雪地的孤寂小屋上开始笼罩上忧虑的阴影，斯科特更加严肃而少语了，因为阿蒙森的名字已经刻在他脑中并时刻令他坐卧不安。

进　发

　　他们在离木板屋一里远的地方设了观察站，不停地轮换守岗。一台孤零零的仪器像一门对准着无形敌人的大炮，在斜坡上架着的。这台仪器是用来观测正在临近的太阳最初光线的。他们每天从早到晚地在孤寂中等候着太阳的出现。镜面似的太阳还始终没有浮出地平线，不过，在黎明时分的迷蒙天空中已略微泛出色彩缤纷的反光，天空周围闪耀着的奇妙彩光，是太阳反射的先兆，对于这群急不可耐的人来说，没有比这个消息更令人欢欣鼓舞的了。电话铃声非常响亮，太阳出来了，这个激动人心的消息瞬间从观察高地传到小木屋。这是连续几个月来太阳第一次露了一小时脸，光线非常微弱、十分惨淡，在这寒冻的黑夜里几乎不能将冰冷的空气复活，太阳那轻微摇曳的光波也几乎没能在仪器上留下摆动的信号，但是，仅仅这一点希望，就足以使人内心舒畅而欢笑。为了将这一段有光线的短暂时间充分利用，探险队争分夺秒地进行准备工作，按照我们通常的生活概念，这段时间依然还是寒冷僵冻的冬天，可在那个极地世界里却意味着春、夏、秋三季的一齐到来。机动雪橇嘎嘎地在前面开动，西伯利亚矮种马和爱斯基摩狗拉的雪橇在后面跟着。整个路程在预先就被大家周密地划分为几段，每隔两天路程便会设置一个贮藏点，这是为以后返程时做储备的，有新的服装、必要的食物以及尤其重要的煤油，因为煤油的燃烧会产生液化的热量。出发的时候是所有人马同行，回来的时候是分批的，因此，要挑选出去征服极点的人组成最后一个小组必须给他们留下最充分的粮食和装备、要储备最强壮的牵引牲畜和最结实快速的雪橇。

计划制订得周密可行，甚至连许多细节和可能发生的各种意外都考虑到了，但是自然的力量和变化是无法估量的。前行了两天后，机动雪橇全都瘫痪了，一动不动，变成一堆无用的累赘；马的状况也不像预期那么好，这种西伯利亚矮种马在这里还是要比机械工具高出一筹，这些病马即使在中途不得不被杀死，它们也还可以给人和狗提供几顿热的美餐，来增加人和狗的体力。

他们于 1911 年 11 月 1 日正式出发，分几个小组进行。从拍摄下的电影画面上看，最开始这支奇特的探险队有三十人，不久后变成二十人直至十人，最后只剩下五个。队伍不断缩小，有生命的在这没有生命的白色荒原上消逝，剩下的继续孤独前行。走在队伍最前面的一名队员全身裹着毛皮和布，严严实实的，只露出挂满冰碴的胡须和一双睁不大的眼睛，看上去像个野人，他用一只包着毛皮的手紧紧拽着一匹黑色西伯利亚矮种马，马拖着满载货物的雪橇。走在他身后的是同样装束、同一姿态的人，一个，又一个……人和动物组成二十个黑点在茫无边际的刺眼的冰雪白面上形成一条链。夜里他们就搭帐篷休息，为了不让矮种马冻伤，他们在迎风的方向用雪块筑起了一道墙。第二天清晨他们又在灰蒙蒙中开始行程，怀着单调、荒凉的心情坚定地穿过这有史以来第一次被人类呼吸到的冰冷空气。

但是天气始终都非常恶劣，困难越来越大，令人担忧的事也愈来愈多。有时候他们一天只能走三十公里，而原计划是四十公里。每一天的每分每秒对他们来说都是非常宝贵的，因为他们每个人心里都清楚在这一片荒野中还有另一个寂寞的前行队伍正在从另一边向同一目标挺进。这里的每一件细小事情都可能酿成危险。一匹西伯利亚矮种马连续两天不肯进食，一条体力较强的爱斯基摩狗跑丢了……所有这些都引起人们的躁动不安，在这荒无人烟的雪原上，一切的东西都极有价值也变得极其珍贵，活着的有生命的东西更是无价之宝，它们的消失是无法挽回的。那永垂史册的功名说不定就系在一匹矮种马那短短的四只蹄上；风雪弥漫的天空又可能会使一项不朽事业付诸东流。与此同时，最危险的是队员们的健康出现了问题。有几个人手和脚冻烂了，有几个人得了雪盲症。饲料愈来愈少，西伯利亚矮种马体力越来越差。最后，这些矮种马精疲力竭地刚到达比尔兹莫尔冰川脚下就再也没站起来。在这两年孤独寂寞的旅程中马和探险队员朝夕相处，已经成为朋友。每个人都能脱口叫出每匹马的名字。他们曾无数次温情地抚摸过它们，可现在，他们却不得不残忍地去做这件伤心的事——把这些忠实的朋友杀掉。他们把这鲜血淋漓的地方叫作"屠宰场营地"。就在这个地方他们重新分组，一部分探险队员原路返回，而另一部分队员要去做最后的努力，他们接下来要越过那段险恶的比尔兹莫尔冰川的艰苦路程。这个险峻的冰的堡垒是南极用来保护自己的强大武器，也只有人的意志的不熄火焰能冲破它。

行程越来越艰难，他们每天前行的路程也变得很少，在这里雪都冻结成了坚硬的冰碴。路面不平整，雪橇不能再滑着前进，他们只能拖着雪橇走。坚硬而锋利的冰凌划穿了雪橇板，走在沙粒般涩硬的雪地上，脚板都磨破了，但没有人说过痛，也没有一个人屈服。12月30日，他们到达了沙克尔顿到达的最远点——南纬八十七度。最后这部分队员也必须在这里分开了，一部分返回去只剩五个选拔出来的人继续走到极点。斯科特细心挑选，将不合适的人挑出来。大家都服从命令，但心情十分沉重，目标已经很近了，他们却只能回去，把荣誉让给他们的伙伴——第一批看到极点的人。挑选人员的事已经确定了之后，他们每个人彼此又握了一次手，用男性的坚强的臂膀传递着无言的激动情感。这一小队人分成了更小的两组向不同的方向行进，一组向北，返回自己的营地；一组朝南，朝向那个未知的南极点。他们不时地从两个方向回过头来，最后看一眼这些目前还活着的朋友。不久，最后一个黑影消失了。南极小组的五名成员是：斯科特、奥茨、鲍尔斯、威尔逊和埃文斯，他们在寂寞中坚定地向着那个梦想的南极点走去。

南极点

从那最后几天的日志中已明显感到他们的焦躁不安。他们开始恐惧颤抖，就像南极附近罗盘上那颤动的蓝色指针。"这段时间却是无休止的长，身影从我们左边绕过去，然后又从右边绕回来，围着自己的身子缓缓地转圆圈！"不过，接下来的日志里处处闪着希冀的火花，越闪越亮。斯科特更加勤奋地记载着走过的路程："只剩一百五十公里就可以到极点了，可是如果一直这样走下去，我们真怕坚持不下去。"——日志中同样也记录了他们疲惫不堪的情况。两天以后的日志中是这样写的："再有一百三十七公里就到达极点了，但是这段路程非常非常困难，我们将面临更大的挑战。"接下来的日志中又闪现出了满怀信心、充满胜利的声音："只要再前进九十四公里就踏上极点了！即使我们最终不能到达那里，我们也走得很近很近了。"1月14日，希望变得更加确定和有把握了："只需再走七十公里，我们的目标就实现了！"之后第二天的日志里我们已经可以强烈地感受到他们那种兴奋和变得轻松的心情："离极点仅剩下五十公里了，无论如何，我们就要达到目的了！"这几行振奋人心的字里跳跃着他们心中希望之火，也看到一根绷紧的弦，他们集中所有的神经在期待着，这份期待因焦急而颤抖。胜利就在眼前，只要再使一把劲，极点就到达了。那时，他们将把双手伸入地球的这个最后神秘之地。

历史性的一天

"情绪亢奋"——日志上这样写着。1月16日这个历史性的一天，他们清晨出发，比平时要早很多，焦急的心情早早地便把他们从冰冷的睡袋中拽了出来，大家都想早一点看到这个无比美丽的秘密。他们热情高涨地行走在荒无人迹的白色雪原上，到中午时分，这五个人已经坚持不懈地走了十四公里。现在，达不到目的才是神话呢，这个决定性的为全人类所做的业绩几乎已经完成。蓦地一下子，伙伴之一的鲍尔斯紧张不安起来。他的眼睛死死盯着白色雪地上那个小小的黑点。他张着嘴但没敢把自己的想法说出来：因为，很可能已经有人来到这里并树立了一个路标。现在，其他的队员也都想到了这可怕的一点。他们的心在战栗，他们想对自己说，这一定是冰的一条裂缝，或者说不定是哪件东西投下的黑影，他们想尽量安慰自己——就像在荒岛上的鲁滨孙在发现陌生人的脚印时努力想把它当作是自己的脚印一样，这显然是徒劳。他们一边在不断安慰自欺，一边紧张兮兮地向黑点走近，其实他们心中非常清楚：阿蒙森率领的挪威人已早先一步在他们之前到过这里了。

没走多久，他们就发现前面雪地上插着一根银色滑雪杆，上面绑着一面黑色旗子，周围有滑雪屐的痕迹和一些狗的足迹，很显然有人在此扎过营地。这残酷的事实很明白地告诉他们：阿蒙森的队员在这里扎过营地了。人类有史以来从未踏足的，也从未被世人一睹姿容的地球的南极点竟在十五天内两次被人发现，而这仅仅是一个分子量的时间。这在人类历史上是前所未闻、难以置信的事。斯科特和他的队友恰恰是第二批到达的人，比第一批人仅仅晚了一个月。与昔日逝去的难以计数的光阴相比，这一个月，简直是太晚太晚了。对人类的探险来说，第一个便代表着拥有一切，而第二个便什么也不是了。而他们正好不偏不差是第二批到达极点的。一切努力白白浪费，历尽千辛万苦、几星期、几个月、几年的疯狂希望现在都变得毫无意义。

"冷冻饥饿、恐惧寂寞、无言的苦痛、无穷的险阻——这一切到底为了什么？只因那个光荣的梦想，可是，现在这些梦想全破灭了。"——这是斯科特写在他日记中的话。泪水毫无掩饰地从他们的眼睛里一涌而出。一路的困顿使他们精疲力竭，但这天晚上没有一个人能安心入睡，他们就像被判了死刑似的失去希望，但他们仍需要默默地继续走完那段到达极点的最后路程，原来的欢欣雀跃、激动颤抖统统消逝得无影无踪。谁也不说话，谁也无法安慰别人，每个人拖着自己沉重的脚步默默地往前走。1月18日，这五个人——斯科特上校和他生死患难的四名队友到达了极点。因为已经失去了第一所赋予的价值，所以，这里所有的一切都显得那么平淡不十分耀眼。斯科特用冷漠的眼睛看了一眼这块令人心痛的地方。"这里雪白冰冷，和以往毛骨悚然的单调没有任何区别，也看不到任何新奇的东西"——这便是日志中罗伯特·福尔肯·斯科特对南极点的全部描写。在那里他们发现了唯一不寻常的，不是自然界的神奇造化，而是那第一到达的对手造成的，是阿蒙森在留下的帐篷上插上的挪威国旗，那面旗帜耀武扬威地、暗自得意地在这已经两次被人类攻入的堡垒上猎猎作响。阿蒙森还留有一封信在这里，等待着素不相识的第二名的到来，他相信在他之后肯定会有第二名紧随而来，所以，在信中他请求帮助他把那封信带给哈康国王——挪威的现任领袖。斯科特毫不犹豫地接受了这项使命，他要像忠实于老朋友一样去完成这个最冷酷而痛心的任务：在全世界面前为一个打败自己的对手去证明他的胜利业绩，而这一胜利正是自己多年艰辛中所热烈追求的。

他们闷闷不乐地在阿蒙森的那面荣耀旗帜旁边插上一枚米字国旗——这面晚来一步的"联合王国的国旗"，然后所有人不回头地离开了这块伤心之地——这个"辜负了他们英雄壮志"的地方。凛冽的寒风依然在他们身后乱吼，斯科特怀有种不祥的预感。他在自己的日记中写道："返回去的路途使我感到更加可怕。"

罹　难

　　回路比去路危险增加了十倍。因为，在去往极点的途中他们有罗盘指引，而现在除了用罗盘辨别方向外，他们还必须踏着自己来时的足迹走去，在开始的几个星期行程中，他们必须小心翼翼，万一偏离了自己原来的脚印，那便会错过事先设好的贮藏点，在那里储放着他们有限的食物、衣服和仅有的可以产生热量的几加仑煤油。但是漫天大雪模糊了他们的脚印、封住了他们的眼睛，他们每走一步需十分小心，因为一旦线路偏移，错过了贮藏点，那便等于直接走向死亡之路。况且他们体内的精力已远远没有初来时那样充沛，因为那时他们体内蕴藏着丰富营养所转化成的能量和南极之家那个温暖小木屋带给他们的热量。

　　更为重要的是，现在他们心中那钢铁般的意志已开始松懈。来的时候他们带来着无限的希冀，这是全人类的好奇和渴望，这也是他们无穷的力量之源。那时他们一想到自己将是为人类的不朽事业奋进时，也有了超乎寻常的力量。而现在他们只要确保自己的皮肤不被损伤、肉体还可以苟延到死去，是没有任何荣耀的回家历程。在他们的内心深处可能会这样想：与其说是渴盼着回家，毋宁说是害怕回家。

　　从那几天的日志记录可得知，回来的路上天气变得更加恶劣，寒季比往常来得更早。脚下的白雪由粒变块，由块结成厚厚的冰凌，每走一步都要粘住鞋，脚被硌得好比踩在三角钉上般疼痛。刺骨的寒冷吞噬他们疲惫不堪的躯体。他们有时会连续几天畏缩不前，有时走错路以后重新再找到一个贮藏点时，他们就会高兴上一阵，然后从日志的文字里也可以看出他们重新燃起信心的火焰。在阴冷可怕的一片寂寞之中，一直有这么几个人在缓慢行走，他们身上的英雄气概十分令人钦佩，负责科学研究的威尔逊博士最能证明这一点，他在离死亡仅仅寸步远的时候，还在坚持进行着自己热爱的科学研究，在他的雪橇上，除了一切必需的物品外还拉着重量为十六公斤的几块珍贵的岩石样品。

然而，自然界是残酷无情的，人的勇气终于被难以战胜的自然的威力所销蚀。地球的这一块以它千万年来积聚的力量来和人类斗争，一切的困难纷至沓来，严寒、冰冻、雪崩——用这极其残酷的法术来折磨这五个勇敢的探路者。他们裹在脚上的皮毛早已磨光，脚早已溃烂，食物的定量与日俱减，他们一天只能吃到一顿热餐，热量缺少，使得他们的身体更加虚弱。一天，令伙伴们可怕的是，埃文斯突然精神失常了，他是小组中体力最强壮的。他停在一边发呆，口中念念有词，细细听原来他在不停地抱怨着，在诉说着他们所受的种种苦难——有些是事实，有些纯粹是他的幻觉。从他那语无伦次的表述里，大家终于明白，这个可怜的人是因为摔了一跤或者是巨大的痛苦的压迫已经神志失常了。怎么办？把他抛弃在这毫无生命的冰原上？不！可是，他们没有时间等待，必须迅速赶到下一个贮藏点，否则……日志里没有写到斯科特最后的打算。但是日志写了一条：2月17日夜里1点钟，埃文斯这位优秀的英国海军军士永远离开了。那一天他们正好走到"屠宰场营地"，找到了他们去时屠宰的矮种马，几个星期以来第一次吃了丰盛的一餐。

现在只留下四个人继续走路了，灾难并没有因此宽容他们，下一个贮藏点储放的煤油太少了，新的希望和新的失望相互交织。他们必须非常节约地利用好这最必需最珍贵的燃料用品，他们必须压缩热能，而热能是他们在这冰天雪地里最有效的防御武器。暴风雪的黑夜，寒风呼啸着，冰冷而恐惧。他们谨慎地睁着眼睛不敢沉睡，他们也几乎没有力气再把毡鞋的底部翻过来。但他们仍旧继续拖着自己往回走，队友奥茨的脚趾早已冻掉，他现在是在用没有脚趾的脚板行走。风刮得比其他季节更加厉害，3月2日，他们终于走到了下一个贮藏点，但是这次他们感到更加可怕和绝望，这里储存的燃料又是异常之少。

现在他们开始真正惊慌了。从日志中可以看出，作为领头人的斯科特一直在尽量掩饰着自己的恐惧，他那勉强镇静中还是迸发出绝望的厉叫，"照这样下去，是不行了"、"上帝呀！保佑！我们再也抵挡不住这种劳累了"、"我们的人生之戏将要悲惨地结束"。在日志中终于出现了令人可怕的祈祷："唯愿上帝保佑我们吧！人类是很难救助我们了。"不过，他们还得拖着疲惫的身子，无助而绝望地继续前行，走呀走，奥茨走路越来越艰难了，逐渐成为伙伴们的负担，而不再是得力助手。一天中午，气温骤然下降到零下四十度，于是，他们只能被迫放慢走路的速度。可怜的奥茨深深地感觉到，并且很清楚地意识到，再这样下去，他会拖累伙伴们，会给他们带来厄运，于是做了最坏的打算。他从负责科研的威尔逊那里要来十片吗啡，以便在必要时结束自己。队友们带着这个病人又艰难地熬过了一天路程。然后不幸的奥茨自己要求让大家将他留在睡袋里，要让命运把他和大家分开来。但队友们坚决拒绝了他的这个主意，尽管每一个人心里都非常清楚，这样做必定会减轻大家的负担。于是奥茨只好用冻伤了的脚跟着大家跟跟跄跄地走了若干公里，一直走到晚上宿营的地方。第二天早晨奥茨和大家一起醒来。可是，清早大家朝外一看，暴风雪正在外面肆无忌惮地狂吼怒号。

突然间奥茨站起身来，对伙伴们说："我想到外边走走，可能要多待一段时间。"所有的人不禁战栗起来。在这种天气下到外面去走一圈的结果是不言而喻的。但是谁也没敢阻拦他，大家都一句话也没说，同时谁也没敢伸出手去向他握别。大家怀着敬畏的心情目送着劳伦斯·奥茨——这个曾经是英国皇家禁卫军的骑兵上尉的年轻人，英雄一样向死神走去。

现在只剩下三个疲惫不堪、羸弱乏力的人费劲地拖着自己的脚步，在铁一般坚硬的茫茫无际的冰雪荒原中穿行。他们疲倦至极，已不再抱很大希望，只是靠着本能直觉支撑着身体和生命，迷迷糊糊地迈着蹒跚的步履。天气越来越难以忍受，也更加令人害怕，每到一个贮藏点，新的绝望便会在那儿守候他们，好像有预谋的故意捉弄似的，煤油极其地少，热能当然也非常弱。3月21日，当他们离下一个贮藏点仅仅二十公里的时候，暴风雪异常凶猛地刮着，好像要把人的脑袋割掉似的，他们无法离开帐篷。每个晚上他们都把希望寄托在第二天，可是到了第二天，除了耗掉一天的那点儿维生食物外，只能把希望寄托到下一个第二天。他们的燃料已经彻底用完，而此时的温度计指针对准了零下四十度。一丁点儿希望都没有了。他们现在唯一能做的就是在两种死法中间进行抉择：是饿死还是冻死？四周仍然是白茫茫的毫无生机的原始世界，小小的帐篷里苦难的三个人在静默中和死亡对抗了八天。3月29日，当对任何拯救他们的奇迹都不抱有幻想的时候，他们决定不再迈着艰难的步伐向厄运走去，而选择了骄傲地在待在帐篷里等待死神的光顾，他们爬进各自的睡袋，不管还要承受怎样的痛苦。他们始终没有因遭遇的种种苦难向世界哀叹一声。

最后的书信

暴风雪像发了狂似的袭击着越来越单薄的帐篷，死神正无声无息地走来，此时此刻，斯科特上校第一次在这雪地里回想起了与生活有关的一切。因为只有在这时他才有闲暇来想这个问题，也只有在这种极度寂静之中他才能静下心来想这个问题，他悲壮地体味到了自己对祖国、对人类世界的亲密情谊。但这仅仅是他在这漫天冰雪的荒漠上的一种幻想罢了，他想到爱情、友谊、忠诚和与之有关联的各种人的面孔，于是他用剩下的时间给所有想到的人写信留话。斯科特海军上校在他迎接死亡的同时用僵硬麻木的手指给他的妻子和他所爱地活着的人写了书信。

这些书信写得真切感人。死亡就在眼前，信里却丝毫没有凄凄惨惨的情意，仿佛信也如那毫无生命天空下冰冷清澈的空气。这些信写给他所熟识的人，也写给全人类听，这些信是写于那个时代的，但信中的语言却是永垂不朽的。

他给自己亲爱的妻子写信，叮嘱她要照顾好儿子。这是他在人世间最宝贵的也是唯一的遗产，他关照妻子最重要的是不能让儿子学会偷懒。他在完成人类历史上一种最崇高的业绩之后竟做了这样的自白："你很清楚，我努力强迫自己有所追求——是因为我总是很懒散。"在他即将去向死神报到的时刻，他仍然不会感到遗憾，相反，他为自己的这次决定而自豪。"关于这次远征的全部，我能告诉你的是——它比坐在家里舒舒服服地虚度时光不知要好多少！"

他还怀着最诚挚的友情给和他同来的并一起罹难的朋友们的妻子和母亲写信，他要为伙伴们的英勇精神做证。虽然他自己也即将死去，但他却以坚强的、超常的情感去安慰那几个伙伴的亲人们。因为他觉得这样的时刻是伟大的，这样死去是有意义的。

他给他亲近的朋友们写信。在谈到整个民族国家时他无比的自豪，而在说到自己时他非常谦逊，他说，在这样一个特别的时刻，他为自己是这个深爱着的民族的儿子——一个算得上儿子的人而感到异常兴奋。他写道："我不知道，自己算不算得上是一个伟大的发现者。而我们的结局将证明：我们的民族依然没有丧失掉它与生俱来的勇敢精神和超强忍耐力。"他在临死时还对最好的朋友做了如下的表白，这是由于男性的倔强、灵魂的贞操，在他活着的岁月始终没有说出口的话。在信中他这样写道："在我一生中，还从未碰见过一位像你这样让我爱戴和钦佩的人，可是我从来没有向您表示过，您赐予我的友谊，对我来说它意味着什么？您给予了我许多，而我却什么也没有给您。"

他的最后遗言，也是最精彩的一封信，是写给他深爱着的祖国的。他认为有必要讲清楚，在这场争取国家荣誉的战斗中他虽然失败了，但并没有个人的过错。他列举了使他失败的种种自然的或人为的意外事件，同时他用那种死者临走前特有的无比悲怆的声音恳求所有的英国人千万不要抛弃他的遗属。直至最后，他想到的仍然不是他自己的命运。在信的最后一句里他写的不是关于自己的死，而是送给活着的人："请看在上帝的份上，照顾我们的家人！"接下来的是几页空白信纸。

斯科特海军上校的日志停止于他生命的最后一瞬，当时他的手指全部冻僵，笔多次从直硬的手中滑落。他希望后来者能在他的尸体旁看到这些能证明他以及整个民族勇气的记录，正是这种信念支撑着他以超人的毅力写下这些日志并坚持到生命的最后一刻。日记里的最后一行字是他用已经冻僵的手指哆哆嗦嗦划下的愿望："如果看到，请把这本日记交到我妻子手中！"但随后他又悲伤而坚决地努力使劲划去了"我的妻子"几个字，在这句话上面补写了最伤心的——"我的遗孀"。

回　答

　　先前返回基地木板屋里的支援队员们在寂寞中等待了好几个星期，他们起初充满信心，接下来开始忧虑，最后终于坐立不安。他们也曾两次派营救小组去接应，但是可恶的天气又让他们不得不退回来。这些失去了队长的汉子们在烦闷的木板屋里白白地耗掉了整个漫长的寒季，灾难已经在他们的心中发了芽。在这几个月里，白雪封锁了罗伯特・斯科特海军上校和他的队友们的悲惨命运和悲壮事迹，冰雪早已把他们留在永恒的玻璃棺材里。等到南极的春天快要到来之际，10 月 29 日，救援队才出发，他们此行至少要在冰雪里觅到几位英雄的尸体，并带回他们的消息。经过一段时间的艰难跋涉后，他们于 11 月 12 日到达那个帐篷，英雄们的尸体已永远冻僵在睡袋里，斯科特临死前还像亲兄弟般搂着威尔逊的身体。救援队员找到了那些日志、书信和文件，并且在帐篷边为那几个壮烈牺牲的英雄们垒了一个石墓。在白雪皑皑的墓顶上竖了一个简陋而严肃的黑色十字架。直至今天，它还孤独地矗立在那片银白色的世界上，作为一个物证永远存在着，好像怕这银白色的世界吞噬了这件人类历史上的英雄壮举。

　　事实并非如此！斯科特的事迹竟出人意料地、神奇地复活了。这是我们新时代的骄傲，也是科技世界创造的精美传奇。救援队将那些珍贵的底片和电影胶卷带了回来，在化学溶液的分解下，图像清晰复现，人们再次看到了活着的斯科特和他的伙伴们全部的行军历程，人们还发现：触摸到南极的除了斯科特队伍以外，还有另一个人——阿蒙森。电线迅速地将斯科特的遗言和书信传向世界，世界开始赞叹和震惊。在英国国家主教堂里，国王为悼念这几位英雄屈身下跪着。因此，表面看来徒劳的事情也会结出胜利的果实，一件迟到了的事情也会成为人类了解未知世界的第一呼声，人类只要把自己的力量聚集到并未达到的目标，即使是壮丽的毁灭，也虽死犹生。失败中会产生比胜利更加坚忍的意志。雄心壮志能够点燃火热的心，获得成就和取得成功往往带有极大的偶然性。一个敢于向强大厄运挑战的人，虽然毁灭了自己的肉体，但他的心灵却是如此高尚而振奋人心。人类探索未知世界的伟大的时代悲剧，一个作家可以再现或创作它们，但生活创作的悲剧远远要多过上千倍。

黎明的列车

列宁

1917 年 4 月 9 日

寄居在修鞋匠家里的人

一片小小的和平绿洲——瑞士，周围却弥漫着世界大战的硝烟，因而在 1915 至 1918 年这四年里，瑞士也出现了像后来侦探小说里描述的那种惊险的场面。在一些豪华的旅馆里，处于敌对状态的几个列强国的驻瑞士使节们见面时互不搭讪，好像根本不认识似的，而就在一年以前他们还很亲密地在一起打桥牌或者彼此发出热情邀请到对方家中做客。而现在，经常会看到一些一闪而过、讳莫如深的人物从这些豪华旅馆的房间里溜出。国会议员、外交人员、秘书、巨商，还有部分戴面纱或不戴面纱的贵夫人们，表面上不动神色，而事实上，每个人都肩负着秘密的使命。插着各国国旗的高级轿车不断地驶到这些豪华旅馆门前，从车上走下来的有工业家、文艺界的名流、新闻记者以及那些好像仅仅是偶尔出来欣赏异国风情的人，但是他们中的每一个人也都各自肩负着不同的使命和有着同样的目的：要探听到一些重要消息，刺探一些军事政治情报。他们甚至会利用和逼迫旅馆的门房或打扫房间的女仆，让他们帮着去干偷听和监视的勾当。各国的敌对组织在旅馆、公寓楼、咖啡馆、邮局、到处进行活动。所谓的宣传鼓动，一多半是间谍活动；看似友爱，实质是出卖，所有这些匆忙到来的人办理的任何一件公开的事，背后都会隐藏着许多不能公开告人的事。一切都有人监视，一切也就都有人汇报。不管何种职业的德国人，只要刚一进入苏黎世，设在伯尔尼的敌国大使馆就会马上知道，不到一小时巴黎也知道了。大大小小、形形色色的情报人员每天都把或真实或杜撰的大本大本的报告交给那些等候着的外交官，然后由他们转送出去。几乎没有不透风的墙；电话常被窃听；从废纸篓那皱巴巴的碎片纸和吸墨纸的痕迹上捕风捉影地发现一条所谓的消息；在这个群魔乱舞的世界中，许多人做到最后连自己都糊涂了，自己究竟是猎人还是猎物，是出卖者还是被出卖者，是间谍还是反间谍。

不过，在这样的岁月里，有一个人——关于他的报告非常少，或许是因为他不太招摇吧。他既不跟那些官员一样住在高级的旅馆，也不和那些文艺界人士喜欢在咖啡馆里闲坐，他也不去观看煽情的宣传演出，而是默默地和自己的妻子一直隐居在一个修鞋匠家里。鞋匠家在利乌特河的斯比格尔小巷里，这条巷子古老、狭窄，路面又高低不平，他们就住在一幢三层房子的顶楼上。这幢房子很不起眼，跟城里的其他旧房子一样，屋顶高高耸立，构造还是很结实的，只是由于年代已久和紧靠着楼下院子里那家制作熏香肠的小作坊，屋子已经变得很黑。他有三个邻居：一个是女面包师，另外两个中一个意大利人一个是奥地利男演员。他平时不爱多说话，所以，邻居们只知道他是俄国人并且有个很难念的名字，别的也就一概不知了。女房东是从夫妇俩的穿着打扮和他们每天简单的饮食来判断他们已经离开家乡流亡很久了，而且他们来时也没带来大笔的财产，在这里也没有做过什么赚钱的大买卖。他们俩刚搬来这里住的时候，全部家当合起来还盛不满一个小竹篮。

这个人身材矮小，五官并不出众，生活也很不引人注意，处事也非常低调，他不喜欢交际，很少有客人来找他，邻居们极少能和他眯缝的双眼正面相遇，也就很难触及他那锐利而深沉的目光。但是他平日的生活却相当规律，每天上午9点钟准时去图书馆，在那里阅读一直到12点钟图书馆闭门，然后用十分钟时间回到家中，到12点50分又重新离开寓所到图书馆，下午他总是第一个到达那里的人，然后在那里一直待到晚上6点钟关门。那些情报人员只会关注那些喋喋不休的人，并不会想到沉默少言、孜孜不倦埋头苦读的人往往才是世界革命中最危险的人物，所以没有人会为这样一个住在修鞋匠家里寒酸的毫无特色的人写报告。然而，他在自己的圈子——社会主义者的阵营里，是被大家熟知的，他曾在伦敦一家由俄国流亡者主办的激进小刊物做编辑，他还是彼得堡的某个很难叫出名称的特殊党派的领袖。不过，他认为社会主义政党里一些最有名望的人的方法是错误的，因此，在谈论到那些人物时，态度有点生硬和轻蔑，又因为他表面看来不太好接近和性格中的不会圆通，所以大家对他也就不太热心。有些时候，他会利用晚上的时间在一家无产者经常出入的小咖啡馆组织聚会，来参加的大多是年轻人，人数一般都是十五到二十个。大家觉得他和那些俄国流亡者一样，喜欢没完没了地喝着茶喋喋不休地争论直至头脑发热，因此，对待这样一位怪僻的人，他们通常采取容忍的态度。也就几乎没有人去足够重视这个体格瘦小、面容严肃的人。在苏黎世，能够意识到这位住在修鞋匠家简陋屋子里的有着拗口名字——弗拉基米尔·伊里奇·乌里扬诺夫的人将会是位非常重要的人物的，不会超过三四十人。所以，在当时如果那些在各国使馆之间飞速穿梭的高级轿车中偶尔有一辆车，很不经意地在大街上撞死了这个人，那么，世界上就更不会有人知道他是谁了，既没人会知道他就是乌里扬诺夫，更没有人知道他就是蜚声世界的列宁。

希 望

　　1917 年 3 月 15 日，很意外的一天。时针已指向 9 点，苏黎世图书馆的那位管理员感到很奇怪。那个每天都是最准时到的借书人今天的座位却还空着。半小时过去了，一小时过去了，那个孜孜不倦的阅读者仍没有来。他再也不会来了。因为在他像往常一样来图书馆的路上，恰巧碰到一位俄国朋友，他们的交谈让他停下了脚步。事实上是，俄国革命爆发的消息打乱了他生活的全部计划。

　　列宁听了这消息之后，完全惊呆了。开始，他并不敢相信。为了得到确证，随后他便迅即而神情专注地赶往附近的苏黎世湖滨的报亭，接下来的几天，每天甚至每小时他都会在那个报亭或在报馆门前等候消息。事情果然是真的，消息确凿无误，这越来越真实的消息使他备受鼓舞。开始传来的消息是这样的，只说发生了一次宫廷革命，仅仅是更换了内阁；后来的消息才说沙皇政府被推翻了，俄国成立了临时政府，接下来才传来杜马 [1] 开会那天的消息——俄国自由了，政治犯被大赦——而这所有的一切都是他这许多年来梦寐以求的。整整二十年了，他在秘密地活动着，无论在监狱还是在西伯利亚的流亡生涯中都未曾放弃奋斗，而这一切，现在终于实现了。他这时觉得，在这次世界大战中数百万人死者的血没有白流。而且，他们的死并不是无谓的牺牲，他们是为了一个平等、自由和永远

---

[1] 杜马，俄文音译词，指的是议会。

和平的新国家而献身的，现在这样一个他们所期待的新王国已经诞生。就连这个平时沉静、严肃而且头脑异常清醒的梦想家此时也像迷醉了似的。终于可以回到自己的祖国和家乡去了！这一激动人心的消息同时也振奋着隐居在日内瓦、洛桑、伯尔尼等国家的几百名俄国流亡者，他们欢呼、兴奋、流泪，现在，他们再也不用冒着被判处死刑的危险偷偷用假护照隐藏姓名回到那个并不爱自己的沙皇帝国去,现在他们可以作为自由的公民光明正大地回到那片获得自由的土地上去。于是，所有流亡的人在激动中开始准备自己那少得可怜的行装。这时的时政报纸上刊登了高尔基发出的简略而有力的呼号："大家都回家吧！"于是这些流亡多年的人们向四面八方的伙伴发出信件和电报：回家，大家回家吧！我们要集合起来！团结起来！要为自己无悔的选择和毕生奋斗的事业——俄国革命——奉献终生！

失　望

　　然而事实并不像他们想得那般美好，几天之后他们惊愕地意识到：这个使他们欣喜若狂的革命并不是他们所梦想的那种革命，而且也不是真正的一次俄国革命，而是反对沙皇的一次宫廷政变。政变的策动者是英国和法国的一些滑头的外交官们，他们的真正目的是要阻止沙皇政府与德国媾和。它并不是由对和平与权利迫切需求的人民所发动的革命。这不是他们曾为之毕生努力并且时刻准备献身的那种革命。这次革命是一次阴谋，是那些好战的党派、将军、帝国主义的侵略分子为了按计划成功实施他们的计划而策动的阴谋。之后，列宁和流亡的同志们又认识到：革命的号召，招呼大家都回家的许诺并不属于卡尔·马克思式的激进的真正革命者。自由派首领米留可夫已经下了指示阻止他们回去。他们在哈利法克斯 [1] 把托洛茨基截留并禁闭，把其他的激进派分子阻拦在国境线外。所有协约国 [2] 的边境线上的关卡哨所，都有一份记录着全体参加过第三国际齐美尔瓦尔得会议的人员的黑名单。而另一方面，他们把那些温和派的对于他们继续进行战争有利的社会主义者迎接回俄国，其中，普列汉诺夫 [3] 就在护送人员的陪伴下十分体面地从英国乘着鱼雷艇回

---

[1] 哈利法克斯，加拿大大西洋沿岸诸省中最大港口城市。
[2] 协约国，第一次世界大战中以英国、法国、沙皇俄国为主的国家联盟。
[3] 普列汉诺夫，俄国第一个马克思主义宣传家，被誉为"俄国马克思主义之父"，20世纪初曾与列宁一起工作，但后来改变立场，加入了孟什维克派。

到彼得堡。列宁抱着最后一线希望，向彼得堡发去好几封电报，但是这些电报往往会被中途扣留或者放在那里无人过问。在苏黎世几乎没人知道，在欧洲也很少有人知道，而在俄国，人们特别是那些反对派的人很清楚地知道：弗拉基米尔·伊里奇·列宁，是那么坚强有力，而矢志不渝，同样也是多么致命的危险人物。

这些被阻拒于国门外面的人，现在一筹莫展，内心充满绝望。许多年来他们制定了自己的俄国革命的战略，在巴黎、伦敦、维也纳的总部他们举行过无数次的会议，衡量对比、尝试讨论过革命工作中的每一个细节问题。十多年来，他们自己创办刊物，互相探讨分析俄国革命在理论和实践上面临的各种困难和可能性发生的危险。而列宁倾其一生都在构想整个俄国的革命实现，经过不断修改完善，这个总体构想最终形成。可是现在，他却被阻留在瑞士，他担心自己所构想的革命蓝图将被一些机会主义者篡改和糟践，他觉得那些人是在盗取解放人民的崇高名义，本质上却是帝国主义的走狗和同谋。兴登堡 [1] 这位德国将军，在他戎马四十年的人生中，曾多次与俄国军队交锋，并将之打退，但是在第一次世界大战爆发时，他也只能穿着平民服装整天待在家里，只能整天用小旗帜在密密麻麻的地图上标明现役将军们的军事进展和错误。在这些日子里，列宁的遭际和兴登堡将军的命运，何其相似。列宁——这位最彻底的现实主义思想者，在这段痛苦的日子里也竟绝望地开始不着边际地胡思乱想起来：能否租一架飞机，横空越过德国和奥地利？他需要得到帮助但是第一个找上门来的却是一个间谍；于是他不断地想要潜逃，他写信到瑞典，请求熟人设法给他办一张瑞典护照，他甚至还想要装聋作哑，这样就可以免受重重盘问。不过，在夜不成寐时他可以浮想联翩，但是，只要早晨一起来，他也知道自己这些美梦根本就是虚幻的泡沫，到了大白天，他仍清楚意识到：必须回到俄国去。他必须亲自去从事自己的理想和革命，而不是由别人代理。他必须回去进行名副其实的、彻底的革命，而不是那种政权上的轮替更迭。他必须回去，而且必须立刻回去，为此，他要不惜一切代价！

***

[1] 兴登堡，德国陆军元帅和政治家，曾任魏玛共和国第二任总统，其任期内，政治不稳定，经济萧条。1933年任命希特勒为总理，使之上台掌权。

艰难的抉择

　　瑞士是个被周边国家包围着的国家，它的邻国有意大利、法国、德国和奥地利。作为一个革命者，列宁要取道协约国回到俄国是行不通的，而作为一名俄国人，一个敌国的公民，要穿过德国回去也是不行的。然而荒唐的是：比起米留可夫的俄国和普安卡雷[1]的法国，德国的威廉皇帝对列宁异常友好热情。因为德国急切需要不惜一切代价地同俄国媾和，并且要赶在美国宣布参战之前，所以，这样一个能够给英、法两国的使节们不断地制造麻烦的革命家，对德国人来说却是一个应受到欢迎的对手。

　　但是，列宁曾在自己最初的著作中无数次谴责和抨击过威廉皇帝的德国，现在却要突然同这个国家进行谈判，走这条路，必然要承担非比寻常的责任。因为，从道德观念来评判，在战争期间如果能得到敌对国家军事参谋部的准许，进入并通过这个国家的领土，那无疑就是一种叛国行为。这一点列宁自己也很清楚。这一行动只要一开始便会使自己的党和自己的革命事业遭到诽谤，他本人将要受到猜忌，会让人们把他当成一个已被德国政府收买并雇用的可耻的间谍派到俄国去的。而且，如果他实现了自己和德国立即媾和的协议，他将会成为历史的永远罪人，公众会谴责他，认为是他阻碍了俄国取得真正的和平胜利。因此，当他宣布了，

----
[1] 普安卡雷，法国政治家，1913 年至 1920 年期间出任法国总统。

在万不得已的非常形势下，他将会选择走这条最危险、最足以使自己声名狼藉的道路时，不单是那些温和的革命者，就连大多数同列宁革命观点一致的同志，都被他惊呆了。他们不知所措急惶惶地安慰他说：瑞士的社会民主党人已经开始准备谈判，想争取通过各自交换战俘这种温情的而又合法的策略，把流亡的俄国革命者送回去。但是这将是一条十分漫长的道路，列宁知道，俄国政府将会蓄意制造各种各样的借口为他们的返回制造障碍，这件事会拖到遥遥无期。而在他来说，现在的每时每刻、每分每秒都事关重大，他只能迫不得已地决定铤而走险，要去干这种被法律和道德观念看作是属于背叛的事。那些少有魄力和胆识的常人是不敢干这样一件事的，但是列宁已经暗下决心，要去和德国政府谈判，他将不顾一切地承担全部责任。

决　定

　　选择这一步必然会引起社会轰动和诸多攻击，所以，他非常谨慎，尽可能公开行事。弗里茨·普拉廷是当时的瑞士工会书记，他受列宁的委托前去使馆同德国代表磋商，转达了列宁提出的条件，而这位公使在去谈判之前就已经和俄国流亡革命者进行过常规性的谈判。而这个瘦小且相貌并不出众的流亡者好像预见到自己不久肯定会拥有权威似的，他根本没有像大家想象的那样对德国政府提出请求，而仅仅是提出几个合理的条件：俄国旅客按正常票价自己支付旅费；上下车时不得搜身和检查护照；不允许以任何方式强迫旅客中途离开车厢；必须承认车厢的治外法权；只有在满足所有的条件下，俄国旅客才可以接受德国政府提供的便利。大臣罗姆贝尔格将这些条件一一向上呈报，一直呈送到最高统帅部鲁登道夫那里，毫无疑问获得了批准，虽然鲁登道夫后来在他的回忆录中只字未提这件或许是他一生中最重要的，也是具有世界历史意义的一次决定。其实在当时，列宁故意将协议写得模棱两可，不仅仅是为了俄国人，同时也想让同车的奥地利人拉狄克免受检查，德国公使也本想在个别细节上做些修改，但是，情况发生了变化，就在 4 月 5 日这一天，美利坚合众国正式向德国宣战了，德国政府同列宁一样着急了，所以，德国公使没来得及修改。

　　于是，在 4 月 6 日中午，弗里茨·普拉廷获得一项有纪念意义的通知，内容为："一切都按列宁所提出的条件进行安排。"4 月 9 日，下午 2 点 30 分，一共有三十二人，包括有妇女和儿童。他们提着旧箱子，衣着寒酸、步履匆匆地从蔡林格霍夫餐馆出来直奔苏黎世火车站。在这些回去的男人中，后来只有列宁、拉狄克和季诺维也夫的名字被世人所知。在当时的《小巴黎人》报上已经有这样一条报道：俄国临时政府将把这批经过德国领土的旅客视作叛国分子。他们一起签署了文件，特意用粗壮的直来直去的字体签名，来表示他们同意所有的条件并对自己的这次旅行承担全部责任。之后他们一起在那个餐馆里吃了一顿最简单的午饭，现在，他们都不说话、迈着坚定的步子踏上这一具有世界历史意义的行程。

他们到达火车站时，丝毫没有引起任何关注。没看到一个新闻记者，也没有一个摄影记者。在瑞士，谁会认识这位名叫乌里扬诺夫先生的人呢！他藏在一顶压皱了的帽子下，穿着很旧的上衣，脚下依然是那双笨重而可笑的矿工鞋（这双鞋他一直穿到瑞典），混杂在一群提着破旧箱、蓝包袱的男女老少中间，默默地在列车里找了一个不引人注意的座位。这群人从表面看和那些从南斯拉夫、罗马尼亚、鲁登尼亚[1] 来的无数移民没有两样，那些移民以前常常在苏黎世的海岸坐在自己的木箱上休息几个钟头，接下来他们便前往法国海岸或更远的地方。瑞士的工人政党并不赞同这次旅程，他们没有派代表来。站台上有几个俄国人来送行，但目的是给家乡的人捎去一点东西和他们远方的问候。仍有几个人来，他们想尽力在最后一分钟劝说列宁停止这次"冒险的、违法的旅行"。但是大局已定。3点10分，列车员发出信号，列车长鸣一声，冒着滚滚浓烟，向德国边境线的哥特乌丁根车站驶去。从这个时刻——3点10分起，世界时钟的走法变了模样。

---

[1] 旧时是奥匈帝国的一个地名，是乌克兰人在奥匈帝国侨居的一个居住区。

封闭的列车

在这次世界大战中，各强国已经发射了千百万发毁灭性的炮弹。这些由精巧的工程师们设计出来的炮弹，射程很远、冲击力极大、破坏力超强。但是，在世界近代史上没有哪一发炮弹能像今天这列火车似的射程那么遥远，而且那么命运攸关。这辆列车正载着 20 世纪最危险、最坚决的革命家从瑞士边境出发，跨越整个德国，奔向彼得堡，而且要到那里去重建时代的秩序。

这一枚不同寻常的炮弹终于停在了哥特马丁根火车站的铁轨道上，这节车厢分有二等席位和三等席位，男人们坐在三等席位，妇女和孩子坐在二等席位。车厢的地板上还用粉笔画了一道线，这是德国军官的包厢与俄国流亡者领地的分界线，那两个德国军官是专门派来护送这批力量很强的活的烈性炸药的。一夜过去了，列车仍在平安地行驶着。可是在法兰克福，有几个事先听到了俄国革命者要从这里经过的德国士兵突然跑来，甚至有少数几个德国社会民主党人想要上前和这批旅行者攀谈，那两个德国军官阻止他们上车。列宁静默地坐着，他心里很清楚，这个时候，在这德国的领土上即使只和一个德国人随便说一句话，都会替自己招来嫌疑。但是，到了瑞典，他们受到空前的热烈的欢迎，他们在那里吃了早餐。这群饿坏了的人纷纷跑向餐桌，而出现在他们面前是那诱人的黄油面包。早餐后，列宁必须得换下那双沉重的矿工鞋，他去买了一双新鞋和换了几件新衣服。终于，到达俄国边境了。

新纪元的炮声

　　列宁回到俄国这片土地上做的第一件事便是一头埋进报纸堆里，他没有顾及别人在干什么，这也符合了他的性格特点。尽管他已经有足足十四年的时间没有待在俄国，没有这么近地贴近自己的故土、国旗和那些戍守的士兵，但是作为一位伟大的思想家，意志坚强的他并不像其他人那样泪水涟涟，也不像那些同来的妇女们，莫名其妙地跑去拥抱那些面无表情的士兵们。他急切要看到报纸，看到自己的《真理报》，要仔细检查一下这份原本属于自己的报纸——是否仍坚定地站在国际主义立场上。哦，他气愤地把《真理报》揉成一团扔到一边。报纸中始终都是"祖国"呀、"爱国主义"呀，这些字句，并没有坚持彻底的国际主义立场，对他思想中最重要的部分——那种纯洁的革命，谈得非常浅显且篇幅很少。他觉得，他必须要扭转舵轮，他回来得恰是时候，去实现自己一生最伟大的理想，不管迎接他的是胜利还是毁灭。但是，对于能否到达目的地他有点不安，他也不是全然没有担忧的，不过时间不会太长了。到了当时被称为彼得格勒的这座城市[1]，米留可夫会立刻逮捕他吗？——专门前来迎接他归来的两位朋友——加米涅夫和斯大林——在车厢里并没有告诉他这个问题的答案；也许是他们不情愿回答吧。只是在昏暗的车厢里看到他们脸上明显露出神秘的微笑，而这样的微笑在朦胧的灯

---

[1] 今日的列宁格勒在 1914 年至 1924 年称彼得格勒。

光中又显得有点隐晦。

不过，事实便是最好的答案。当列车驶进芬兰火车站到达彼得格勒时，车站前的广场上站着全副武装的卫队士兵和成千上万欢迎他的工人，他们正在翘首等待这位流亡归来的伟人。《国际歌》骤然响起，当列宁走出车站时，这个就在昨天还在修鞋匠家里隐居的被称为弗拉基米尔·伊里奇·乌里扬诺夫的人，立刻被千百双手抓住，人们把他高举到一辆崭新的装甲车上，探照灯霎时从角楼和要塞射来，璀璨的光亮汇集在他身上。他就站在这辆装甲车上慷慨激昂地向所有的人民发表了他的第一篇革命演讲。大街小巷全都震动，不久之后，"震撼全世界的十天"[1]开始了。这一革命的炮火，击中和摧垮了一个帝国主义世界。

---

[1] 指的是十月革命起初的十天，美国新闻记者约翰·里德对这次革命做了详尽的报道，并著有《震撼世界的十天》。

三大师

狄更斯、列夫·托尔斯泰、巴尔扎克

狄更斯

如果你真的想要了解查尔斯·狄更斯在同时代人中受欢迎的程度，那么你就不应该通过书籍去寻找答案。只有在人们讲述的语言中，你才能找到爱存在的痕迹。因此，一定要有一个人来讲述，而且他最好是这样的英国人中的一个。在他的青年时代的回忆中，还能追踪到狄更斯初期取得成就的那段时期，即使已经过了五十年，他依然不断地用更亲切、更深情的老绰号"波兹"来称呼狄更斯——《匹克威克外传》的作者，而非称为查尔斯·狄更斯。成千上万人的热情、爱戴就和这些动人的忧伤回忆融合在一起了。当初，他们狂热地挚爱的蓝色的《小说月报》，今天成了珍贵的收藏品，被小心翼翼地保存在抽屉盒书橱里，尽管书页已经发黄了。其中一位"老狄更斯迷"是给我这样讲述的：当时，他们会清清楚楚地谨记邮差到来的日子，绝不会搞错。到了那天，他们就在家里焦急地等待着，直到邮差把装有波兹的蓝色新期刊的邮包送达。他们需要等待整整一个月的时间。他们期待着，有时就会讨论科波菲尔是会和埃格尼斯结成伉俪，还是会和多拉结婚呢。他们会因为密考伯的境遇出现了危机，而感到一些小小的兴奋。——尽管他们明白，密考伯会用美味的潘趣酒和愉悦的心情勇敢地走出困境！——如今，他们还需要盼望，盼望，一直等到驾驶着慢吞吞马车的邮差来把一切让人不快的谜团解开为止吗？他们不会那么做了，因为那样完全不行。于是，为了能够早一点拿到自己的书，大家伙儿会年复一年地步行五六里路，特地迎接邮差，在回家的路上，他们就迫不及待地开始阅读了，有的人甚至从另一个人的肩膀旁边来看书，还有人会情不自禁地高声朗诵。只有那些善良的家伙为了尽快把胜利品和家人一起分享，才快步地赶回家去。在那时，这种对于查尔斯·狄更斯的热爱遍布了每个村庄，每个城市，整个国家，甚至包括移居到其他大陆的英国人。和这个小乡镇上的人们一样，他们对狄更斯的热爱都从与他相遇的第一个时刻开始，直到生命的最后一刻。

在 19 世纪，像这样恒久不变的深情关系在其他地区的作家和其他的民族之间是没有的。狄更斯的名声像火箭似的腾空升起，而且永远动力十足，像太阳一样持久地照耀着整个世界。《匹克威克外传》第一期的印数是四百册，到第十五期已经增加到了四万册。就这样，他的声望以雪崩之势造就了他的时代。没用多长时间，狄更斯打开了通向德国读者的道路。数以千计的廉价小型书册甚至到德国中心腹地的田野里去播撒欢声笑语。可爱的尼古拉斯·尼克贝、让人怜惜的奥列佛·退斯特以及这位灵感充沛的作家创作的其他数百个人物都流传到了美洲和澳洲。现在狄更斯的书有上百万册在流通。有大开本，有小开本，有厚本，有薄本，有穷人读的平装本，美国那里还有历来为某位作家出版的唯一典藏本（如果有人告诉我，这个珍藏本的售价是三十万马克，我一定坚信不疑。这是专门为亿万富翁打造的版本）。和过去一样，在这些书中人们仍然可以找到快乐的欢笑。只要翻上几页书，这种欢笑就会像春风一些包围着你，温暖着你的心灵。

人们对他的爱戴是空前的。如果说人们对他的爱戴在一段时间内没有再增加，那么，这只是由于热情已经到达顶峰了，找不到更高的等级了。当狄更斯做出决定要举行公开朗读，与他的读者第一次面对面交流的时候，全英国的国民几乎欣喜若狂了。人们纷纷拥进朗诵大厅，把大厅塞得满满的，还有狂热的爱好者为了不被人群挤走，紧紧抱着大厅里的柱子，或者爬到讲坛的卜边，只是为了听到自己所热爱的作家的讲话。在美国，人们不顾冬天的严寒带着被子睡在售票处门口。附近餐厅里的服务员给他们送来饭菜。但是前来的读者总是有增无减，大厅显得太过狭窄，最后人们不得不把这位作家的朗诵会放在布鲁克林 [1] 的一个教堂里

---

[1] 布鲁克林，美国纽约市的一个区。

举行。狄更斯就在这里的布道坛上讲述奥列佛·退斯特的奇特经历和小耐儿的故事。

狄更斯的名望并不是起伏不定的。瓦尔特·司各特、萨克雷等天才的一辈人在他面前也不免有些黯然失色。狄更斯的逝世，好像把整个英文世界的心都撕裂了，那把照亮人们内心的火炬从此熄灭了。大街小巷的人们都在谈论这件事情，惊恐和不安的情绪笼罩着整个伦敦市，就好像是经历了一场惨败的战争。他被安葬在威斯敏斯特教堂即英国的万神殿里，在莎士比亚和菲尔丁的中间。成千上万的读者来到这里祭奠他。每天都会有很多的人来到这座朴实无华的纪念馆，为他献上鲜花和花圈，而且直至今日，狄更斯逝世四十年后，怀念的鲜花还总会出现在他的墓前。尽管这么长时间过去了，他的声望和读者的热情却丝毫没有枯萎。现今狄更斯依然是在英语世界中最受爱戴，最让人赞叹和为人称颂的叙事文学作家，正如当初英国将一个世界性荣誉的礼物出乎意料地赋予一个毫无名气、一无所知的人时一样。

一个文学家的作品要想在广度和深度都产生惊人的巨大影响，只有通过两种通常是相互抵触的成分罕见地会聚在一起才可以实现，即天才的作家与其所处时代的传统具有一致性。一般地说，天才总是包含一些反传统的东西，两者是水火不容的。的确，它作为一种正在形成的力量所体现的精神内涵与过去的传统精神是敌对的，它作为一位新族群的男性祖先宣告和逐渐消亡的同族斗争，这几乎成了天才的标志。天才和他所处的时代就像是两个世界，尽管会互相交换光明和阴影，但是在其他的多数领域中还是会挥拳相向。它们在彼此循环的轨道上相遇，但从来没有重叠过。现在正是星空中难得一见的时刻，一个天体光明的表面被另一个天体的阴影遮住了，于是它们就互相一致了。狄更斯正是他那个时代内心世界与时代精神完全相符、绝无仅有的伟大的文学家。他的长篇作品和当时英国公民的欣赏口味几乎是吻合的。他的作品是英国传统精神的具体化：狄更斯是幽默、是旁观、是道德、是美学、是精神与艺术的内涵、是海峡两岸六千万人所特有的，这些常常对我们而言是陌生的，也常常是与我们寻常的生活感情有某些关联和眷恋的。可以说，他不仅是在创作一部虚构的文学作品，而且写出了英国的传统精神，将那种最有力，最丰富，最独特，因此也是最危险的现代文化描写得淋漓尽致。这种文化的生命力不可小觑。和德国人相比，每一个英国人身上的英国气质都更为浓重。这种不是一层表皮，也不是附着在人精神机体表面的颜色。它渗透到了每个英国人的血液中，对血液流动的节奏产生影响，使一个人最内在、最深处、最独特的东西充满活力：我们称其为艺术性。英国人在艺术家这个角色扮演方面也比德国人或法国人更具有民族的责任感。因此，英国的每位艺术家，每个真正的文学家在内心里都曾与英国这种传统做过斗争。但是，即使是最为激烈、绝望的仇恨也无法抑制住传统的力量。传统精神以其纤细、广布的血管在人们的内心中根深蒂固，以至有人想要去掉英国气质，他就必须将整个机体撕碎：重伤失血而死。有几位出身贵族非常渴望成为自由世界成员的勇士，曾经做过这样的冒险。拜伦、雪莱、奥斯卡·王尔德就是杰出的代表，他们都想要彻底消除自己生就的英国气质——这种让他们憎恶的英国人身上永恒的东西，结果他们只是把自己的生命撕碎了。英国的传统精神是世界上最有生命力的传统，也是获胜最多的传统，但是它对于艺术来说是致命的。它的致命之处在于它的阴险。它不是严寒残酷的不毛之地，也不是不热情好客的或不吸引人的。它会用暖温的炉火和舒适的设备吸引你，但又会用道德做篱笆，加以自我限制、自我调整，因而与自由艺术家的意愿格格不入。它是一所简陋的房屋，偶尔有断断续续的微风吹入，又能防御有破坏性的生活暴风雨。这里热情好客、欢乐愉快，是个拥有让市民阶级心满意足的壁炉的真正的"home"（家）。可是对于那些以世界为家的人们而言，对于那些自由自在地以游牧民族离奇、浪漫的漫游为最大生活乐趣的人们而言，它不啻是一座监狱。狄更斯非常愉快地适应了英国的这种传统。他在这种传统构筑的房屋之中深居简出。他认为在祖国的范围里非常舒服、愉快，因而始终没有越出艺术方面、道德方面或者美学方面的英国界限。狄更斯，不是一个革命者，在他身上艺术家和英国人的身份是协调一致的，且渐渐完全溶解成英国人了。他的作品是他所在民族文化的不自觉的沉淀，变成了艺术的意志，因此，我们肯定他的作品的内容丰富和优点的无与伦比，同时也看到他的作品的缺点和一些疏忽，这其实就意味着，我们也是在与英国进行论争。

　　狄更斯是拿破仑的英雄世纪的英国传统最高的诗意表现，这个英雄世纪处于光荣的过去和拿破仑的未来帝国主义梦之间。如果说他为我们做出了一些不寻常的业绩，但是并没有做出属于他这个天才能够做出的伟大业绩，那么，问题不在于阻碍他的种族本身，也不在于英国，而在于那个不幸的时代：维多利亚时代。而莎士比亚就是一个英国时代最大可能性的诗意的完成。那正好在伊丽莎白时代，是个强大的、喜欢冒险的、青春期的、异常清新的英国时代。当时的英国精力充沛，心情急躁，于是无法遏制地第一次要扩张成为一个颤抖的世界帝国。可以说，莎士比亚是一个集事业、意志、精力于一体的世纪的儿子。恰巧那时新的状况出现了，一个个惊险离奇的王国在美洲成立，文艺复兴之火起初在意大利闪出亮光之后便迅速传到了北方的云雾中，粉碎了世俗之敌后，一个神或一个宗教结束了，世界重新又充满了崭新的勃勃生气和新的价值。如果说莎士比亚是英国英雄时代的化身，那么狄更斯则是英国资产阶级时代的象征。狄更斯是维多利亚女王的忠实臣仆，这是一个家庭主妇般的，温和而无足轻重的老女王。狄更斯是一个安分的，闲适的，按部就班的，但缺乏气魄和激情的国家体制下的公民。正如莎士比亚是贪得无厌的英国的勇敢那样，狄更斯是饱食终日的英国的谨慎。他向上的精力被那个只想消化而从不感到饥饿的时代的重量阻滞了。软弱无力的风只够把船帆摇响，绝没有能力把大船沿着英国海岸吹到一个充满危险的美丽而遥远的未知世界，或者推到人烟稀疏的无限远处。因此，狄更斯始终小心谨慎地待在自己家乡附近，留守在自己所习惯的平常事物中，留在代代相传的事物中。1812年，狄更斯诞生了。当他能够睁开眼睛张望四周的时候，世界就开始变得昏暗了，巨大的火焰，那用来烧毁欧洲各国陈腐的梁架结构的大火熄灭了。英国步兵在滑铁卢粉碎了近卫军。英国得救了，他长期以来的敌人也被流放到了孤独海岛上，既不能指挥大炮，又不能行使权力，毁灭了。这种事在狄更斯的成长中再没有发生过。他再没能够看到过那世界性火焰——能够从欧洲的这一端照彻到另一端的红彤彤的光亮。他的目光只局限在英国的大雾中探索。英雄的时代过去了，这个年轻人便再也没有找到英雄。可是，在英国的其他几个人不愿意相信这一点。他们想利用强大的力量和热血沸腾的激情扭转那不肯停息的时代车轮，将昔日呼啸奔腾的活力重新加于世界。但是，此刻的英国需要安静，只能把他们赶出去。他们在浪漫派之后迫不得已地躲进了那狭小的隐蔽角落。他们打算用可怜的微光来重新燃起熊熊烈火，然而命运是如此不遂人意。天才诗人雪莱不幸地淹死在第勒尼安海里，而他的朋友拜伦爵士在米索隆希染上寒热病也死去了：世界是苍白色的，时代再不愿以奇特的侥幸出现了。英国正惬意而自满地吃着还鲜血未干的战利品。资本家、商人，一切掌握经济的人都是国王，而且在王位上自如地舒展着腰肢，就像在躺椅上一样随意。在当时，被人喜爱的艺术必须是供人消遣的。这种艺术不会对政治进行干扰，也没有狂热的感情来鼓动人，只能隔靴搔痒和温柔抚慰。这种艺术只属于多愁善感的，而不会是惨烈而富有悲剧性的。人们其实更不愿意看到恐惧，人们从实际生活中已经对鲜血非常了解了，当报纸从法国和俄国来到的时候，恐惧能像闪电一样让人裂开胸膛，停止呼吸，凝固了鲜血。当时的人们只想看到畏缩，开开玩笑，舒服而无所事事地打打呼噜，把故事的七彩线球不断地滚来滚去。那时候，人们喜欢的是壁炉艺术：窗户外面暴风雨排山倒海而来时，他们可以坐在壁炉跟前坦然舒适地读书。壁炉内的火舌闪动蹿跳，但是马上会分裂成毫无危险的小火苗。这种舒暖人心的艺术是一种像饮茶一样令人清爽静心的，而不会使人随意冲动火爆的艺术。以前以英雄面貌出现的胜利者现在彻底地畏首畏尾。他们所做的仅仅是保持和防护，而再不敢有一丝的冒险和改变了。反而，他们会为自己内心强烈的感情感到恐惧。如同在生活中一样，他们在书籍中也只愿有不冷不热的感情，而不希望再有冲锋陷阵的冲动。当时的他们只想拥有一种能一本正经地在夕阳下散步的平常心。在当时的英国，安逸是幸福的代名词，审美学与安分守己是等同的，爱情与婚姻没有差别。一切生活价值都是苍白贫血的，英国自己却是满足的，不愿意做出任何改变。那么，一个如此沾沾自喜轻易满足的民族所能赞许的艺术，即使不管方式如何，一定也是满足的，对现有事物是高调赞扬的，不想超越自我。这种追求舒适、亲切的艺术意志，追求一种供人消遣的艺术的意志很幸运地找到了它的天才，如同当年伊丽莎白时代的英国找到了专属于它的莎士比亚一样。狄更斯恰逢其时地来到，创建了他的声望。他是当时英国嬗变了的艺术需求产物，他被这种需要所控制住便是他的悲剧。狄更斯的艺术从虚伪的道德中，从好大喜功的英国的舒适中汲取了营养。假使他的作品背后没有潜藏这样不同寻常的，富有诗意的力量；假使不是他那熠熠生辉的幽默超越了其内在情感的苍白无力，起到了迷惑读者的作用，那么，他的价值就只能沉沦在他所在时代的英语世界里；我们不会对他感兴趣，我们就像对待海峡对岸诸多心灵手巧的人所创作的几千部长篇小说一样。只有那些打心底里憎恶那些虚伪、浅薄、狭隘的维多利亚时期文化的人才能怀着无限的崇敬来估量这个天才。他把人们所厌恶的这个妄自菲薄的富裕世界变成一个有趣的世界，他把生活从平庸乏味的散文中解救出来，变为诗。他甚至把这个世界变为人们喜爱的世界来感受。

狄更斯本人虽然从来没有显示过和这样一个英国的冲突与斗争。但是在他内心的深处——在潜意识的底层——他这个英国人与他身上的艺术家意志进行着搏斗。他原本是迈着坚定而自信的大步前进的，但是他在那个柔软的时代的半坚硬半松软的沙地里越走越疲乏了，而且后来经常不由自主地走进古老而宽广的传统脚印里了。可怜的狄更斯完全被他所在的时代控制住了，他一生的遭际总会使我们不由自主想起格列佛到了小人国那里的惊险奇遇。趁着格列佛睡熟的时候，侏儒们偷偷用上千条绳子把这个巨人缠住。他醒来时发现自己被他们紧紧绑住，他只有投降并且发誓永远不破坏这个小国法律之后，才能享有自由。狄更斯也正是在默默无闻中熟睡后，被英国传统用网紧紧缠住、捆绑。英国传统用诱人的成果把他深深地压在英国的乡土上，故意把他拖进名望里，进而捆缚住了他的双手。

在漫长而抑郁的少年时代之后，狄更斯开始当了国会里的速记员，这时他便开始尝试写随笔。这与其说是为了满足他创作上的渴望，不如说他是为了增加收入。就在第一次尝试成功后，报社录用了他。紧接着有个出版商请他要给一个俱乐部写些讽刺内容的杂文，在某种程度上其实就是对英国绅士阶级的漫画加以说明。狄更斯迫不得已接受了任务，出乎意料的是他获得了成功，而这也远远超出了他自己的预想。最初几期的《匹克威克俱乐部》就获得了前所未有的成功。仅仅两个月以后波兹就变成了全国知名的作家了。他和名声一起携手共进，于是他把《匹克威克》续写成了一部长篇小说。于是，他再次取得了成功。然而名气也是一张看不见的网，这个隐蔽的枷锁也把他拴得更紧了。赞扬把他推向创作的道路,一部作品接着另一部作品,他被推到当代人欣赏口味的方向。这种由无数赞扬、众人瞩目的成功和艺术家的自豪心结所错乱交织成的上千张网把狄更斯紧紧地和英国的土地捆绑在一起,直到他乖乖投降,而且从内心里发誓绝不会逾越祖国的美学标准和道德法则。

狄更斯一直停留在英国传统力量的控制之中,停留在资产阶级的趣味需求的约束之下。他始终是一个停留在小人国公民中间的戴着现代面具的格列佛。他那绝妙的幻想原本是能够像一只雄鹰那样冲出那个狭隘世界的,然而他却用成功的脚镣束缚了自己。自我的满足感重重地压着艺术家的上进心。因此,狄更斯自己是满足的。他对所在的世界是满意的,对当下的英国是满意的,他对与之同时代的人是满意的,当然同代人对他也深感满意。他们双方都不需要任何改变,只要保持现有的样子。他身上没有因需要惩罚、提醒而振奋的激愤之爱,也没有大艺术家身上那种为了改变自我的世界而凭借自己的感觉努力创造一个新世界的动力,也没有与上帝争得自我权利的原始意志。狄更斯对于一切现存的东西都表示一种善意的接纳与钦佩,并表现出一种永远像孩子游玩时的那种狂喜,他对现实是虔诚的,敬畏的。他也是心满意足的,因为,他所期求得到的不多。以前,他是一个十分贫困的,几乎被命运遗弃、被世界吓坏了的男孩子。这个可怜的职业又彻头彻尾耗费掉了他所有的青年时代。

其实在那时候,他也有过五彩斑斓的梦想,但是巨大的群体力量把他推向了漫长的、无奈的忍受和畏惧之中。这也曾使他心急如焚。他童年时代的生活是一种极其富有诗意的悲剧式的经历:当沉默而痛苦的肥沃之土把他那颗期许创造性的种子深深掩埋后,当对权力和影响的期望成为遥远的梦的时候,他内心深处最大的愿望就是为了自己的童年经历进行报复。他要在他的长篇小说中帮助所有贫苦的、被遗忘、被遗弃的孩子们,帮助那些和他一样因父母漠不关心、教师表现低劣、学校疏忽失职而受到不公正待遇的孩子们,当然这与大多数人的懒散冷酷和自私自利密切相关。他想拯救那些原本就没有多少艳丽色彩的鲜花般的孩子们的欢乐。在他自己的心中,儿童那原有的欢乐之花早已因缺少热情的露水而枯萎了。后来他就再不谴责了,因为,生活已经给他提供了一切。然而,童年时代不停地在他心里呼唤复仇。因此必须帮助这些弱小者,这也就成为他创作的唯一的道德意图,也成了他进行写作的强大的内心生活意志:在这个世界里他只想改善一下当时的生活制度,但他不会摒弃现有的生活制度,他不会挺身而出反对国家的规则,当然,他也不会进行威胁,他绝不会向整个种族、不向资产阶级立法者和一切世俗惯例的虚伪与欺骗愤慨地伸出拳头。他只是偶尔用手指小心翼翼地指出并公开一两处创伤。

当时的英国正处于 1848 年前后,是欧洲唯一一个不进行革命的国家。因而,作为个体的狄更斯也不愿意主动进行彻底变革并重新创建,他只想修正和改良,他只有在被过分尖利的社会不公正现象的荆棘刺痛得难以忍受的时候把荆棘磨掉,只想暂时减轻一点苦痛,绝不去捣毁和挖掉这荆棘的根——疼痛的最根本的来源。作为真正的英国人,狄更斯是不敢轻易触及道德的基础的。道德基础在他这个保守派这里是神圣不可亵渎的,就像福音书一样。由他那个时代软弱呆滞的性格中煎熬出来的药汁——自我满足,便是他最显著的特征。他对生活的要求不多,对他的那些主人公们也要求不多。相比之下,巴尔扎克笔下的主人们对什么都不满足,他们贪得无厌,对权势有极强的欲望,他们渴求权力的野心不断在膨胀,他们每个人都想做世界的征服者,都想彻底进行变革,同时又都是自由的无政府主义者和贪婪的暴君,他们身上都带有拿破仑的气质。另一个作家陀思妥耶夫斯基,他笔下的主人公都是热情洋溢、性格刚烈的。他们的意愿就是要抛弃这个旧有世界,他们非常关注现实,喜欢在生活中最庄严的不满足中寻求真正的生活,他们不甘于做个普通公民,他们每个人都很谦卑,但是这极其谦恭里闪现出来的是想当救世主的危险抱负和骄傲。巴尔扎克小说中的主人公是想要奴役全世界,而陀思妥耶夫斯基作品里的主人公是想要战胜全世界。他们两人都勇往直前,敢于破坏日常生活秩序的紧张精神,他们一直向前走向无限远的地方。相反,狄更斯书中描绘的人物都很谦卑。他们的理想生活是什么呢?我的上帝!每年能有一百镑的收入即可,有一个温柔漂亮的妻子,十多个可爱的孩子,能够在假日为好朋友们摆一桌令人愉快的晚餐,居住在伦敦附近的乡间,他们的别墅窗子前面是令人神清气爽的大片绿草地,别墅后面还有一个小花园。他们的理想是最大众化的世俗的理想，是一种小市民生活的理想状态。阅读狄更斯的书，我们只能从这找到源头。作为一位作家，狄更斯是站在他的作品背后的，他不是激愤的天神，没有宏伟而非凡的理想，他是一个很容易满足的观察者，是一个忠实的市民。市民气息就是狄更斯全部的长篇小说的氛围。

因此，他是第一个把日常生活搅拌到富有诗意的东西里的人。他伟大的、令人赞叹的业绩，便是去挖掘资产阶级的浪漫，从而摒弃掉没有诗意的生活。他能让太阳穿透毫无生机暗沉沉的灰色照射起来。在英国，如果有人看到过不断上升的太阳是怎样穿过阴霾的雾气喷射出金黄色的光芒照射着大地的，那么，他就会明白，一个能够使全民族的艺术从昏睡状态解放出来的作家，是多么令自己的民族自豪和兴奋啊。狄更斯就是这个散发出金光来照射英国日常生活的光环，是最朴素的和最具有百姓气息的，是英国的田园诗。

狄更斯在乡下散发着泥土气息的小路上寻觅他的主人公，探寻他的命运，而别的作家对郊区是视而不见的，他们只在贵族沙龙里的枝形吊灯下边，在那夸夸其谈的通往童话仙林的大路上，去找到自己的主人公。他们的目标是遥远的事物、不同寻常的事物和那些非常杰出的事物。他们只想寻找英雄，寻找情感丰富的、热情、奋发向上、宝贵的心灵，在他们看来市民是物化了的沉重的地球重力。狄更斯来自下层，因此，他对下层的生活环境保持着一种动人的崇敬之情。他是一个自力更生的人，他不认为把十分平凡的普通上班工人写入书中是羞耻的事。他，对平庸的事物，也表现出十分专注的热情，那些毫无价值的破旧东西和日常的琐碎小东西，都会使他欢欣鼓舞。他的书就像一个古董铺，里边摆满了谁都认为毫无价值的陈旧破烂东西。那些东西稀奇古怪，滑稽无用，横七竖八地无人问津，耗费几十年等待偶尔一两个爱好者都属徒劳。可是，狄更斯把这些陈旧而无价值并且布满灰尘的东西，擦出亮光，并且把它们合理地安排在一起，摆放到那让人兴奋、激动的阳光下边。于是这些陈旧东西，突然都发散出了从未有过的光芒。他就是这样细致地从普通人的胸怀中提取出来很多微不足道的、被人轻视的感情，然后装配上齿轮，仔细听听，直到它们各自都又发出生机勃勃的滴滴答答声为止。刹那间，这些旧东西都动起来，像音乐闹钟一样开始运转开始发出隆隆的声音，继而唱起甜美古老的曲调来。那曲调比骑士在传奇王国里忧郁伤感的叙事歌谣更为动人，比湖上夫人那抒情的歌谣更为悦耳。狄更斯就是这样把整个市民的生活从被世界遗忘的灰尘堆里揪了出来，而且又装配得光彩照人。市民世界在狄更斯的小说里又重新变成了一个有生命的活的世界。

对于这个世界的愚昧和局限，狄更斯采取了宽容也得到了人们的理解；对于它的美，狄更斯投以爱使得它更加鲜明。他还把市民世界的迷信升华为一种新的、富有诗意的神话。傍晚乡下人家炉灶旁那蟋蟀的啾啾声变成了美妙的音乐，融入了他的中篇小说。圣诞节的魔术师和解了创作与宗教的情感关系。除夕夜的钟声会说人的语言。狄更斯从最不隆重的小节日里找寻出一种较为深刻的意义。他让所有淳朴的人们开始关注自己日常生活中的诗意。他让他们觉得自己的"家"（home），这个原本就活泼生动的地方变得更加可爱。在非常狭小幽暗的房间里，壁炉里闪着红色的火苗，炉中木柴干透后发出噼啪的爆裂声，餐桌上的茶壶在一边嗡嗡哼唱。这种无所企求的日子与贪得无厌像暴风雨般对世界进行疯狂的冒险生活是隔绝的。狄更斯用日常生活的诗献给所有被裹挟在日常生活里的人们。他向所有普通民众说明了，在他们可怜的生活中，永恒性已经下降到了何种地步。他告诉人们平静欢乐的火星是在什么地方被琐碎的日常生活的灰烬给掩盖了，并且教给人们怎样使火星重新燃亮起来，变为欢乐舒适的红彤彤的炭火。狄更斯一心想要帮助那些穷苦人和可怜的孩子们。对于一切无论是物质上还是精神上超出中产阶级水平生活的东西，他都表示反感。他一心一意地喜爱寻常的东西，大众的东西。对于富人和贵族等社会生活中的特权者，他颇怀怨恨。因此，在他的书中，这些人大都是都是流氓无赖或吝啬鬼，几乎都是漫画像，极少给他们画肖像，他是那么的不喜欢他们。在他还是个孩子的时候，他经常去马夏尔西债务人监狱给父亲送信，他多次看到过监狱看门人扣押财物，也深深地知道钱是可以马上让人高兴的东西。几年来，他一直处在饥饿的生活中，住在几层楼上面一间狭小、脏乱而终年不见阳光的旧房子里。每天他需要往每个平底锅里抹擦鞋油，然后用绳子把千百个锅包捆起来，一直干到晚上，他的小手经常是疼痛无力的，除此之外，饱受歧视也经常使他泪流满面。在伦敦大雾弥漫的寒冷早晨，他每天在街头忍受着饥饿和贫困，这是他很熟悉的生活，那个时候没有一个人来帮助他。豪华的高马车飞快地从他这个冻僵的孩子旁边驶过去了，骑兵高昂着头目不斜视地从他身边向前奔去了，家家户户大门紧闭。他完全是从所接触的小孩子们那里懂得了善良。因此，他想把作品回赠给小孩子们。狄更斯缺乏那种激进的思想，但他的小说是具有卓越的民主性的，当然这不是社会主义的。爱与同情是他创作的激情之火。狄更斯最喜欢待在市民的朴实世界里，他经常去贫民窟和养老院，只有在这些实实在在的人那里他才感到舒服。他故意把他们的房间在书中扩大好几倍，就像他们想要居住的房子那样。他为他们做简朴的梦，给他们编织五彩缤纷并且充满太阳光辉的命运。他愿意做他们的律师，愿意成为他们的传道士，当然也是他们所喜爱的人，他是他们那单调素朴和灰暗沉闷的世界里永远明亮和温暖的太阳。

但是，狄更斯让这种存在着的简朴而卑微的现实变得多么丰富多彩啊！整个市民阶层，连同他们的陈旧家具，千差万别的卑微职业，还有看不见的混杂感情，都聚集起来，汇集成一个宇宙，一个拥有众神和群星的宇宙。狄更斯用他那敏锐的眼力，从这平面的，静止的、没有波浪的普通百姓的镜子里，看到了财富，并且编织了最精密的网把财宝放到了光亮处。他在熙攘杂乱的普通人群中找寻自己的人物。啊呀，那该是多少人呀！数百上千万个人物形象，全都住在这个小城市里。但是，这些人物进入文学中便是不朽的了，而且超越了文学进入人民大众现实生活的语言中。在这些人物中有令人难以忘怀的匹克威克、山姆·维勒、培克斯尼夫、贝西·特罗特伍德，还有所有那些在我们心中魔术般地燃起微笑的值得回忆的名字。狄更斯的长篇小说内容是非常丰富的！《大卫·科波菲尔》的插曲都可以给另外一个作家写作毕生中最富有诗意的巨著提供真实材料。

狄更斯的书无论是其内容的丰富性还是不断感动人的意义上都是值得称赞的真正的长篇小说，它不像德语里的一些长篇小说，几乎都是将中篇小说里的心理描写强硬拉长而成的。狄更斯的小说中也有少许死点，有几个荒凉的沙土地段。这样的部分中有事件的起起落落，而且事实是，那些事件就像一望无际的大海一样，难以预测。聚集在一起的那些欢乐而又粗野的混杂人群，使人几乎不能看到事件的全貌。这些人中有人冲上中心舞台，而一个人又接着把另一个推了下去。

哪怕是散步路过的人物也没有丢掉一个。所有的人物都相互补充、相互促进、相互敌视，都在把光明聚集，或者把阴暗聚集。在捉弄人的游戏中，那些混乱、欢乐或严肃的复杂纠结把情节的线团绞缠在一起。一切可能的感情都在迅速推进的音阶中发出起起伏伏的声音。一切的事物都混杂在一起：欢呼雀跃、恐惧无奈和目空一切。一会儿是感动的泪珠闪闪，一会儿是狂喜的泪珠熠熠。一会儿是乌云密布，一会儿是破碎零散，之后又堆积如山，但是最后总会是阳光灿烂，空气中弥漫着雨过天晴的清新气息。有些长篇小说是无神的，像里面有千百次肉搏战的那部《伊利昂记》，是属于人间尘世间的《伊利昂记》；有的则是朴实无华的田园诗，宁静温和。但是，他所有的长篇小说，无论是受大众喜爱的还是难以阅读的，都有个极其复杂多变的特点。那便是即使在最激愤和最忧伤的作品里，他都会在悲剧风光的岩隙里插入些小巧妩媚的动人情节，犹如鲜花一般。这种优美雅致的令人难忘的花朵到处繁茂地盛开，就像欧洲的小紫罗兰花，朴素谦卑，含而不露，在那小说中大草原里最不惹人注意的角落里等待着。到处都是欢快的无忧无虑的清泉，它们从那些不期而遇的事件里的深暗岩石中间一涌而出，发出悦耳的响声。在狄更斯的小说里有些篇章和情节简直可以与风景画相媲美，它们是那么纯洁、纯净，那么神圣，毫无世俗欲望，充满欢乐温馨的人情味，在那里阳光普照，万物欣欣向荣。单单就为了这些篇章，人们就不得不喜欢狄更斯，这样大量的精巧的布局几乎存在于狄更斯所有的作品中，丰富多彩，这就已经有了非凡的意义。有谁能够不厌其烦地逐一列举那些混杂的、卑微的、兴高采烈的、内心善良而又略显可笑但总是十分有趣的人物来呢？而这些人物又都是突然出现的，都被安置在不常见的职业里，都有奇特的想象和怪癖的个性特征，都被卷入了滑稽的奇遇里。这些人物尽管数量很多，但没有一个人是与另一个人雷同的。这些人物哪怕是在最小的细节上都是经过精雕细刻的，根本没有现成的模型在他们身上套用，也没有铸造件。一切都来源于感性的生活，都是生机勃勃的。这些人物都不用费脑筋冥思苦想，都是亲眼看见的。那么就让我们一起看看这位作家与众不同的眼力吧。

狄更斯的眼力是举世无双的，其精确性，可以与一种奇妙的、不出差错的仪器相比。狄更斯是一位天才，更是一位视觉的天才。人们总是喜欢细细端详他的每一幅肖像，不管是青少年时代的，抑或成年时代的。每幅肖像上的眼神都格外引人注意，沉着镇静。一般的那些作家的眼睛，总是在美妙的奇思构想中不停地转动，总是习惯于哀愁式的、迷迷糊糊地打盹儿。而狄更斯的眼神不是软弱的，乖乖顺从的。那是一双专属于英国的眼睛：镇定、幽暗、敏锐、闪亮，就像纯钢一样。那双眼睛还像保险柜一样坚固，里边存放着昨天或者多年以前或者连他自己也不知在什么时候从外界搜集到的东西。既不会燃烧，也不会遗失，在某种程度上说还是密不透风的。这些东西有崇高伟大的，当然也有很无关紧要的。例如在他还是个五岁孩子的时候看到的一家伦敦杂货店的彩色招牌，那已经是很久以前的事了。再如，一棵正对着窗子的很普通的枝叶繁茂的树。正是这双什么都不会漏掉的眼睛，它比时间更加坚强，把一个个值得珍惜的印象整齐地排列在记忆的仓库里，供作家随时取用。这里的所有东西都不会被遗失，这里的一切东西都存放着，等待着，始终保持着香味和汁水，保持着鲜明色彩。任何一件都不会变得苍白，失去生气。在这里，一切东西都不会枯萎或坏死。狄更斯眼睛的记忆是无与伦比的。他能够用自己的钢刀把童年时代的烟雾分解开来，《大卫·科波菲尔》是一部经过改装修饰的自传小说，全书的内容是一个仅仅两岁的孩子对自己母亲和家中女佣人的清晰回忆，像从无意识的背景中剪下来的侧面镜像。在狄更斯的小说中没有模糊不清的人物轮廓。他不会使幻景产生多义性，而是强迫幻景明朗化。他的创作表现力不会给读者留下自由幻想的意志，他压迫了读者的幻想（也正因此，他成了他所在的那个没有幻想的民族的最理想的作家）。假使叫来二十位画家，让他们各自为科波菲尔和匹克威克这两个人物画像，那么，每张画出来的肖像看起来会很相似。在这难以说清的相似之中，肯定都会画出戴眼镜、穿着白背心、和蔼的胖绅士和一个坐在开往大雅茅斯的邮车上的男孩，这个孩子有着淡黄色头发、长相俊美但略显胆怯。因为，狄更斯描述得相当清晰、鲜明，无所不具，所以，那些画家们只能顺着他那使人着迷的眼力而丝毫没有自己的想象。他不像巴尔扎克，有着魔术般的眼力，能够让人们摆脱开杂乱无章的由激情形成的云雾。狄更斯的眼力是完全世俗的眼力，猎人的眼力，水手的眼力，一种能够细微观察人性的雄鹰的眼力。他的眼力喜欢捕捉细小特征。他说：正是琐碎小事构成了生活的意义。他可以观察到衣服上的污渍以及窘迫中无计可施的细小姿态，他能揪得住一个正在勃然大怒的人所戴的深色假发下边不经意间闪现出来的红头发。他能够觉察到细微之间的差别。在握手时他可以觉察到对方每个手指的动作，他能在微笑中觉察到脸部色调明暗的不同。其实，狄更斯在正式步入文学殿堂之前在国会里干过了许多年的速记员。那时他练就了把详细复杂化为简明扼要，用一根线条代表一个词甚至用一个很短小的彩云状符号来代表一个长句的本领。因此，他后来进行写作时就使用了自己独特的一种真正的速写法。他尽量用小的符号而不做全面概述，他从五光十色的纷繁的事实真相中蒸馏出观察到的菁华。而对于人的外貌的细小地方，他敏锐的眼光十分令人吃惊。他不会忽略进入眼帘的任何东西。他的目光能抓住一个动作，一个姿势的百分之一秒，超过摄影机上的快门。什么东西都难以逃脱他的眼睛。经常进行一些值得重视的目光折射，会使他的观察力和敏锐度得到提高。这样的目光折射，不是像照镜子那样把物体以实际的比例重现，而是经过一面凹面镜的折射，夸大了物体的特征。他从物镜里把特征转变成加强的特征，漫画式的特征。狄更斯一直都在强调他作品里人物的特征，并让特征更加鲜明，还把每一个特征提升成为象征。他给大腹便便的匹克威克赋予了精神上的圆形。而瘦削的金格尔其精神也是干瘪的。好人成了具象化的完美，坏人成了恶魔。像所有大艺术家一样，无一例外地，狄更斯在创作中也进行夸大。然而他的夸大不是成就宏伟壮丽，而是使之幽默滑稽。通过他的描写，大家可以取得无法形容的愉悦，这样的效果根本不是出自他当时的心情，也不是来自他的傲慢，而是由于这些东西位于他眼中值得注意的位置。他那异常敏锐的眼睛，能把任何现象保持生活的基础上夸大幻化成漫画式的东西和一些奇特美妙的东西。

事实上，狄更斯的天才也正体现在这种独特的镜头里，并不是存在他有些偏激的市民化的思想里。而狄更斯本人也不是理解人物内心的神秘的心理学家。他让那些处于或明或暗处的事物从神秘生长着的种子里生发出自己的独特色彩和表现形式。他的心理学不是胡乱揣测，而是始于可见的事物。他通过抓住外部现象来描写特征的。不言自明，他的外部现象是只有作家锐利的眼睛才能看得见的，是最新、最细微的。和英国伪哲学家不同的是，狄更斯同样也不是从假定开始的，仍旧是从特征开始。他捕捉心灵完全是靠最不引人注意的物质表象，并能够运用他那漫画式的奇特镜头使得在物质表象中的所有特征一目了然。他能够根据特征分辨出种类。他故意让小学教师的嗓音低弱，就连讲个单词也费力。这样人们都会想象到，孩子们肯定会害怕一个只要用力说话便会额头青筋暴突的人。狄更斯笔下的尤利亚·希普老是两手潮湿冰凉，这样一个形象必定会使人感到不舒服，就像人们忽然看见蛇一样不愉悦。这些外表现象虽然都是些无关紧要的小事，但正是诸如此类的小事影响到人物的内心。有时候这仅仅是他描写时的一个忽然产生的怪念头，一个纠缠着人，能使人像木偶一样听从他做机械活动的奇怪念头。有时候他会用某个人的随从小人物来表现主人的特征，试想一下：如果山姆·维勒不存在，匹克威克会以什么样子出现？如果没有吉普，多拉会以什么模样登场？没有乌鸦，巴纳比会怎么样？没有矮种马，吉特又会如何？他没把人物的特征刻画在典型人物的身上，而是附着在那些荒诞可笑的影子身上。他作品中的人物性格，其实就是所有特征的总和。但是经过精心雕琢的特征，所以，能够互相协调，组合成一幅杰出的马赛克图案。因而，这些特征多数是在表面很显著的，能够引起人们的眼睛对内容进行丰富的回忆，是一种模糊的感情回忆。如果我们现在在心里呼唤出巴尔扎克笔下或者陀思妥耶夫斯基作品中的一个人物的名字，高老头与拉斯柯里尼科夫，必然就会有一种感情，一种对献身精神的回忆，或对灰心绝望的回忆，或者是对激情混乱的回忆。如果有人对我们提起匹克威克，我们的眼前就会浮现出一幅这样的图像：一个平易近人、挺着突出的大肚子，马甲的纽扣总是金光闪闪的绅士。很显然，人们只要想到狄更斯的人物，就如同想到绘画，而要是想到巴尔扎克和陀思妥耶夫斯基的人物，就如同想到音乐。后两位大作家是凭借直觉进行创作，而狄更斯的创作则是复制式的。这两位大家进行创作的眼睛是精神的，而狄更斯创作的眼睛则是肉体的。他不会在感情受到梦幻咒语十倍热光的强制时，从而像幽灵般地从无意识的暗夜中升出来的时候来捕捉灵感；他是去那无形的影响能在现实中留下踪迹的地方去守候它；他需要捕捉灵魂对肉体的千万次作用，在这里，他不容有一次的疏忽。他的眼力就是他的想象力，这对于住在人世间中间范围内的感情和人物形象是完全够用的。他的人物都是在适当温度下人的正常感情的立体形象。他的人物在仇恨中会开始僵化，变得很容易破碎；在激情的热度中又会融化，就像蜡会在感伤中融化一般。狄更斯仅是对那些爽直的性格获得了成功，对那些正处于由善向恶、由人到兽的过渡中的人，是没有获得成功的。他的人物不是处于中间状态的，要么是技艺超群的英雄，要么是卑鄙羞耻的无赖。他们的本性都是先天注定的，要么额头上方有灵光，要么一出生身上就有罪人烙印。他笔下的世界总是在善良与邪恶之间摇摆，在感情丰富与冷漠无情之间摇摆。此外，他找不到别的任何方法能够进入这个关系神秘的世界——这个互相关联的神话般世界的门径。宏伟的东西不是轻易能抓住的，英雄的气概是学不会的。狄更斯的悲剧和荣誉都在于：他始终徘徊在天才与传统之间，踟蹰于从未听闻与庸俗陈腐之间，也就是始终没有脱离过人世间所规定的轨道，只停留在那些可爱的、令人感动的事物中，驻足在惬意的事物和普通市民的事物中。

但是，他并不满足于这样一种荣誉。这位田园诗人内心渴望悲剧，他也不断地在向悲剧努力。他始终只到达情节剧，他的限度也在这里。他的这方面的尝试都是不那么令人愉快的。《荒凉山庄》、《双城记》在英国或许会被认定为是高水平的作品，而对于我们来说，很显然它们都是失败的。因为在里面它们勉强做出宏伟姿态。但在这些书中，向悲剧努力方面确实有些值得称赞之处。狄更斯在这些长篇小说中堆积了诸多阴谋诡计，突出了重大灾难，这犹如巨块岩石忽然砸落到主人公头上的人生灾难。他开动了惊骇和恐慌的整个机器。他的做法必然会招来雨夜的恐怖、人民起义甚至革命。不过从未出现过庄严的恐怖，他那恐怖仅仅是畏惧，是单纯的身体对惊骇的本能反射，而不是灵魂的恐怖。那种极为深刻的震撼——那种由于害怕而让内心呻吟并渴求在雷电风雨中得到彻底解脱的暴风雨式的作用，在狄更斯的作品中再也没有出现过。狄更斯即使把危险重叠累积起来，人们也不感到害怕。陀思妥耶夫斯基笔下的人们，有时候会突然间凝视深渊。人们一旦感觉到自己胸中隐藏的这种黑暗，只要这种无名深渊被撕裂了，那就会主动地急促地呼吸空气。人们也许会觉得自己脚下的这块土地正在消失，会突然感到一阵眩晕，一阵剧烈的但是非常甜蜜的眩晕，人们会想倒下，会跌倒在地，同时又会感觉到在白热化高温的情况下无法区分得开因愉快和痛苦而产生害怕的感觉。狄更斯笔下也会有这样的深渊。不同的是他把深渊打开，里面装满黑暗，给人们展示了深渊的全部危险，但是，人们并不感到害怕。当然，人们也没有享受艺术的最大诱惑——精神上跌倒而形成的那种甜蜜的眩晕。狄更斯笔下的人们总能够感到很安全，就像随时抓住了一个扶手一样。人们也都非常清楚，狄更斯是不会让大家跌倒的。同时也知道，狄更斯笔下的主人公不会突然遭遇灭顶之灾的。同情和正义是这位英国作家小说世界里舒展白翅自由飞翔在蓝天的两位天使，它们会毫发无损地把主人公送过岩石裂缝和万丈深渊。狄更斯不会残忍，也就缺乏迈向真正悲剧的勇气。他多愁善感，没有英雄气概。多愁善感是对眼泪的企求，而悲剧是进行抗拒的意志。狄更斯从来没有获得过那种没有眼泪、无法言语，痛苦绝望的最后威力。

　　狄更斯所能圆满表现的最表面的严肃感情便是温和的同情，正如《大卫·科波菲尔》一篇中多拉的死。每次他准备实施真正重要的推进时，同情总是会出来掣制他。那用咒语召唤来的元素风暴总会被同情之油（往往是变了质的）平息。想要成为强者的意志被英国长篇小说中多愁善感的传统给压制住了。结局必定会成为一篇启示录：是最终审判，好人一定要往上升，恶人必然要受惩罚。可惜这种公道被狄更斯植入了他的大多数小说。那些卑鄙的无赖们相互谋害，最后归于消失；那些傲慢者和富翁们都破产了，但是这并不影响他们继续安乐舒适地生活。因此，这种地道的英国式道德意识的养分过度吸取，使得狄更斯创作长篇悲剧小说的宏伟灵感冷却下来。这些作品就像是为维持作品的稳定性而必须装配好的陀螺，它不再是自由艺术家自身的公道，而是一个纯粹的英国国教徒的世界观。狄更斯再次对感情进行审核，他不会让感情自由发挥作用。他也不会像巴尔扎克那样任感情热烈奔放，而是用沟渠和堤坝将感情引入河道，来转动市民道德的轮盘。常识哲学家、教师、传道士、教士都隐而不现地与他同坐在艺术家的狭小工作室里。大家齐聚一堂，轮番对他进行劝诱：他写给青年的最好是一部严肃的长篇小说，这样才能起到榜样和告诫的作用，而不是那些毫无约束的实际情况留存在视网膜上的较短时间的感觉。当然，最终善良的信念得到了应有的报偿。温彻斯特的主教在狄更斯逝世的时候，站在他的作品旁边对着大众称赞说，可以放心地将狄更斯的作品交到孩子们的手里。其实，狄更斯并没有如实地描述生活，仅仅是表达了人们想让孩子们生活的憧憬式的生活，这也削弱了他的作品那种令人信服的力量。对非英国人来说，他的作品中里宣扬和充斥的高尚品德太多了。能成为狄更斯笔下主人公，肯定是道德的典范和清教徒的样本。在同样也是英国人的菲尔丁和斯摩莱特笔下，他们很重视那一个追求感官享受的世纪的孩子们，在他们那里，主人公经常会打架斗殴，甚至打伤对手的鼻子，有的即便正在与自己的贵夫人热恋，也可以同时与这位贵夫人的侍女同床共枕，这都丝毫不会妨碍他成为主人公。狄更斯是不允许主人公有这样的丑恶行为的，他笔下所写的那些行为放荡的人也都是对现实生活没有损害的。那些放荡男子的寻欢作乐是因为始终会有个老处女不顾羞愧地纠缠他们。比如那个放荡不羁的狄克·斯怀韦勒，究竟他是怎样放荡不羁的呢？上帝啊，原因是他喝了四杯乡下啤酒，而不是按规定的两杯。他付款时又非常不遵守规章，平时他还不时地到处游逛，这便是全部证据。最后，有一个适当的时机他得到一小笔遗产并且十分体面地与帮助过他回归道德轨道的姑娘结了婚。狄更斯笔下的那些无赖也并不是真正的不道德，他们尽管有许多种邪恶习性，但都是高贵的血统出身。这种荒诞的英国式的谎言便是他作品的标签。狄更斯真正是伪装斜视的，他忽略自己所不愿看到的东西，把自己所有敏锐的目光从实际状态上转开。

维多利亚女王时代的英国，阻碍了狄更斯将他内心深处热切所渴望的写成一部卓越的长篇悲剧小说。对这位艺术家说来，如果没有那个能遁逃入自由世界的创作渴望，如果他没有令人愉快的、超越人间幽默的银色翅膀使他骄傲地超越沉闷地区，那么，英国就会把他完全拖进它当时特有的自我满足的平庸中，就会用那宠爱的胳膊把他夹得紧紧的并使他成为谎言的辩护律师。

狄更斯童年所处的时代是个幸福自由的世界，英格兰的大雾还没有降临到这太平景象的地方。英国式的谎言会阉割掉人身上的性欲，强行控制成年人。当然，孩子们可以充满喜悦，毫无顾虑地去尽情享受自己的生活。孩子们还不算是真正的英国人，而是娇小可爱、鲜艳明丽的人类之花。英国那虚伪的烟雾还没有在色彩缤纷的儿童世界里投下阴影。狄更斯在他还能够自由自在地随意处理问题而没受到英国资产者的良心阻拦的时候，及时写出了不朽之作。他的那些长篇小说中，绝无仅有的美便是童年生活的描述。我相信，他小说中的那些人物，那些早期作品中欢乐而真诚的插曲，永远都不会从世界文学的视野中消失。我们难以忘记小耐儿那漂泊漫游的生活，她随同白发苍苍的爷爷离开了弥漫烟雾的昏暗的大城市，来到了青葱翠绿的田野里。她性情温柔、心地善良，无论碰到什么样的艰难险阻，那天使般的微笑便会前来救援她，一直到她去世。在这最真实、最生动的、祛除了一切多愁善感因子的人类感情的意义上说，这是十分感人的。有个泵房里的胖小伙子叫崔德斯，是他所夸耀的主人公，但是只要见到骷髅的符号崔德斯就会马上忘记挨揍的痛苦。还有个吉特，是所有忠实人中最最忠实的一个。作品中的小尼克尔贝和后来那个一再出现"身材不高，常常受到虐待的小伙子"并非别人，正是作家自己——查尔斯·狄更斯。他将自己童年的欢快和悲苦都写在无与伦比的杰作中，永存不朽了。狄更斯不断地重复讲述这个孤单可怜、谦卑屈从、饱受惊吓、沉湎于梦想的成为孤儿的男孩子，在这里，他情感激荡，并真的变得热泪盈眶了。他说话的声音浑厚、响亮，听起来如同钟鸣。在狄更斯的长篇小说中，这样的儿童无疑是令人难忘的。这作品里边还掺杂着高尚与可笑、欢笑与痛苦，并形成了独特的光辉。感伤和崇高、真实和虚构、悲剧性和喜剧性，都和解融合成了一种新的东西，一种迄今尚未出现的东西。在这里狄更斯克制住了英国气，也就是世俗气。在这里狄更斯的崇高伟大和其作品的无与伦比是不受局限的。如果要为狄更斯立纪念碑，那么，他将作为孩子们的父亲和兄长、是他们的保护人，要在大理石上刻上这些儿童轮舞的形象，围着坚强的他。他是真正地把孩子作为人类本质中最纯洁的表现形态来进行钟爱的，在作品中每当他想让人们喜欢上某个人物时，他就会让那个人具备孩子似的单纯。因为爱孩子们的原因，后来，他甚至开始喜欢上了那些已经跨过童年时代，但仍幼稚发傻的人和那些弱智的与有精神病的人。可怜的性格温顺的精神病人，他们那失去的感觉就像翱翔于世界上空的白色的鸟，充满忧患与怨诉。他们不会觉得生活是一个人生难题，是一种艰辛和必须完成的任务，而只觉得生活是一种愉快的、让人无法完全理解但又好玩的游戏。在狄更斯全部的长篇小说中都会有这样的精神病人。狄更斯对这些人的详细描写是十分令人感动的。他小心翼翼地扶助他们，像对待生了病的人那样，在他们的四周有许许多多善意的安排，就像光环一样。他给了他们幸福，让他们永久地停留在童年的王国里。在狄更斯所有的作品中，童年就是人生的天堂。每当我读到狄更斯的长篇小说，总会有点忧郁，我担心孩子们会长大。因为我明白，如果生活中失去了最可爱的东西，而且是一去不复返不可再生的东西，那么诗意很快便会与习俗混合，纯洁的真实便会与英国式的谎言混合。而狄更斯本人在内心深处好像也存在这样的感情。只是很多时候他很不情愿地需要把他所钟爱的主人公交给生活。他不愿意陪同他们一起进入陈腐平庸的生活，让自己变成生活的商贩或者是车夫的方向杆。他会引导他们逐渐长大步入成年，然后到了举行婚礼的圣洁的教堂大门前，在经过种种险阻后引领他们进入舒适、光明的生活的安全地带。到了这时候，他便可以放心地跟他们告别了。在这些形态各异的人物的行列里，小耐儿是狄更斯最喜爱的一个孩子。在小耐儿身上狄更斯把他对自己夭折了的爱女的全部的爱永恒化了。他根本不允许她踏入这个令人失望的残酷世界，这个充满谎言的现实世界。他要让她永远待在纯洁的儿童天国里，因此，他提前把她温柔的蓝眼睛闭上了，让她在童年光明快乐的陪伴下毫不觉察地升入死亡的黑暗中。在他看来，与真实的世界相比，这样的她太可爱了。

众所周知，狄更斯笔下所描述的世界是一个十分谦卑的市民世界，是一个自我满足的英国，是生活中众多可能性中很狭小的一部分。在如此贫困的世界里只有注入强烈的感情，才能使之变得富裕起来。巴尔扎克能够通过他的厌恶让资产阶级变得强大起来；陀思妥耶夫斯基可以运用他那救世主之爱快速地让资产阶级强大起来，不同的是，作为艺术家的狄更斯则是加入他的幽默把他笔下的人物从那沉重苦难的现世生活中解救出来。他不需要用客观的重要性来体察他的小市民世界，他不喜欢咏唱诚实人的赞美诗，他也不会为了那仅仅使人获得愉快的才能与冷静来唱赞美诗。他充满同情心，像威廉·拉贝和高特弗利特·凯勒那样，诙谐有趣，并能不断地给他的人物使眼色，使这些人物在自己小国的惶恐不安中还能带上一丝微笑。而且这是一种助人为乐的微笑，是令大家都愉快的微笑。因此，正因为有了种种愚蠢的言行和滑稽的表现，他们更加讨人们喜爱。幽默犹如阴沉的天空中拨开云雾的一道阳光撒落到他的书里，使得书中即便是简朴的地方也会顿时呈现出一片愉悦的景象，于是便产生了许多非常可爱的，无数令人陶醉的奇妙的事物。在这样可以给予别人愉快和温暖的焰火旁边，所有的东西都变得更加真实和生动了，以至于虚伪的眼泪也如钻石般闪闪亮光，最微弱的激情也能将火炬熊熊燃亮。幽默使得狄更斯的作品超越了他的时代，并且永世长存。像小精灵阿里尔那样，他的幽默在他书中的空气中飘浮而过，让他的书流淌出亲切的旋律。幽默把他的书带入了旋转的舞蹈。幽默可以产生巨大的喜悦，幽默是最直接、最现实的，即使在阴暗杂乱的矿井里，它也能够像矿工灯一样放射明亮的光。它能消除人们那过分紧张的心情，能利用讽嘲的附加音缓释过分的感伤，能通过它的荒诞描述和投影来弱化那些被夸大了的东西。

在狄更斯的作品中幽默就是和解剂、平衡剂和永不消失的东西。由此可知，正如狄更斯笔下其他所有的东西一样，它也是英国式的，是正牌的英国式的幽默。他的生活虽然也缺少情欲，但他从不纵欲放荡，他可以自我克制，也从不会刚愎自用。在富有以后他依然保持温和的作风：不像拉伯雷那样用粗嗓门怪叫，对着人群打饱嗝儿；也不像欣喜若狂地翻跟头的塞万提斯；更不会像美国人那样一直伸着头往前冲，不成体统。他一直都保持正直和冷静。像大家熟知的所有英国人一样，狄更斯也只用嘴巴微笑，而不是用全部身体部件微笑。他的爽朗大笑也只是发出一些火星，不会燃烧，只是把小火光散射到人们的血液中，伴随着难以计数的小火苗跃动，像幽灵一般忽闪忽现，像鬼火一样撩逗人。这是现实生活中一个不会让人讨厌的调皮鬼。

狄更斯的幽默处在感情的醉态，这是因为狄更斯的创作命运就是一贯地描写生活的中间状态，是处于狂热心情与冷淡的讽嘲式微笑之间的一种平衡。狄更斯的幽默是英国其他的伟大人物所不能比及的。他不像萨克雷那样尖刻伤人；也丝毫没有昂首阔步的菲尔丁那种乡间绅士的诙谐爽朗笑声；更不会有斯泰恩那种头

头是道、浸渍腐蚀的讽嘲。他只想让人愉快，从不喜欢让大家痛苦。他像太阳的
光圈喜欢围绕在人们的头顶手舞足蹈、兴高采烈地戏玩。他从不道貌岸然，也不
会进行辛辣讽刺，更不想在那些虚伪的弄臣的头巾下边潜藏一些郑重而严肃的东
西。他根本没想要索取什么，不想自己成为伟人。他活着，他的存在便是理所当
然的没有企图的。但是狄更斯的眼角里也会钻进狡黠，他故意对人物进行夸大和
修饰，让人物身上有悦人耳目的匀称和滑稽搞笑的扭曲。后来，这一切都使得
千百万人陶醉了。一切事物都融入了这个光环，像是从内心迸发的闪耀光辉，就
连骗子和无赖也都有自己那份独特的幽默灵光。每当狄更斯用他的视觉观察世界
的时候，世界的全部都会显得可爱可笑。一切都回转不停、光芒耀眼，大雾弥漫
的国家对阳光的渴求似乎在他这里得到了永久的答案。语气不断地翻跟头，句式
相互混杂，又偶尔分开，与整体的意义玩起捉迷藏的游戏。人们之间互相提出许
多问题，故意互相打岔、以此逗乐取笑，一种任性还鼓动他们起身去跳热舞。这
种幽默是绝不能动摇的，非常可口，这是没有性欲的盐。正宗的英国烹饪里是拒
绝使用这种盐的。但是，狄更斯没有在那些出版家背后挑唆时迷失了自己幽默的
方向，哪怕在感情非常冲动的时候，或者感到极度困顿和十分烦恼的时候，狄更
斯也很镇定地保持自己的特色，写出轻松愉快的东西。他所具有的幽默不得不令
人折服，这种幽默稳稳地静坐在作家那美丽敏锐的眼睛里，与眼睛的光亮一起闪
亮。世界上找不到任何东西能够损害到他的幽默，最强大的时间也很难办到。如
果有人不喜欢像《炉边蟋蟀》这样的中篇小说，那我是不能想象的，只要读这些
书的人都会不时地发出爽朗的笑声。虽然精神的需要有时会比文学的需要变化更
快。但是，只要人们渴求一种没有忧烦、旋律优美的心灵激动，渴求那种能使生
活的意志休息、生活的感情轻柔地触动生活的波浪而愉悦舒适的时刻，那么，在
英国，直至在全世界，人们都会主动去阅读狄更斯那独具特色的作品。

　　在狄更斯这些极为尘世的作品里，始终有个放射光芒、给人温暖的太阳，这
便是这些作品的伟大和不朽之处。对于这样伟大的艺术创作，人们不应该只局限
于拷问其思想的强度，也不应该只是询问隐身在作品后边的作者本人，同时也应
该考究作品思想的广度，探究作品对群众的作用。毫无疑问，人们对狄更斯的谈

论研究将超过对我们所在这个世纪里任何伟人的谈论。狄更斯的伟大在于他为世界增加了愉快，在读他的书的时候，有千百万双眼睛泪光莹莹。他把欢笑的种子重新种植到了那将欢笑早已凋谢和掩埋了的千百万人的胸膛。他的影响已经远远跨越了文学范围。有钱的富人读了齐瑞白兄弟，不需要仔细思量，便去捐助了；那些冷漠的铁石心肠也被感化了。的的确确，在《奥列佛·退斯特》出版的时候，许多孩子在街头得到了更多的施舍。随之，政府也改善了贫民院并对私立学校实行了严格的监管。狄更斯将同情和友善加强，使得许多穷困潦倒的人和不幸命运的人的生活得到缓解。很显然，这种超乎寻常的效应与一部艺术作品本身的美学价值是毫无关系的。但是，这些成果是非常重要和急需的。这些效应表明，任何一部伟大的艺术作品都会超出作者初创时的意图，都能够令人陶醉地随之自由幻想世界，并且引起现实世界中的许多变化。有现象变化，也由本质上的变化；有看得见的有形变化，也有无形的情感热度的变化。

与那些单纯为自己赚取同情和赞许的作家恰恰相反，狄更斯的作品是为他所在的时代增添了欢乐和喜悦，快速地促进了他所在时代的血液循环。从那个年轻的国会速记员下定决心要为人的命运而执笔的那一天起，光明就开始透入这个阴暗潮湿的世界了。他拯救了他那个时代的愉快，也拯救了处于拿破仑和帝国主义之间的那个"愉快的古老英国"（merry old England）之后的许多时代。也许若干年以后，人们还将会在回顾中重新看到这些在工业化主义的迫击炮轰击下早已化为灰烬的属于一个古老的英国世界的许多罕见的、早已失传的职业，也许还要回顾一下这种淳朴、宁静、无忧无虑、愉快的市民生活。

狄更斯的事业便是像诗人那样创造了伊丽莎白时代英国的田园诗。与强大的东西相比，微小的东西、已经存在使我们满足的东西都是不可忽视的。田园诗亦是永存的东西，是亘古不变的回归。农事诗和牧歌是献给逃亡者的诗，是要使怀着欲望的恐惧而暂时休息的人再次复兴起来的。它还会不断出现在未来那世世代代的沧桑变化中。它的出现就是为了消逝，就像激动得怦然心跳的那间歇的喘息。有的人志在创造权力，有的人喜欢创造宁静。查尔斯·狄更斯便是把这个世界的宁静时刻附录到了诗上的。今天的生活又变得纯净了，机器隆隆声中时代在突飞猛进中飞奔向前。无论怎样，田园诗都是不朽的，因为它就是生活的乐趣所在。田园诗的回归犹如雨后被清洗的湛蓝天空，人们也像在历经各种精神危机和强烈震撼之后重新找到了生活中永恒的喜悦。因此，每当人们渴求愉快，或者由于激情、悲伤、紧张、疲劳不堪，而想要从愉悦轻松的事物中聆听到富有诗意的美妙旋律的时候，狄更斯就会及时地从他们那容易遗忘的大脑中走出来。

列夫·托尔斯泰

他天生就一副多毛的面孔，植被覆盖了大多数的"地方"，又浓又密的胡髭遮盖了他的内心世界，让人很难看清。长髯覆盖了两颊，遮盖了嘴唇，遮盖了像树皮一样有些褶皱的黝黑脸庞，一根根随风而动，颇有长者的风度。他的眉毛宽约一指，像缠绕不清的树根，向上倒竖着。灰白色的鬈发一绺绺地像泡沫似的摊在额头上。从任何角度看，你都可以看到如热带雨林般茂密的胡须和头发。和米开朗琪罗笔下的摩西一样，托尔斯泰总会给人留下深刻的印象，这来源于他那天父般的好似滔滔白浪的大胡子。

人们总是试图在自己的想象世界中，把他那遮盖面孔的头发剪掉，把他那疯长的胡须刮掉，以他之前没有蓄须的肖像为参照，希望用魔法变出一张洁净的脸。——这是能够看清他内心世界的有效途径。如此一来，我们又会不免开始有些不安。因为，必须承认的是，尽管托尔斯泰出身名门望族，但是他天生一副山野村夫的面孔，长相粗劣。天才的灵魂甘愿寓居在简陋、低矮的房屋，而天才的工作室，和吉尔吉斯人搭建起的皮帐篷相比也好不到哪去。这是一间粗制滥造的小屋，显然是出自一位农村匠人之手，而不是由古希腊的能人巧士修造起来的。就连架在小窗户上面的横梁——小眼睛上的额头，也像是用刀胡乱劈砍而成的树柴。皮肤毫无光泽，且藏污纳垢，像用枝树枝扎成的村舍外墙那般粗糙。在四方脸的中间，我们看到的是一只宽宽矮矮、两孔朝天的狮子鼻，像是被人用拳头打坏了的样子。乱蓬蓬的头发后面，那对难看的招风耳怎么也遮不住，总会跳进外人的眼帘。两片厚厚的嘴唇放在了凹陷脸颊的中间。他给人的印象是失调、崎岖、平凡、甚至有些粗鄙。

这副劳动者的面孔上时刻都笼罩着忧郁、消沉的阴影，滞留着愚钝和压抑：在他脸上找不到丝毫奋发向上的活力和灵气，找不到任何精神光彩，找不到陀思妥耶夫斯基眉宇之间那种犹如大理石穹顶一般缓缓隆起的非凡器宇。在他的脸上没有一丝光彩。诚实的人都会承认这一点。毫无疑问，这是一张平淡无奇的脸，障碍重重，想弥补都无从着手，不是传播智慧的殿堂，而是禁锢思想的监牢；这张脸阴郁沉闷，不苟言笑，还有些丑陋可憎。青年时代的托尔斯泰就深刻地意识到自己生就了一副不讨人喜欢的嘴脸。他曾说过，他讨厌所有对他相貌的幻想。"像我这样长着灰色小眼睛、宽鼻子、厚嘴唇的人，还能拥有幸福吗？"正是因为这样，他不久就任凭胡须生长，不怎么加以修理，将自己的厚嘴唇隐埋在黑貂皮面具般的胡须里，随着年龄的增长，胡子变成灰白色，这才显出些慈祥、可敬。直至他生命的最后十年，笼罩在他脸上的那一层厚厚的"阴云"才逐渐消失；直至人生的晚秋，俊秀之光才为这块悲凉之地增添了些许的温暖。

就是这样一个土头土脑的俄国人，竟然为流浪在外的天才灵魂提供了归宿。我们在这个人身上找不到有任何精神的东西，也看不出他有诗人、幻想者和创作者的气质。从少年到壮年，直至老年，托尔斯泰一直都是相貌普通，混在人堆里都分辨不出来。对他来说，戴这顶帽子，还是那顶帽子，穿这件大衣，还是那件大衣，都没什么区别。托尔斯泰长着一张在俄罗斯大街上随处可见的脸，这样相貌的人既有可能是大臣会议上的主持者，也有可能在酒肆中和一帮酒徒厮混；既有可能在市场上出售面包，也有可能穿着大主教的法衣，举着十字架从跪在他面前的虔诚教徒的头上掠过。拥有这样相貌的人，不管从事什么工作，不管穿什么服饰，也不管在俄罗斯的哪个城市，都不可能引起人们的特别注意。

托尔斯泰的学生时代，也许就属于同龄人的混合体；参军的时候，也没法将他和其他战友加以分别；而重新回到乡间以后，他的样子又像极了之前舞台上的乡绅角色。如果你看见一张托尔斯泰赶着马车外出的照片，旁边有一位白胡子随从，你也许要认真思考一下才能分辨出谁是真正的马夫，谁是伯爵。另一张照片上是他和一些农民在交谈。假如你不知道真相，根本不会看出在那些农夫中间的列夫·托尔斯泰是个有地位、有财富的人，他的身份和在场的所有人都不一样。他的相貌完全没有任何特色，和普通的俄罗斯人差不多，因此，我们可以索性把他称为普通人，而且与此同时会产生这样一种感觉：天才的相貌并没有任何特殊之处，而是普通人的总体现。所以可以说，托尔斯泰拥有一张俄国普通民众的脸，他和全体民众同呼吸共命运。

因此，那些第一次见到他的人们，刚开始的时候都会感觉失望。他们有的坐火车经过漫长的旅途，有的从图拉亲自驾车赶来，在客厅里正襟危坐，甚至心里还有些紧张和不安地等待这位大师的接见。在他们的心中，早就描绘了一幅大师的画像：相貌好似天父的美髯公，集尊贵、轩昂、伟岸、才华于一身。他们希望可以在他身上找到一些非凡的东西。在就要见到这位文坛泰斗之前，他们对他敬重有加，甚至已经到了诚惶诚恐的地步。大门终于开了，一个矮小的人走了进来，可能是由于步伐轻快的缘故，他的胡子在不停地跟着抖动。他几乎是一路小跑地进屋的，然后停下，将友善的微笑送给一位惊呆了的客人。他用愉悦的口气和客人们打招呼，并和每一位握手致意。来访者心里产生了疑惑：什么？这个矮小的家伙真的就是列夫·尼克拉耶维奇·托尔斯泰吗？于是，客人就会用眼睛直勾勾地打量着主人。

当客人和主人的眼神相遇时，客人惊奇地屏住了呼吸，只见这个矮小家伙那对浓似灌木丛的眉毛下面，一道犀利的目光从灰色的眼睛中射出。凡是见过托尔斯泰的人都会谈到他的这种目光，那是再好的图片也无法反映的。这道目光像一把锋利的钢刀刺了过来，又快又准，击中要害，让你无从躲避、无法动弹。你会像被施了催眠术一样，乖乖地接受这种目光的审视，任何掩饰和抵抗都无济于事。它像枪弹将伪装的甲胄穿透，像金刚刀将阻挡人视线的玻璃切开。在这样入木三分的探寻下，没法做任何掩饰。屠格涅夫、高尔基等上百人都对此深信不疑。

　　这种透射心灵的审视目光只持续了一秒钟，接着就收敛锋芒，代之以柔和、和善的目光与亲切的笑容。虽然他的嘴角紧闭，表情没有变化，但那双眼睛却满含笑意，犹如璀璨的星光。而在悠扬动人的音乐影响下，它们可以热情似火。当精神上满足自在时，它们可以熠熠发光，犹如天上的繁星。转眼间，又会因忧郁而黯然失色，好似乌云笼罩，满目凄凉，显得神秘莫测。它们时而冷酷锋利，像手术刀、像 X 射线那样将一切隐藏的秘密揭开，时而温暖含蓄，现出好奇的神色。这是拥有人类面部最富情感的一双眼睛，可以表达出各种各样的感情。高尔基对它们的描述最是恰如其分，也道出了我们的心声："托尔斯泰的这双眼睛中能包含一百只眼珠。"

　　幸亏有这么一双眼睛，托尔斯泰的脸上才透出一股才气来。他所有的天赋和才华似乎都集中在他的眼睛里，就像陀思妥耶夫斯基的所有深邃的思想都集中在他的眉峰之间。托尔斯泰面部的胡子、眉毛、头发，都只不过是这对闪光的珠宝的包装和保护甲壳而已。这对珠宝是如此富有魔力和磁性，可以将人世间的物质全吸进去，然后在我们这个时代中放射出精确的频波。这对眼睛不会放过任何微不足道的细节，再小的事物，透过这双眼睛都能看得一清二楚，就像是猎鹰从高空俯冲下来准确地抓住胆怯的耗子。同样它们也能对广袤无垠的宇宙进行全面的揭示。它们可以闪耀在精神世界的最顶端，同样也可以成功地将探照灯光射入阴暗的灵魂最深处。这双闪闪发光的眼睛拥有足够的热量和纯度，可以忘我地注视上帝；也有足够的勇气把一切的虚无摧毁。这种虚无就像一个女巫，会把所有看到她的人变成石头。似乎没有什么事情可以难倒这对眼睛，看来除非它们处在无所事事的白日梦中，在快活的梦境中肆无忌惮地享乐。只要眼皮睁开，这对眼睛就会马上清醒，毫不含糊、铁面无私地开始追寻猎物。它们容不得任何幻影，要撕掉每一片虚假的伪装，撕烂那些浅薄的信条。任何事物在这双眼睛中都会露出赤裸裸的真相，没有什么能够逃脱。因为它们锋利无情，直戳要害，因此当它们对准主人时，也会像一把寒光四射的匕首正好刺中他的心脏。

　　具有这种犀利目光，能够通过现象发现本质的人，整个世界和知识财富都能掌控在他的手中。而这样一个人，肯定会缺少一样东西，那就是只属于他个人的那一份幸福。

巴尔扎克

1799 年 6 月间，巴尔扎克出生在法国富饶的图尔省——拉伯雷的家乡。1799 年这个年份是应该被反复提到的，这一年里，拿破仑作为一个逃亡者，从埃及回到了法国；同时作为一个胜利者——曾经对他的事业感到惶恐不安的那个世界称他为波拿巴。他曾经在金字塔的石头见证人面前战斗过，但后来他逐渐对在外国坚持这项宏伟的事业感到疲惫，于是便乘一只小船，逃出了纳尔逊轻型护卫舰的埋伏。他回国几天之后便聚集起了一批忠实的追随者，铲除了反抗的国民议会，并一举夺得了法兰西的统治大权。就是这一年——拿破仑帝国开始的年份，巴尔扎克出生了。新世纪所熟悉的不再是科西嘉岛来的冒险家，不再是"矮个子将军"，而是拿破仑——法兰西帝国的皇帝。在巴尔扎克童年的那十至十五年的时间里，贪婪权力的拿破仑已经抱住了半个欧洲，他野心勃勃的梦想这时已经插上了鹰的翅膀，飞翔在了从近东到西欧的整个世界。巴尔扎克的十六年，也是法兰西帝国的十六年，这十六年或许是世界历史上最离奇古怪的年份，当然，对于惊心动魄地经历过那个年代的种种大事件的人来说，对于巴尔扎克本人来说，那十六年是极其难忘的。因为早年的经历和命运实际上就是同一件事物的内部和外表，从蓝色地中海的某个小岛来了那么一个人，他来到了巴黎，他没有朋友，没有名望，没有地位，也没有生意。在巴黎，这个单枪匹马的人在陡然间抓住了刚变成脱缰野马的政权，并且迅速把它扭转了过来，牢牢控制住了。这个外省人赤手空拳地得到了巴黎，接着他又得到了法国，随后更是得到了这一大片世界。世界史上的这些冒险家的突发奇想不是通过印刷品或者令人难以置信的传说抑或故事让巴尔扎克知晓的，而是通过他所有饥渴的感官有声有色地渗透进了他的生活，在他那还没有东西进入过的内心世界，这些有着形象生动的真实事件千百次地闪过，并且定居了下来。这样的阅历必将成为范例。

孩子时代的巴尔扎克兴许就是在傲慢、粗暴甚至是激情讲述远方胜利的公告牌上学会阅读的。拿破仑的军队进军之后，想必这个男孩经常用手指头不大灵便地在地图上勾来画去。法国在地图上就像是一条泛滥的河流，肆虐地向整个欧洲扩展。它今天越过了塞尼山[1]，明天翻过了内华达山[2]，它跨过江河开进德国，踏开冰雪进入俄国，甚至越过了直布罗陀海域——在这里英国人用猛烈的炮火把舰队打得四处起火。那些脸上带着哥萨克军刀伤痕的士兵说不定白天还在大街上同巴尔扎克一起赌过，可能夜间他就被俄国骑兵部队——开往奥地利去轰炸奥斯特利茨附近冰块掩体的大炮滚动声惊醒。青年时代巴尔扎克的一切追求都化成了一个想象，化成了一个概念，化成了一个鼓舞人心的名字：拿破仑。

巴黎通向世界的大花园前边屹立着一座凯旋门，在这座凯旋门上印刻着半个世纪以来被法国征服的城市的名字。所以，当外国军队从法国人引以为豪的凯旋门下进入巴黎的时候，法国人那种居于统治地位的感觉顷刻间转变成了巨大的失望！外部世界所发生的风起云涌的一切事情都化成了巴尔扎克不断增长的阅历。早年的他就经历了价值观的彻底变革——既经历了精神的彻底变革，同时也经历了物质的彻底变革。他看到有着共和国印章标志的法郎的纸币一夜间都变成了一文不值的废纸，四处飞舞。在他手里进进出出的金币上边，忽而是掉头国王的肥头人耳侧面头像，忽而又是雅各宾式的自由帽，忽而变成执政官罗马帝国的公民面孔，忽而又变成黄袍加身的拿破仑。在那个时期里，道德、货币、法律、土地、

---

[1] 塞尼山，法国和意大利之间阿尔卑斯山脉的山地。
[2] 内华达山，位于法国和西班牙的边界地区。

等级制度等方面都发生了彻底的变革。禁止了几百年来的东西，现在都渗透进来，甚至泛滥了起来。

　　巴尔扎克置身于这个前所未有的变革的年代里，必定很早就开始意识到一切价值的相对性。他周围的世界就像个旋涡。如果眩晕的目光想要在这个旋涡里一览全貌，想要从中寻求一个标记，想要在那奔腾呼啸的波涛上空找寻到一个星座，那么，在这些连绵起伏的重大事件中只有这个创造者拿破仑是永远存在的，那千百次对世界的震惊与冲击都是从拿破仑这里发出的。巴尔扎克曾经还见到过拿破仑本人，他看到骑着马去检阅的拿破仑，他带着自己意志的产物，这些随从中有奴隶鲁斯坦，有叛徒贝尔纳多特，有拿破仑把西西里岛作礼品相赠的穆拉特，有拿破仑以西班牙作礼品相赠的约瑟夫，还有所有那些拿破仑为他们铸造大炮，占领他们的国家，并且将他们从昔日微不足道的地位提升到了拿破仑时代光辉中来的人。这个人物形象在一瞬间生动鲜明地照进了巴尔扎克的视野，这一人物形象比历史上任何典范人物都更伟大，这一伟大的世界征服者被巴尔扎克看到了。在这个男孩看到世界征服者的同时，他内心萌生了自己要成为世界征服者的愿望。此时，在另外两个地方也产生了两位世界征服者：一位住在魏玛[1]，这位诗人对全世界的征服并不比拿破仑及其千军万马逊色；还有一位住在柯尼斯堡，此人使纷繁混乱的宇宙变得一目了然[2]。然而，这两位对于此时的巴尔扎克来说，还没有迅速发挥到榜样的作用。目前只是拿破仑的范例对巴尔扎克起了反应，形成了一种追求整体而决不要零碎的欲望，想要得到世界上所有的一切的欲望，那是一种急切而狂热的抱负。

　　不过，这样的凌云壮志还不能立即实现。最初，巴尔扎克并不打算从事什么职业，如果早出生两年，他会作为十八岁的人加入拿破仑的军队。那很可能他会出现在滑铁卢战役中，向着英军发射榴霰弹的山头冲去。然而历史不喜欢重复。狂风骤雨般的拿破仑时代过后，紧随其后的是温和、柔软而又令人困乏

---

[1] 这里指的是德国著名剧作家、诗人、思想家歌德。
[2] 这里指的是德国古典哲学的创始人康德，他提出了太阳系起源的星云假说。

的夏天。之后的路易十八的时代，往昔的军刀变成了装饰剑，往昔的军人变成了宫廷佞臣，往昔的政治家蜕变成了巧言令色之辈。安排国家高官显位不再依据业绩的威力，不再依据令人生疑的意外横财，而是取决于女士们柔和的手给予的恩惠与宠爱。国家生活淤塞停滞了，平庸肤浅了。曾经那些重大事件飞溅的浪花如今已经变得平静，犹如一个平静的池塘。现在的世界也再不必用军队征服了。

对于许多人来说，拿破仑这个单枪匹马的榜样，现在变成了一种警诫。然而，艺术依然如故，现在的巴尔扎克开始写作了，不过他与别人不同。他从事写作不是为了消遣，不是为了把书架装满，也不是为了能去林荫大道漫步谈心，更不是为了聚敛钱财。他在文学中寻找的不是元帅的权力，而是皇帝的皇冠。在一间简陋的屋顶阁楼里，他开始了自己的创作。他最早写的长篇小说都用的笔名，好像是要检验一下自己的实力。开始的他还不是实战，而只是地图上的军事演习。只是军事演习，还不是进行真正的战役。此后不久，他就开始不满意自己的成就，不满足自己已经取得的成功。于是，他暂时丢开了这行手艺，先去干了三四年别的职业。他为一个公证人当了一段时间的抄写员。这段时间里，他不仅对人世间的生活进行了观察、领会和享受，而且闯了进去。然后，他又从头开始了。不过此时他心中怀的是那种巨大的狂热贪欲，是志在得到整体的那种惊人抱负——它轻视外形表象、单个事物和被剥离的东西，是为了抓住在强烈震荡中旋转的世界，他对世界原始传动机构极其神秘的齿轮组进行了仔细观察。他从混合的事件中提取纯粹的成分，从混乱的数字中取得全体的总和，从嘈杂的喧闹中找到和谐，从丰富的生活中寻找本质核心。他现在的意图是要把整个世界装进他的包囊里，再把世界简明扼要地进行一次再创造，不让多彩的生活丝毫被遗漏。

巴尔扎克首先把全部精力用于去精简他所感知的现象，就是简明化，把人世间生活的无限压缩得有限，把人世间无法实现的压缩到人力所及。他用筛子筛选，把一切非本质的东西统统筛掉，只选取最纯洁而珍贵的表现形态。然后，他将这些分散的个别现象、这些表现形态放到他的熔炉中进行锻造，让这些繁杂的表现形态变成为灵动、直观且一目了然的体系。这情况很像林奈[1]把亿万种植物变成一个关系紧密的一览表，很像化学家将不计其数的化合物分解成数量不多的元素——这就是巴尔扎克的雄心壮志。他将世界简单化，为的是去制伏它，他把所制伏的世界关进了《人间喜剧》这样一个宏伟壮丽的监狱里。经过这种精致的蒸馏、提炼以后，他的人物都是对大多数人性格的概括，都是典型。他那前所未有的艺术意志把一切非本质的东西，把一切多余的东西，都从人物身上清除掉了。他将行政管理中的中央集权体系引进了文学，并进行集中化，就像拿破仑一样，将法国作为世界的圆周，将巴黎作为圆心。他把各色各样的集团帮派、教士、贵族、诗人、艺术家、工人、学者都拉进了这个圆圈，甚至都拉进了巴黎。德·卡迪尼昂公爵夫人的一个沙龙是他根据五十家贵族的沙龙写出的。一个德·纽沁根男爵是他根据数以百计的银行家写出的。他还根据所有的医生写出一个奥拉塞·毕昂雄，根据所有的放高利贷者写出一个高布赛克。他让这些人彼此成为邻居，经常相互接触，发生激烈争吵。在现实生活中存在成千上万个变种的地方，巴尔扎克却只要一种生活，他的世界比真实的现实世界贫乏，但是更为紧凑。因为他笔下的人物是经过精选细选的人物，他的激情是纯洁的，他的悲剧是冷凝而成的。就像拿破仑一样，巴尔扎克也是从征服巴黎开始的，然后他一个接一个地征服了各省。几乎每个县都有自己的发言人派驻在巴尔扎克的议会里。也像战绩卓越的执政官波拿巴一样，巴尔扎克把自己的部队大面积地铺展到了各个国家，他把人派往西班牙阳光灼人的沙土平原，派到挪威悬崖峭壁的峡湾，派往贝雷西纳河[2]一座座滴水成冰的桥上，派往埃及火红色的苍穹之下，还派往地球的其他地方。然而，如同他那伟大的榜样的世界意志一样，巴尔扎克的世界意志伸展得远比派人去的地方更遥远。

此外，就像在两次远征之间拿破仑悠然自得地创立了《法国民法典》，巴尔扎克在用《人间喜剧》征服了世界之后，也悠然自得地提出来一部关于婚姻和爱

---

[1] 林奈，瑞典自然学者，现代生物学分类命名的奠基人。
[2] 贝雷西纳河，俄罗斯第聂伯河的一条支流。

情的道德法典——这是一篇原则性的论文。他还微笑地将一个阿拉伯风格的，且颇为自负的花纹图案画在了这伟大作品的环抱全球的线条上，这个图案出自《滑稽故事集》。他从苦难的深渊、农民的茅舍，游走到了圣日耳曼区的宫殿，又闯入了拿破仑的各个房间。在那里边，他打开第四面墙，同时也就揭开了那些深闭紧锁的房子里的秘密。在布列塔尼地区的帐篷里，他与士兵们一起休息；在交易所里他四处转悠；在剧院里，他察看了布景的内幕；他监视学者们的著作……他魔术师般的光焰照亮了这大千世界上的每一处角落。他的军队有两三千人，实际上这些人都是他凭空造出来的，他们是在他伸开的手掌里成长起来的。这些人开始都是赤身裸体，是巴尔扎克一一给他们穿上了衣服，送上了头衔和财富。就如同拿破仑对待他的元帅们一样，他忽而又会把这些人的头衔和财富统统收回。他时常与这些人一起赌博，教唆他们乱作一团。数不胜数的事件是如此的纷繁复杂，这些重大事件背后所展现的地区之广袤无疑是惊人的。正如拿破仑在近代史中是独一无二的一样，《人间喜剧》对世界的征服，对全部生活的呈现，在近代文学中也是绝无仅有的。征服世界本来就是巴尔扎克少年时代的梦想，如今这个早年的决心正在变成现实，在他心里没有什么比这个更强大有力了。于是，当时巴尔扎克在拿破仑肖像下边写过的那句话——"我将用笔实现他用剑未能完成的事业"，也就不无道理。

也正因为如此，巴尔扎克笔下的主人公都非常像他本人。那些主要人物全都有着征服世界的欲望。有一种强大的向心力把这些人物从他们的故乡，从外省抛到了巴黎——他们的战场。五万青年人组成的大军浩浩荡荡地开进了巴黎，这是未试过身手的纯洁力量，这是不明确行动方向的寻求释放的能量。现在，他们像炮弹一样紧紧挤在巴黎一个狭小的空间里，他们互相追逐，互相消灭，把别人拖进深渊，争着往上爬。这里没有预先给任何人准备好确定的位置，每个人为了生存都不得不争夺自己的讲坛，把柔软易弯却又无比坚硬的金属——青年时代锻造成一种武器，将自己的力量聚集成一个强大的爆炸物。这文明内部的战斗的激烈程度丝毫不逊色于厮杀的战场。让巴尔扎克骄傲的是，他是第一个对此做出证明的人。

他曾提醒浪漫派的作家们："我的市民长篇小说远比你们的那些悲剧更有悲剧性！"这是因为在巴尔扎克的书里那些青年人首先学习到的是严峻无情的法则。他们明白，像他们这样的人太多了，就像是一个锅里的许多蜘蛛，因此，他们必须得互相吞噬——巴尔扎克的宠儿伏脱冷[1]这样比喻。他们必须将自己用青年时代锻造的武器，再一次浸入烫人的阅历毒药中，最后只有那些剩余下来的人才是对的。就像"拿破仑大军"的长裤汉一样，他们从三十二个不同的方向聚集到这里。在来巴黎的路上，他们跑破了鞋子，身上的衣服沾满了公路上的尘土，喉咙里直冒火，干渴到了极点。他们最终来到了这个令人陶醉的，优雅又充满财富和权力的新地区里。然而，当他们环顾四周的时候，才顿时感觉到，要想得到这里的权力，这里的宫殿和这里的女人，他们随身带的那点东西是毫无用途的。为了充分施展自己的才干，他们必须继续熔铸自己的能力，将血气方刚融化成坚韧，把信赖融化成欺诈，把聪明融化成狡黠，把美丽融化成恶习，把鲁莽融化成诡谲。他们都是强烈的贪婪者，他们追求的是整体。巴尔扎克的主人公们都有相似的奇遇：一辆双人二轮马车从身边疾驶而过，泥泞的车轮溅了他们一身泥浆，马车夫挥舞着鞭子，马车里坐着的是一个青年女子，她头发上的首饰闪闪发光，眨眼间马车已飞速而去。那个青年女子是美丽的象征，是享乐的象征，充满诱惑力。于是巴尔扎克笔下那些主人公们在这一瞬间的愿望都是一样的：想要得到这个青年女子、这一辆马车、这个仆人以及这些财富。想要得到巴黎，想要得到全世界！即便是最微不足道的人也可以买到一切权力，拿破仑的例子启发这些年轻人走向堕落。现在，他们不再像在外省的他们父辈那样，努力得到一处葡萄园，得到一处衙署公馆，或是一笔遗产。他们想要得到的是权力，是象征，是上升到王权的百合花形纹章放射光辉的那个光圈里，是去到人们挥金如土的那个光圈里。于是，他们都就变成了大野心家。在巴尔扎克笔下，他们被赋予了比一般野心家更强健的肌肉，更有力的欲求，更善变的口才，还有虽过得快，却生动活跃的生活。正如巴尔扎克所说的，他们都是"用

---

[1] 伏脱冷，外号"鬼上当"，是巴尔扎克作品《高老头》中的资产阶级野心家。

生命材料写作的作家"，他们都是把梦想变成业绩的人。他们开始战斗的方法分为两种：特别的门道为天才开路；另一条道为普通人开辟。为了得到想要的权力，他们必须寻找到适合自己的方法，或是学到别人的方法，学到社交界的方法。他们必须把自己作为杀气腾腾的炮弹投掷到在这个目标和那个目标中间的那一群人里，要么就得像黑死病一样慢慢地把那群人毒死。巴尔扎克那位威严的宠儿、无政府主义者伏脱冷便是这样建议的。

巴尔扎克是在拉丁区一个狭小房间里开始写作的，所以他的主人公也都在这个区里聚会。他们是社会生活原始的表现形态，如到处钻营往上爬者拉斯蒂涅，医科大学生德斯普兰，画家勃里杜，哲学家路易·朗贝尔，新闻记者吕邦泼雷等。这是个年轻人的聚会，他们都是未经雕琢的、纯洁的人。不过，他们的全部生活都围绕着难以想象的伏盖公寓里的一张餐桌桌面。这些主人公们都被装进了生活的大烤箱里，受着激情高温的煮熬。而后他们又因失望而冷却下来，变得僵化了。由于受社会自然的复杂影响，化学的分析，分子的分解，磁性的吸引，机械的摩擦，这些人都变质了，他们失去了自己原来真实的本性。巴黎就像是强酸，溶解了一些人，腐蚀掉他们，排除掉他们，让他们消失，而对于另外一些人则是让他们晶化、硬化、石化，甚至还要对他们进行变形、染色和结合，结合起来的元素会形成新的复合物。十年以后，这些剩下来的人，这些经过重新雕琢的人，在人生的顶峰上，互相面带会意的讥讽微笑，相互致意。其中有部长拉斯蒂涅、大画家勃里杜、名医德斯普兰。与此同时，生活的飞轮却把吕邦泼雷和路易·朗贝尔绞碎了。

巴尔扎克钟爱化学，他研读拉瓦锡[1]和居维叶[2]的著作不是白费力气。他觉得在分离与排列，作用与反作用，亲和性、分解与晶化，排斥与吸引的各种过程中，在对组合的成分进行原子的简化中，其间所显露出的社会成分形态比任何其他地方都更清晰。每一个人都是由环境、习俗、气候、偶然事件，尤其是

---

[1] 拉瓦锡，法国科学家，创立了化学物种分类新体系，被后人称为近代化学之父。
[2] 居维叶，法国动物学家，比较解剖学和古生物学的奠基人。

那些命运注定他会碰到的事情所雕琢而出的产物。每个人都在一种环境中培养自己的本性，以使自己能制造出一种新的环境。巴尔扎克觉得，内心世界与周围世界之间的普遍依存关系是一条亘古不变的公理。于是，艺术家最崇高的使命就是记录有机物在无机物中的痕迹，重现生命的迹象，聚集生活中瞬间出现的精神财富，描绘整个时代。一切事物都是相互交融的，一切力量都在悬而未决中，无一是自由的——这种相对论否认任何事物的持续性，甚至是否认性格的持续性。巴尔扎克总让他的人物在重大事件中锻炼自己、培养自己，为自己塑形，就像黏土泥团放在命运的土中那样。甚至那些人物的名字也是不断转变的，而不是统一的。

法国贵族院的议员德·拉斯蒂涅男爵是贯穿了巴尔扎克二十本书的人物。相信大家早已经在沙龙里，在大街上，或是在报纸上认识了这个无所顾忌的发迹者，这个残酷无情一心只求向上爬的巴黎钻营者的原型。他极其圆滑地钻了法律的一切避难所，出色地体现了一个腐朽社会的全部"道德"。有一本书也有一个拉斯蒂涅，他是年轻的穷贵族，来到巴黎，他父母寄予他的希望很多，但寄来的钱却很少。他是一个温和、软弱、简朴且易动感情的人。在这本书里讲述了他如何住进伏盖公寓，如何陷进那个由形形色色人物组成的群魔之锅，如何陷入那种按透视法缩短的天才的表现方法之中。在那里，巴尔扎克将脾气、迥异的性格和纷繁复杂的生活全都关闭在了裱糊简陋的四面墙壁之内。就是在这里，巴尔扎克看到了素不相识的李尔王——高老头——的悲剧；他看到了近郊圣日耳曼区里的那些轻浮的公主们，她们一身珠光宝气，却还在贪婪地偷窃她们的老爹……他看到生活中的种种卑劣行径最后都融化成了一场悲剧。然后他跟着那位过分善良的老人的棺材，同去的只有一名男用人和一名女用人。在愤怒的时刻他眼里看到的巴黎是暗黄色的，是混浊不清的，就像一个毒疮疖从拉雪兹神父公墓的山头落到了他的脚前。在这里他明白了人生的一切智慧。就在这个时候，他听到了苦役犯伏脱冷的声音。伏脱冷的信条是：对待人必须得像对待拉邮车的马那样，拼命地赶着它们在车子前边走，最后让它们惨死在目的地。也就是在这个时刻，拉斯蒂涅蜕变成了残酷无情、肆无忌惮的钻营者，变成了巴黎贵族院的议员。在巴尔扎克笔下的所有主人公都经历过人生的十字路口，他的主人公们都是所有人反对所有人的战斗中的军人，每个人都在向前冲锋，一个人的路就是跨过另一个人的尸体。巴尔扎克指出：每个人都有他的滑铁卢，都有他的卢比孔 [1]，战争在宫殿、商店和茅舍里产生的结果是相同的。巴尔扎克的伏脱冷，在巴尔扎克的书里有十次化装出场，这个无政府主义者扮演了种种角色，但他始终如一，并且是自觉地始终如一。他知道，神父、军人、医生、律师穿上破烂衣裳，都会提出同样的要求。在现代生活的"平等"的表层下边，斗争以地下的方式继续进行。这是因为内心的抱负要对外表的平等化进行抵制；因为再也没有人能像过去的国王、贵族和神父们那样拥有自己的保留位置；因为每个人都有权要求他人。于是，他们之间就十倍地百倍地紧张，机会减少在生活中就意味着精力加倍。

引诱巴尔扎克的正是这战斗——这种杀人和自杀的能量的较量。他的激情就是要将这种能量记录下来。只要这激情强烈起来，那么，它是卓有成效还是白费力气，是善是恶，在巴尔扎克看来全都无关紧要。紧张和意志，这就是一切，因为这都是属于人的，而所谓的成就与荣誉则与人毫无关系，那些都是偶然事件决定的。在面包店柜台上战战兢兢地偷了一个面包，然后紧张地塞进袖筒里的蟊贼让人望而生厌；但那些不仅为了得到好处，而且是为了激情而进行抢夺，把夺取财物作为其全部生活的价值的职业大盗却让人肃然起敬。在巴尔扎克那里，估量效果、测定事实是编写历史的任务；而作家的使命则是阐明原因，挖掘精神的紧张程度。只有没能达到目的的力量才是可悲的。巴尔扎克所描写的是被世人遗忘的英雄，他认为，任何一个时代里拿破仑都不止一个，不只有史学家笔下的那个在 1796 年至 1815 年间征服过世界的拿破仑，应该有四五个拿破仑。一个兴许在马朗戈 [2] 附近阵亡了，名叫德塞；第二个也许被现实中的拿

---

[1] 卢比孔，意大利北部的一条河流。在西方国家，"渡过卢比孔河"是一句很流行的成语，意为"破釜沉舟"。这个习语源于公元前 49 年，恺撒破将领不得带兵渡过卢比孔河的禁忌，带兵进军罗马与格奈乌斯·庞培展开内战，并最终获胜的典故。
[2] 马朗戈，位于意大利，这里是 1800 年拿破仑大胜奥军的地方。

破仑派到埃及去了，远离了一系列重大事件；第三个可能是遭受了最深沉的悲剧：此人便是拿破仑。巴尔扎克从未上过战场。他不得不去外省某个小地方隐藏，他也没有成为呼啸奔腾的山洪，但他耗费的精力并不少，尽管都是用在了比较琐碎的事情上。他列举出一些以容貌美丽和献身精神而闻名的妇女，称作太阳女王，她们的名字如同蓬巴杜尔或是狄安娜•德•普瓦蒂耶一样响亮。他讲到了一时间不走运而身败名裂的作家，荣誉瞬间从他们的名字旁边撤掉……因此，作家必须重新给他们追赠荣誉。他知道，人生中的每一秒钟都在毫无成效地浪费大量精力。巴尔扎克意识到，当多愁善感的欧也妮•葛朗台在她吝啬的父亲面前颤抖着将钱袋送给堂兄的那一刻，这个外省姑娘的勇气不亚于法国广场上光辉四射的大理石像圣女贞德。

　　成就绝不可能使所有传记作家都眼花缭乱，更迷惑不了那些对社会生活的一切混合药剂和化妆品进行过化学分析的传记家们。巴尔扎克那双不可收买的眼睛只盯着能量。在纷繁复杂的各种事实中，巴尔扎克总是只看到生机勃勃的紧张，在贝雷西纳河边被击溃的拿破仑大军争先恐后地向桥上拥挤，在绝望灰心、卑劣行径和英雄气概一时都汇集到了那个已上百次描述过的场景里，巴尔扎克选出了真正的英雄：四十名工兵。这些工兵们没人知道他们的名字，但就是他们为了建起一座摇摇晃晃的能让一半大军逃脱的桥梁，在漂流着冰块的、齐胸深的河水里足足站了三天。巴尔扎克知道，在巴黎关闭的窗子里边每时每刻都会有悲剧发生。这些悲剧不亚于李尔王的绝望、华伦斯坦的结局和朱丽叶之死。因此，他一再自豪地重复一句话，我的长篇市民小说比你们的那些悲惨的悲剧更具悲剧性。这是因为他内心追求浪漫主义。他的伏脱冷如果穿上市民服装，那堂堂的气派绝不逊色于雨果《巴黎圣母院》里的打钟人卡西莫多，他内心里怪石嶙峋的、僵硬的景象，他荆棘丛莽的激情，他追求伟大的胸中的贪欲，其骇人程度不亚于可怕的冰岛岩洞。巴尔扎克不是到帷幔里去寻找宏伟事物，也不是到异国的或者历史的远景中，而是在一个极大的范围里，在一种十分完整的、强烈紧张的感情里。他知道，任何一种感情都只有在力量未被削弱时才有意义，任何一个人都只有在他集中于一个目标，而不是在几个欲望上分散精神浪费心力的时候，才是伟大的。他的激情在抢夺和一系列反常的活动中变得强烈起来，就像是园艺工人要剪掉或是抑制住双权树枝，从而使一个树枝得到双倍的营养而茂盛开花。

巴尔扎克描写了这样一群充满激情的偏执狂人，这些人用内心想象的象征意义理解世界，并确认自身存在的意义。巴尔扎克的唯能论的基本原理是一种激情的力学，他的信念是任何生活都会消耗同样数量的意志。不论生活把这种意志浪费在什么样的幻想上，不论意志是在千百次的激动中缓慢地零星耗费，还是从有节制的保持突然转到极度猛烈兴奋的状态，还是生命在燃烧或爆炸中化为灰烬．只是谁活得更急迫，而命活得并不短促，只是谁始终如一，而生活中的多样性并不逊色。对于一心想描写典型，一心要溶解纯洁的作品来说，这样的偏执狂人是极其重要的。巴尔扎克对软弱无力的人不感兴趣。只有这样的人才能引起他的兴趣：他们很完整，对生活始终抱有一种幻想，这种幻想贯穿于他们所有的精力，全身的肌肉和一切的思维里——无论是什么样的幻想，对爱情、贪欲、献身、艺术、懒散、政治、勇敢、友谊都行，或是某个象征，随便哪个象征都好，但必须是那个象征的整体。这些感情激动的人，这些自创宗教的狂热信仰者，他们不左顾，也不右盼，因为他们所讲的语言彼此不同，不能互相理解。就像让收藏家看一个女子，即便是天下最美的女子，他也不会理睬；就像跟一个热恋的人谈锦绣的前程，他会表示轻蔑；就像给悭吝人看金钱财物以外的东西，他会拒绝从自己的钱柜上转过头来看一眼。如果这些人听任引诱，为了其他的缘故而丢掉了自己所钟爱的激情，那么他也就毫无希望了。因为肌肉不使用便会憔悴，思想年久不振奋就会僵化。也正因为如此，如果谁一辈子是某一种感情的竞技运动员，某一种激情的高手名家，那么，他在其他领域里就会是一个技艺低下且意志薄弱的人。其实，任何激起偏执狂的感情都是以压制其他感情、破坏其他感情为基础的，都在使其他感情干枯而死，但同时激起偏执狂的感情又会吸取其他感情的诱惑价值。对于吝啬鬼来说，爱情、嫉妒和悲哀、心醉神迷和精疲力竭的一切级别和突变，都反映在节省的癖好里；对于收藏家来说，则都反映在对收藏的狂热里。这是因为任何一种绝对的情感都与感情能力的总和联系在一起，在某一个方面感情的强烈激动之时，必定会有形形色色的别的要求受到冷落。巴尔扎克所写的重要悲剧都基于此。富翁纽沁根集聚了数百万的家财，同时在精明机智方面凌驾于所有的法国银行家之上，但在一个妓女手里他却变成了一个傻乎乎的孩子。投身于新闻工作的作家就好像石磨里边的谷物一样，顷刻间就被研磨碎了……任何一幅世界的梦幻，任何一个象征，都像耶和华一样嫉妒，决不能容忍其他别的激情与自己并存。其他那些激情如同梦境一样，很少有等级顺序，没有比较大的激情，也没有一种激情是特别小的。巴尔扎克说："为何不该写愚蠢的悲剧呢？写恐惧的悲剧呢？写寂寞无聊的悲剧呢？写羞耻的悲剧呢？"只要有足够丰富的内容，这些悲剧都能感动人、激励人，也都是有意义的。即便是面相最穷命的人，只要他能不屈不挠地执着追求，或者是完全绕过了命运的安排，也一样充满生气和美的威力。将这种原始力量——或者更好的说法是原始力量的千百种表现形态，从人的胸膛里拉出来，给它们大气压力的温暖，让它们受到感情的冲击，让它们陶醉于恨与爱的万灵仙丹之中，让它们在神迷心醉中发狂，然后在偶然间打垮一些人，将他们挤压到一起，接着再把他们拉开，让他们之间建立起关系，在梦想之间架起桥梁。在收藏家与悭吝人之间，在色情狂和沽名钓誉者之间架起桥梁，不停地构建各种力的平行四边形，并且在每一种命运里都安排了有着浪峰和波谷的骇人深渊，将这些人从下往上抛掷，然后再从上往下抛掷，把这些人像奴隶一样的驱使，让他们饱受长途跋涉之苦，永远不让他们休息。这很像拿破仑拖着他的士兵越过奥地利各州，进入法国旺代地区，穿过地中海前往埃及，前往罗马，又越过勃兰登堡门，来到阿尔汉布拉宫[1]的山坡，历经胜利与失败之后最终开往莫斯科——近一半人在途中倒下，不管是因为受到榴弹炮的猛烈轰击而倒下，还是被埋没在大草原的冰雪之中。最初，全世界像张纸牌一样被撕成碎片，然后像画风景画一样进行涂抹绘画，最后再用激动的手指操纵着木偶戏——这便是他的偏执狂，巴尔扎克式的偏执狂。

巴尔扎克本人就是从自己的作品中获得永生的伟大偏执狂。失望之后，他就从冷酷无情的现实世界退回自己的梦想中。冷酷无情的世界一向不喜欢外行新手，

---

[1] 阿尔汉布拉宫，阿拉伯语意为"红堡"，是西班牙的著名王宫，由中世纪摩尔人建立，有"宫殿之城"和"世界奇迹"之称。

更不喜欢穷人。于是他沉寂于梦想，并为自己创造了一个象征的世界——这个世界属于他，任他操纵，并且与他一起崩溃。真实的世界擦身而过，但他不去捕捉，他闭门于斗室之中，伏身书案，独自生活在他的人物之林，如同收藏家埃利·马古斯独自生活在自己的书画中那样。巴尔扎克在二十五岁以后，对现实事件有了兴趣，不过几乎都只是把现实事件作为一种素材，当作用来发动自己创造的那个世界飞轮的燃料——只有那些永远成为悲剧的事件例外。

巴尔扎克几乎是自觉地想要避开活生生的东西，他好像有种提心吊胆的感觉——生怕这两个世界，即他的世界与另一个世界，一旦接触就融合成一个世界。晚上八点钟，他疲惫不堪地去睡觉，四小时之后，又让人在半夜把他叫醒。当喧闹的世界城市巴黎闭上它那热得发红的眼睛的时候，当夜幕降落到街道上只剩下脚步声飒飒响动的时候，当他周围那个现实的世界消失的时候，巴尔扎克的世界就开始复活了。除了其他成分以外，他主要是用世界自身的分解成分来建造世界的。一连几个小时，他都生活在极度狂热的兴奋之中，同时，用浓咖啡不间断地刺激疲劳的感官。就这样工作十小时，十二小时，有时甚至十八小时，直到有什么事情把他拖出来，拖回现实中为止。刚醒来的几秒钟里，他必定是罗丹在他的雕像上赋予的那种眼神。这是一种返回忘怀了的现实的跌落，这是一种从九重天国里突然惊醒过来的状态。这是一只在发抖的肩膀上紧拉衣服的手；这是一双极其庄严简直就是在呼喊的眼神；这是一副在沉睡中被震醒的表情；这是听到厉声呼喊自己名字的梦游者的姿势。巴尔扎克在作品中强烈地失去自我，对自己的梦幻有着强烈的相信，有一种接近自我欺骗边缘的幻觉，这在其他作家的笔下是没有的。巴尔扎克不像一部机器那样，能够突然停住旋转的飞轮，随时控制自己的激动。他不能做到随时区别镜中影像与实际事物，不能随时明确这个世界与那个世界的界限。别的人都把趣闻逸事塞满一本书，常常整本书都是些滑稽的小故事、令人恐惧的小故事。但巴尔扎克完全不同，他相信他的人物就在他对于工作的陶醉。一个朋友走进来，巴尔扎克慌忙迎上去说："你快想象一下，一个不幸的女子自杀了！"朋友惊愕地后退，这时他才意识到，欧也妮·葛朗台只活在他的世界里。也许是因为现实生活与他的这个世界具有同样的生存法则，所以才能把如此强烈，如此持续，如此完整的幻觉和精神病院里的幻想区别开来。但是从幻想的封闭性、坚韧性和持续性来看，他是无可救药的沉思，是偏执狂人的沉思。巴尔扎克的工作已不是勤劳，而是梦想、陶醉、冲动和极度兴奋。他的工作是让他忘记生活饥荒的安眠药，是魔力止痛药。也许巴尔扎克比任何人都更有能力成为一个挥霍浪费者，成为一个享受者。他承认，对于他来说，这种狂热的工作就是一种享受的药剂。就像他书中那些偏执狂人一样，他是一个如此无节制渴求的人，因此，他只能放弃别的任何热情。在创作中他得到了七倍的代用品，所以他能够丢开现实生活的爱情，追求名誉、刺激、财富、旅游、娱乐、胜利和荣誉。

他的感官像孩子般迟缓，区分不开错觉与真实，真的与假的，只想得到随便的什么经历，得到梦想的喂养。巴尔扎克常常欺骗自己的感官，谎称有享受，却不让它们得到享受。一辈子他都在欺骗自己的感官，不给它们享乐，只是糊弄它们，甚至拒绝给它们菜肴，而是用气味来满足饥饿的要求。他的经历都热情地参与了他的创造。当赌盘的转盘旋转起来的时候，在赌案上押十个路易，然后哆嗦着站在那里的人，就是他。那个与全旅一起冲向高地的人，那个用地雷从根基上掀起交易所的人，那个剧院里赢得重大胜利的人，就是他。在他的世界里，他的创造物的一切喜悦都属于他。那些喜悦就是极度兴奋，在这种极度兴奋中，他那外表可怜的生命一直折磨着自己。为了借给别人一些钱，他和陷于绝望而投奔他来的受苦人赌博，他和放高利贷者高布赛克之类的人赌博。他让这些人在他的钓竿上跳起来，对于这些人的烦恼、愉快和痛苦，他进行了仔细地观察，就当是演员们有些天赋的表情动作。借身外表肮脏的高布赛克，巴尔扎克说出了自己的内心世界："您认为这样深入地探讨面前的一颗赤裸的心，这样钻研一个人内心最隐蔽的皱纹，是毫无意义的吗？"就像是一位意志的魔术师，巴尔扎克重新把梦想融化成了生活。据传说，在屋顶阁楼里，巴尔扎克啃个干面包当作一顿正餐的时候，他曾经在桌子上用粉笔画了个餐盘的轮廓，然后在餐盘中间写上最爱吃的精美菜肴的名称，目的是通过意志的启示让嚼干面包变成食用昂贵的菜肴。正如此时他就像是真正品尝到了菜肴的味道一样，他难以遏制地吞饮着自己作品里的一切生活刺激；他也借用他仆人的财富以及挥霍浪费来代替自己的穷困潦倒。他这个不断被债主们纠缠的人，这个总是被债务紧逼不放的人，在写下"十万法郎养老金"的那一刻，他肯定感觉到一种刺激，一种简直就是感官的刺激。他以高老头的身份喜欢那两位伯爵夫人，他在埃利·马古斯拥有的名画里翻寻不已，他与六翼天使一起腾空升起凌越挪威悬崖峭壁的峡湾，他与吕邦泼雷一起沉浸于女士们赞赏的目光，就是他，为了自己的欲望而让所有这些人都喷射出了像熔岩一样的情欲。巴尔扎克用大地上的深色药草和浅色药草为他笔下的人物酿制幸福和痛苦，没有一个作家比他在更大程度上同自己的人物一起享受。他在描写受人拥戴的财富魔术师的地方，同时可以让人觉察到孤独者的大麻瘾，这种瘾比在一些自我陶醉者在欣喜若狂的艳遇中获得的还要强烈。数字上下波动，手转手的资金投掷，资产负债表的增高，金额的贪婪赢利与化为乌有，价值的急剧直下，极端的上升和下跌，这是巴尔扎克最内在的激情。他让数百万的金钱像大雷雨一样突然降临到乞丐头上，让资产像水银一样流向弱者。他以狂喜的心情描述金钱的魔力、描述福布宫。用虚弱得难以说话的气力，用最后的呼噜声磕磕巴巴地讲述数百万、数十亿这些词。他让高雅居室里的妙人儿在他面前列队而立，就像是苏丹宫殿的女子一样娇媚，他又把王权的象征物讲得犹如皇冠上的宝石一样，这种激情深深地烙在了他的手稿里。可以看到的是，起初纤细平静的字体如何慢慢膨胀起来，就像勃然大怒者的血管，字体如何蹒跚而行，然后又迅速起来，就像发狂地互相追逐。他那不断地用来刺激疲劳神经的咖啡也留下了点点的渍痕。几乎还可以听到过热的机器无休止的哗啦哗啦的喘息声，听到机器制造者焦躁狂热的痉挛，听到这个语言的堂·璜的贪得无厌，听到这个想拥有一切的人拥有了一切。这个永不知足的人一次又一次在校样上暴躁地发作，他总是一再拆散固定下来的结构，就如同发烧的人一再揭开伤口，想要从已经僵直冰冷的身体里再挤出几行跳动着的鲜血来。

这样巨大的工作，如果不是纵欲快感，如果不是苦行僧式拒绝其他一切权力形式的人，如果不是认为艺术是烦恼解脱的唯一可能性，如果不是把创作当成唯一生活意志而充满激情的人，那就永远无法理解。有过一两次，他曾经用其他方式实现自己的梦想。那是在创作陷于绝望的时候，他在实际生活中进行了第一次尝试：为了得到实在的金钱和权力，他当上了投机商，自己创办了一家印刷厂和一份报纸。在他的书中他无所不能，交易所人员手段的狡猾，业务上的诡计，放高利贷者对所有东西的价值都了如指掌的诀窍，在工厂里为几百号人布置生活，用正确的逻辑赚了一笔又一笔的钱，他使得葛朗台、克瑞威、波皮诺、勃里杜、高里奥、纽沁根、高布赛克和魏尔布鲁斯特都富了起来，但是，现实世界中的巴尔扎克却丧失了资本，得到的是讥讽嘲笑，一败涂地。生意失败后，那铅一般沉重的可怕债务压得他喘不过气来，在后来半个世纪的生活里，他一直用他宽大的肩膀承担那些债务，他前所未有地成了工作的奴隶。工作的重压之下，有一天血管破裂，他无声无息地崩溃了。这是受冷落的激情，是巴尔扎克唯一为之献身的激情，即艺术，对他进行的可怕报复。至于爱情，这对于别的人来说是关于一次经历或是生活的美好梦想，在他那里却只是一个梦里的经历。金发的德·韩斯卡夫人，这个外国女人后来成了他的妻子。她在看中他之前就被他热烈地爱上了，他的那些著名的信件都是为她而写的，在她还是像欧也妮·葛朗台和德尔菲的人物，一个非现实的人物的时候，巴尔扎克就爱上她了。一个真正的作家，除了想象的激情即创作以外，任何的其他激情都是歧途。巴尔扎克曾对泰奥菲尔·戈蒂耶说过，"作家应该避免接近女人，因为女人会使他丧失时间。真正的作家应该局限于自己的写作。这种表现形态便是风格特征。"诚如他所爱的并不是他遇到的处境，而是他自己创造的处境一样，他内心深处所爱的也不是德·韩斯卡夫人，而是对德·韩斯卡夫人的爱情。他长时期用幻想喂养着自己渴求实际的饥饿，长时期用戏装和画像演戏，一直演到相信自己的激情时为止，就像演员最激动的时刻那样。他孜孜不倦地沉浸在这种创作的激情之中，长时期加速身体的燃烧过程，直至火焰冲天而起，向外喷发的时候为止，直至生命毁灭为止。

他的生命随着每一次愿望实现，随着每一本新书出来而缩短，如同他神秘小说中有魔力的驼鹿皮那样。巴尔扎克是被自己的偏执狂摧垮的，就像酒徒被酗酒摧垮，赌徒被赌牌摧垮，好色之徒被女人摧垮，大麻瘾君子被烟斗摧垮一样，他是在大量实现自己心愿的过程中毁灭的。如此强大的、用生命来实现梦想的意志，会将自己的法术看作是生命的秘密，并将自己赞颂为世界的法则，是完全可以理解的。丝毫不暴露自己的人是不可能有真正的哲学的，也许会像普罗透斯 [1] 那样，只是个没有形体的可变之物，他的身子可以承载一切人。就像伊斯兰教的托钵僧人，就像一种极易消逝的精灵，他能钻进数以千计人物的身体里栖身，而当这些人走向歧途的时候，他便消失不见了。他可以像电流一样，忽而与利他主义者，忽而与悲观主义者，忽而与乐观主义者以及相对主义者接通或是断开，能够把一切价值和见识排出自身或是纳入自身。对他来说，唯独强大的意志是真实的而不可更改的。似咒语的力量搬开了堵在他胸前的石头，领他下到了感情的黑暗深渊，而后又让他带着高尚的经历从深渊里上来。于是，他比别人更喜欢将一种超越精神而对物质产生影响的力量归根于意志，而且感觉到这种意志是人世的信条，是生活的准则。他意识到，从一个拿破仑散射出来的意志能够震撼全世界，鼓舞诸侯，推翻帝国，改变千百万人的命运；他同时意识到，这种向外伸展的、纯洁的精神力量也必然会在物质内部体现出来，使相貌定型，进而涌入人的整个身体里。正如短时间里激动都能使一个人的表情美化或者粗野甚至迟钝那样，一种慢性的情欲，一种持久的意志也必然能够开凿出特殊的材料。

在巴尔扎克看来，一副面孔就如同一种石化了的生活意志，就如同一种用青铜铸成的特性，就像考古学家从石化的残留物中推断出一种完整的文化那样，他觉得作家也需要从一个人所处的环境氛围、从一个人的面貌中解读出他内心的文化。因为这种相面术，他喜欢上了加尔 [2] 的理论——大脑潜藏能力局部解剖学；他还研读了拉瓦特 [3] 的作品。在一个人的面孔和外表上，拉瓦特所看到的只是变成四肢和肌肉的生活意志，只有外露的性格，巴尔扎克所渴求的正是这种巫术——

[1] 普罗透斯，希腊神话中的海神，能变成任何形状，常用来比喻思想多变的人。
[2] 加尔，德国解剖学家，专门从事颅骨和脑的研究，颅相学创始人。
[3] 拉瓦特，瑞士神学家。

强调外表与内部深奥莫测的交互作用。他相信梅斯梅尔[1]的理论——磁性能够从
一种介质向另一种介质传送意志。他将这种观点和斯威登堡[2]的神秘主义灵活结
合了起来，并且将所有这些还没有完全浓缩成理论的信条都给了自己的宠儿路易·
朗贝尔。这位意志化学家朗贝尔把一个早已死去的人的自画像、奇特形态和追求
内在的渴望稀奇古怪地结合起来，他认为每一张面孔都是一个尚待解开的哑谜，
他断言每个人的面貌上都可以认得出一种动物相。他能通过神秘的迹象上来确认
死去的人；他能从服装、相貌和动作上认出大街上行人的职业，但在他看来，眼
力的最高法术并不是这种直觉的识别能力。因为这种能力只适用于现实的，已存
在的东西。他最深切的愿望是不仅能通过集中力量发现眼前的，而且能根据蛛丝
马迹发现过去的，进而预知未来的，成为预言家、手相家、占卜家、星相家等具
有天生"第二视觉"的、具有更加深邃眼力的人的同盟者。据说，这些人能根据
手心的细纹说出昔日生活的简单过程，能从外表探知内心的东西，能从现在推测
出未来，进而导引出通向未来之路。就像巴尔扎克笔下时常出现的浓缩的思想，
具备这种法眼的人不是将才智分散到千百个方向，而是把才智贮存起来，并用于
唯一目的。

　　"第二视觉"的才能不是预言家和魔术家独有的才能，"第二视觉"是一种
自发的视觉认识能力，通常母亲在自己孩子面前就有。德斯普兰也有，根据病人
迷惘的痛苦，这个医生立刻确定了害病的原因以及他可能的寿命限度。伟大的元
帅拿破仑也能立刻认识到，为了战争的胜利，他需要把军队投到什么地方去。花
花公子玛赛也有这种能力，他能在短暂的时间里使一个女子堕落。交易所里的投
机者纽沁根也有，他能在恰当的时间迅速地采取重大的交易行动。号称心灵天空
的星相学家们都靠这种能够透视人心内部的眼力，来通晓他们的知识，对普通人
的眼睛来说，是灰蒙蒙一片的混沌地方，这种眼力却能清楚地看到地平线，就像
是透过望远镜一样。学者的演绎法与作家的幻想之间的亲和力，缓慢的逻辑认识

---

[1] 梅斯梅尔，德国医学家，动物催眠术的首创者。
[2] 斯威登堡，瑞典哲学家。

与自发的迅速理解之间的亲和力，就蕴藏于其中。巴尔扎克一定也不能理解自己的直觉概括能力，所以他经常用困惑的目光吃惊地打量着自己的作品，就好像是在探究一个无法理解的东西。神父的普世天主教教义再不能满足他了，他被迫转向了难以比较的哲学，一种神秘主义。混杂在他身体内部的这种不可理解的魔法的晶粒，不仅让他的艺术成了生活的化学，并且成了炼金术，这就是巴尔扎克与他的后来人，与他的模仿者们，尤其是与左拉相比的极限值。就在左拉一块一块地收集砖瓦的时候，巴尔扎克只转动了一下魔法指环就建成了一座拥有千百个门窗的宫殿。巴尔扎克的作品所蕴含的能量是巨大的，其给人的第一个感觉总是魔术的印象，这既不是工作的印象，也不是从生活中借来的印象，犹如上天赠送给人的无比充实的印象。

这种感觉就像不透光的乌云那样紧紧围着他的形体飘动。因此，巴尔扎克在进行创作的年代里不再像左拉那样观察生活了，不再学习了，也不再做尝试了。在写一部长篇小说之前左拉就给每个人物编制了一本明细账。巴尔扎克也不像福楼拜，为写一本薄薄的小书去翻查一个又一个的图书馆。巴尔扎克很少再回到自己世界外边的那个世界。他就像坐监狱那样，把自己关在幻觉里，死死地粘在工作的刑椅上。在他把校样送往印刷厂或者出去和出版商斗争的时候，在他到现实世界中匆匆出游一次的时候，在他去浏览巴黎的一家家旧货店或者去朋友家进餐的时候，这与其说是他在调查毋宁说是在证实。因为在他开始写作的时候，就已经用某种特殊而神秘的方法深入全面了解了生活知识，并且已把知识积累起来，储存待用了。就像神话的莎士比亚现象一样，他是在什么时候、从什么地方、怎么样……吸收了关于一切阶级、素材、职业、性格和现象的知识，建立了如此庞大的知识系统，这个情况几乎就是世界文学中最大的谜团。

在巴尔扎克的青年时代，他曾从事过三四种职业。他给一位公证人当文书，后来又当出版商，当大学生。就是在那几年里，巴尔扎克吸取了所有的那些说不清、看不见的丰富事实素材，吸取了那些关于人物性格和现象的珍贵知识。就是在那几年里，巴尔扎克对生活进行了超乎常人的难以置信的观察。他的眼光必定有着可怕的吮吸力，散发着一种贪婪的眼光，把遇到的一切事情都

像吸血鬼似的吮吸进去，吮吸到记忆里，吮吸到内心里，在那里什么东西也
不会流失，什么东西也不会发黄，什么东西也不会腐烂变质或者互相混杂。
在他的脑海里，一切东西都是井井有条，堆积在案，时刻准备着放到重要的
方面去。

在他脑海里，一切材料都是有弹性的，跃动的，他只需用愿望和意志轻微
触动一下就会有点石成金的效果。巴尔扎克熟知一切，诸如交易所的手段、
诉讼程序、战役、地产投机活动、化妆品商人的诀窍、艺术家的技艺、化学
的奥秘、剧院的错觉、报纸的经营活动、神学家的辩论以及政坛上的欺骗。
他熟悉外省，也熟悉巴黎，乃至世界。巴尔扎克是个闲逛的行家，常常穿梭
于杂乱无章的街道上，像读书一样品读着市容特征。他知道巴黎街头的每一
座建筑物，大概修建于什么时候，由谁建的，为谁建的；他知道建筑物大门
上的族徽纹章的由来和意义；他知道每种建筑风格盛行的时代；他还知道建
筑物的出租价格……他在每层楼房里都安顿了居民，每个房间都摆设了家具，
他让每个房间都充满不幸的或幸福的气氛，让不可触摸的命运之网从一层楼
转到二层楼，从二层楼转到三层楼。伟大的巴尔扎克具有百科全书式的知识。
他熟知一公顷牧场要多少钱，一个蝴蝶结值多少钱，帕尔马·韦基奥[1]的一幅
画有多少钱，一个仆役要多少钱，还有一辆无篷双轮马车值多少钱。他熟悉
那些苦苦支撑债务的纨绔子弟的生活，这样的人一年的花费不少于两万法郎；
往后两页，这些人就成了可怜的领养老金者。在这绞尽脑汁的紧张的生活计
划中，碎掉一块窗玻璃，弄坏一把雨伞，都会变成一种灾难。再往下翻一两页，
现在的他正处于赤贫者之中。巴尔扎克跟随着他们，他知道每个人是如何弄
到他们可怜的生活费的。贫穷的挑水夫奥韦尼亚特的愿望是能有一匹很小很
小的马，这样自己就不必亲自拉水了。女裁缝和大学生过的都是植物性的大
城市生活。千百个地区出现了，每个地区都准备跟在他身后，等着他去塑造，
而对于巴尔扎克来说，这些地区他看过片刻之后就能清楚，甚至比在其中生

---

[1] 帕尔马·韦基奥，意大利画家。

活了几年的人们还要清楚。巴尔扎克熟知曾经匆匆扫过的一切东西，甚至熟悉他根本不知道的东西，他的梦里出现过萨拉戈沙[1]的壁垒和悬崖峭壁的挪威峡湾，而且这些都符合实际。幻觉的这种能量是惊人的，让他把世界的一切都看得清清楚楚，甚至是掩藏在千层衣服里的东西。在他看来，一切事物都有钥匙，一切东西都有标记，剥掉事物的表面，事物便会对他显示出来内部的东西，容貌向他展示着内心世界，这一切都落进了他的感官，如同果核从果实中出来那样。巴尔扎克能从非本质的褶皱衣料中猛然提拉出本质的东西，但他不是小心地挖开，一层一层慢慢翻寻，而是像用炸药炸开生活的金矿那样。同时，他以种种真实的表现形态去理解无法想象的事物，去理解金矿上边飘动的不幸气氛和幸福气氛，去理解天地之间的动荡，去理解近处的爆炸，去理解气候的骤然变化。别人看来是放在玻璃柜里的冷冷清清的静止物，别人觉得只是轮廓的东西，在巴尔扎克这里都会产生故事，他那神秘的敏感性就像温度表里的水银一样，总是能敏锐地感觉到大气的状态。

巴尔扎克的天才就是这种无法比拟的，不可思议的直觉知识。人们把艺术家称为什么秩序的维护者，力量的分配者和创造者，纠纷排解者和团结者，这些都比不上巴尔扎克说的透彻。也许有人会说，巴尔扎克根本就不是人们所称的艺术家，尽管他是一个天才，但他的实力不需要艺术，这种说法也适用于他。千真万确的是，他具备一种力量，这种力量既强大又宏伟，犹如原始森林里拒绝驯养的野兽，犹如繁茂的灌木丛，或者如疾风骤雨，或者似湍溪急流一样的美。这种力量的存在本身就是一种美，这种美不需要装饰、辅助和对称的细心分布，这种力量的美是通过自身不受限制的多样性而产生影响的。

严密的构思不是巴尔扎克的长项，他也从不对自己的长篇小说进行严密构思。他只是沉醉于自己的小说中，一如沉醉于各种描述，沉醉于一种激情。巴尔扎克喜欢反复地思索小说的言语，一如对题材或是赤裸的青春肉体的反复思索。巴尔扎克描写人物形象，就像拿破仑征召他的士兵那样，把他们从法国的各个外省征

---

[1] 萨拉戈沙，位于西班牙的一个城市。

召出来，从各个阶级中征召出来，从各个家庭中征召出来。接着，他把这些人物分配到不同的旅里，派这个去当炮兵，叫那个当骑兵，让第三个去当辎重运输兵。然后，他把火药倒在了他们火枪的引火盘上，把这些人统统交给了他们各自内心未被驯服的力量。

为人称道的《人间喜剧》的确有一篇出色的前言，不过那是后来补上的！先前是没有计划在内的。《人间喜剧》是无计划的，犹如巴尔扎克自己，他觉得生活本身应该是无计划的。《人间喜剧》不追求一种道德，也不追求一种概观，而是作为一种正在变化的东西来阐述永远变化的东西。整个的潮涨潮落之中，没有持久不变的力，有的只是那种没有形体的、好像是用阳光和乌云编织而成的大气，人们将这种大气称为时代。巴尔扎克创造的这个新宇宙的唯一法则就是，所有人的不稳定的联合构成了时代，同时时代造就了每一个个体，人的感情，人的道德，都像人自身一样，是时代的产物。巴黎的道德，到了亚速尔群岛[1]以外就变成了恶习，任何东西都不存在一成不变的价值。充满激情的人总会这样评价世界，像他们评价自己的妻子那样：无论为妻子付出多大代价，妻子永远都是宝贵的。作家自身就是时代的产物，也是创造物，所以不具备从变化中截取不变的东西的能力。他的任务只是描写大气的压力，即自己所处的时代的精神状态，描写这种联合力量的交互影响。他要成为全国原始形态的地质学家，激情的化学家，意志的数学家，空气流动的气象学家；他要成为一个多才多艺的学者，能够利用一切仪器对时代的身体进行透视，能够对时代的身体进行听诊，同时又是一个时代的风景画家，一个时代思想的军人，一切事实的收藏家，这就是巴尔扎克的野心。正因为如此，他孜孜不倦地记下壮观宏伟的事物，同时乐此不疲地记下微小琐细的事物。因此，巴尔扎克的作品就如泰纳[2]说的那样，成为自莎士比亚以来最丰富的人类文献书库。巴尔扎克希望别人在衡量自己的作品时能总体考量，而不是局限于某个作品。他愿意人们在他作品中看到的是一片有低谷也有高山的地方，是

---

[1] 亚速尔群岛，位于北大西洋东中部的火山群岛，属于葡萄牙的领土。
[2] 泰纳，法国19世纪杰出的文学批评家、历史学家、艺术史家、文艺理论家、美学家。著有《拉封丹及其寓言》、《巴尔扎克论》等。

一片无边无际的遥远的地方，像奔腾的洪流，像暴露在外的裂缝。长篇小说被看作是内心世界百科全书的思想，也可以说是随着巴尔扎克开始和停止的。巴尔扎克以前的作家只是用两个办法推动情节发展：他们或者研究外部引起的偶然事件，就像强风吹到船帆上一样，把船推向前去；或者只把爱情的突变当作内部的推动力量。于是，巴尔扎克就想要写一个性爱的变调。在巴尔扎克看来，有两种有所追求的人（前边提到过，巴尔扎克只对野心家和有所追求的人感兴趣）：本来意义上的好色之徒，个别的男人和几乎全部女人。爱情是他们存活的唯一目的，但是性爱中唤醒的力量并不是绝无仅有的，其他方面的激情突变也能够带来毫不减弱的力量，推动的原动力不是分散消失或者化为雾气，而是以其他的形态，以其他的象征物保存了下来。巴尔扎克的长篇小说因为这种积极的认识而达到了惊人的多姿多彩。

巴尔扎克还从第二个材料里汲取营养：把金钱带进了他的长篇小说。他是个不承认绝对价值的人，但作为相对价值的统计学家，他严格考察物品的道德价值、美学价值、表面价值、政治价值，特别是普通有效的交易价值，这种价值在我们的时代就近乎绝对价值了，这便是货币价值。自从贵族特权被废除以来，自从差别被拉平以来，货币就变成了社会生活的血液，每一种东西都被它的价值所支配，每一种激情都被它的物质消耗所支配，每一个人都被他外部的收入所支配。付款是内心的大气状态的标准，巴尔扎克就以研究这些大气状态为自己的任务。于是货币开始在他的长篇小说中盘旋。巴尔扎克描写了巨额财富的跌落和增长，描写了交易所里疯狂的投机，描写了耗费精力不逊于进行滑铁卢战役和莱比锡战役的大战役，描写了出于挥霍、仇恨、贪婪、野心、爱好等攫取财富的二十种典型，也描写了那些为金钱而爱金钱的人，那些仅仅执着于金钱的象征意义的人，描写了那些只是将金钱看作达到目的手段的人，而且援用成千上万的例证证明金钱如何渗透进最文雅、最高贵、最非物质的情感之中。在他笔下，所有的人都精打细算，就像生活中的我们不由自主地所做的那样。来巴黎的那些新手很快就会熟悉，参加一次上层聚会需要多少钱，一双光泽亮丽的鞋子要多少钱，一套时髦的礼服要多少钱，一套住房要多少钱，一个仆役要多少钱，一辆新马车要多少钱，如此等等，成千上万人都必须付钱，都必须学会的琐碎事情。他们都知道，如果因为穿的背心不合时尚而受轻视，是极其严重的灾难。他们很快就懂得了，能炸开一座座大门的只有金钱或者钞票。于是，从他们不间断的，低贱的忍气吞声中就发展起了坚定的野心和巨大的激情，巴尔扎克就在此刻和他们走到了一起。巴尔扎克给政治家计算贿赂，给商人计算收入，给放高利贷的人计算利润，给挥霍的人计算支出，给花花公子计算债务。这一笔笔金额就像惶恐心情升高时的分度数字，就像接近灾难时的气压表压力。因为金钱是一切野心的物质仓库，因为金钱渗透了一切感情，所有人的生活都必须用金钱满足的，就像疲惫的肺需要氧气。谁也不能离开金钱，恋人为了得到他的幸福不能缺少金钱，有野心的人为了实现他的野心不能缺少金钱。最能受缺钱之苦可能就要数艺术家了，在这一点，巴尔扎克深有体会，他肩膀上有着骇人的重压：十万法郎的债务。他经常只能在工作的极度兴奋之中短暂地把肩膀上的债务抛开，但不幸的是，债务最后还是毁灭性地落到了他身上。

雨果曾满怀敬意地称赞道：巴尔扎克的作品比岁月还多。他那八十大卷的书里记录了一个世界，一个时代，一代人。在此之前，从来没有人尝试过这样巨大的工程。如果没有坚忍不拔的意志，这项工程是难以做到的。强大意志的狂妄也从未得到过更好的回报。给享受的人，给晚上溜出狭小的世界想要看到新的人和新的景象的休息者提供消遣；给剧作家上百部悲剧的题材；给恋人们堪称典范的极度兴奋的热情；给学者大量的课题和推动。那是他这个吃得过饱的人随手从餐桌上抛出一些面包碎片，但是，留给后人的遗产是巨大的。除了《人间喜剧》中已经完成的小说外，还有四十部未完成的以及没有写出的长篇小说。其中一部名叫《瓦格拉姆平原》，另一部名叫《莫斯科》，再一部是关于激情的生活，还有一部是关于维也纳周围的战斗。所有这些没有完成的作品，反而成为一种幸运。巴尔扎克曾说："天才是能够随时把自己的思想转变成行动的人，然而，即便是最伟大的天才，也不能连续不断地发挥这种才能，否则就是上帝了。"巴尔扎克如果完成了全部那些长篇小说，把各种事件和激情都囊括其中，把他所有的思想都刻入书中，那么，对于那些企图攀爬顶峰的后来人，他的作品就会成为一个高不可攀的顶峰，成为一种恐吓，成为一头巨兽；而现在那些无与伦比的未竟之作对于每个后来者都是最宏伟的典范，都是莫大的激励。